Stefan Zweig

Romain Rolland. Der Mann und das Werk

Leseempfehlungen (als Print & e-Book von e-artnow erhältlich)

Konrad Alberti
Bettina von Arnim - Die Biografie

Arthur Schnitzler
Jugend in Wien (Autobiografie)

Paul Schlenther
Gerhart Hauptmann: Der Mann und das Werk

Leo Tolstoi
Gesammelte Werke: Romane + Erzählungen + Autobiografische und politische Schriften + Drama (26 Titel in einem Buch): Krieg ... Präludium Chopins und mehr von Lew Tolstoi

Bettina von Arnim
Gesammelte Werke: Die Günderode + Goethes Briefwechsel mit einem Kinde + Clemens Brentanos Frühlingskranz + Das Leben der Hochgräfin Gritta von Rattenzuhausbeiuns ... Eros, Das Königslied, Seelied und mehr

Erwin Rosen
Allen Gewalten zum Trotz (Autobiografie)

Soror Mariana Alcoforado
Portugiesische Briefe: die fünf schönsten Liebesbriefe (Nachdichtung von Rainer Maria Rilke)

Mark Twain
Leben auf dem Mississippi

Marie von Ebner-Eschenbach
Meine Kinderjahre: Biographische Skizzen

Jeremias Gotthelf
Der Bauernspiegel (Autobiografie)

Stefan Zweig

Romain Rolland. Der Mann und das Werk

e-artnow, 2018
ISBN 978-80-268-6273-4

Inhaltsverzeichnis

Lebensbildnis	13
Kunstwerk eines Lebens	13
Kindheit	14
Schuljahre	16
École Normale	18
Botschaft aus der Ferne	20
Rom	22
Die Weihe	24
Lehrjahre	25
Kampfjahre	27
Ein Jahrzehnt Stille	29
Bildnis	30
Der Ruhm	31
Ausklang in die Zeit	33
Dramatisches Beginnen	35
Das Werk und die Zeit	35
Wille zur Größe	37
Die Schaffenskreise	39
Der unbekannte Dramenkreis	41
Die Tragödien des Glaubens.	43
St. Louis	44
Aërt	45
Die Erneuerung des französischen Theaters	46
Appell an das Volk	48
Das Programm	49
Der Schöpfer	51
Die Tragödie der Revolution	52
Der Vierzehnte Juli	53
Danton	54
Der Triumph der Vernunft	56
Die Wölfe	57
Der vergebliche Ruf	58
Die Zeit wird kommen	59
Der Dramatiker	60
Die heroischen Biographien.	63
Ex profundis	63

Die Helden des Leidens	65
Beethoven	66
Michelangelo	68
Tolstoi	70
Die unvollendeten Biographien	71
Johann Christof	73
Sanctus Christophorus	73
Vernichtung und Auferstehung	74
Ursprung des Werkes	75
Das Werk ohne Formel	77
Geheimnis der Gestalten	79
Heroische Symphonie	81
Das Mysterium der Schöpfung	83
Johann Christof	85
Olivier	88
Grazia	90
Johann Christof und die Menschen	91
Johann Christof und die Nationen	92
Das Bildnis Frankreichs	93
Das Bildnis Deutschlands	95
Das Bildnis Italiens	97
Die Vaterlandslosen	98
Die Generationen	100
Der letzte Blick	102
Intermezzo scherzoso (»Meister Breugnon«)	103
Die Überraschung	103
Der Bruder aus Burgund	104
Gauloiserie	106
Das Gewissen Europas	107
Die vergebliche Botschaft	107
Der Hüter des Erbes	108
Der Vorbereitete	109
Das Asyl	111
Menschheitsdienst	113
Das Tribunal des Geistes	114
Die Zwiesprache mit Gerhart Hauptmann	116
Der Briefwechsel mit Verhaeren	118
Das europäische Gewissen	120

Die Manifeste	122
Über dem Getümmel	124
Der Kampf gegen den Haß	126
Die Gegner	129
Die Freunde	132
Die Briefe	134
Der Berater	135
Einsamkeit	137
Das Tagebuch	138
»Précurseurs« und »Empedokles«	139
»Liluli« und »Pierre et Luce«	141
Clerambault	143
Die letzte Mahnung	146
Das Manifest der Freiheit des Geistes	147
Ausklang	149
Nachlese	151

Dieses Buch will nicht nur Darstellung eines europäischen Werkes sein, sondern vor allem Bekenntnis zu einem Menschen, der mir und manchem das stärkste moralische Erlebnis unserer Weltwende war. Gedacht im Geiste seiner heroischen Biographien, die Größe eines Künstlers immer am Maße seiner Menschlichkeit und in der notwendigen Wirkung auf die sittliche Erhebung aufzeigen – gedacht in diesem Geiste, ist es geschrieben aus dem Gefühl der Dankbarkeit, mitten in unserer verlorenen Zeit das Wunder einer solchen reinen Existenz erlebt zu haben. Ich widme es im Gedenken der Einsamkeit jener Tat den wenigen, die in der Stunde der Feuerprobe Romain Rolland und unserer heiligen Heimat Europa treu geblieben sind.

»Bei Behandlung einer mannigfaltig vorschreitenden Lebensgeschichte kommen wir, um gewisse Ereignisse faßlich und lesbar zu machen, in den Fall, einiges, was in der Zeit sich verschlingt, notwendig zu trennen, anderes, was nur durch eine Folge begriffen werden kann, in sich selbst zusammenzuziehen und so das Ganze in Teile zusammenzustellen, die man sinnig überschauend beurteilen und sich manches zueignen mag.«

Goethe (Wahrheit und Dichtung)

Lebensbildnis

»Des Herzens Woge schäumte nicht
so schön empor und würde Geist,
wenn nicht der alte stumme Fels,

das Schicksal, ihr entgegenstünde.«
Hölderlin

Kunstwerk eines Lebens

Von dem Leben, das hier erzählt werden soll, stehen die ersten fünfzig Jahre ganz im Schatten einsam und namenlos erhobenen Werkes, die Jahre danach im Weltbrand leidenschaftlicher europäischer Diskussion. Kaum hat ein Künstler unserer Zeit unbekannter, unbelohnter, abseitiger gewirkt als Romain Rolland bis kurz vor dem apokalyptischen Jahr und gewiß keiner seitdem umstrittener: die Idee seiner Existenz wird eigentlich erst sichtbar im Augenblick, da sich alles feindlich verbündet, sie zu vernichten.

Aber dies ist des Schicksals Neigung, gerade den Großen ihr Leben in tragischen Formen zu gestalten. An den Stärksten erprobt es seine stärksten Kräfte, stellt steil den Widersinn der Geschehnisse gegen ihre Pläne, durchwirkt ihre Jahre mit geheimnisvollen Allegorien, hemmt ihre Wege, um sie im rechten zu bestärken. Es spielt mit ihnen, aber erhabenes Spiel: denn Erlebnis ist immer Gewinn. Den letzten Gewaltigen dieser Erde, Wagner, Nietzsche, Dostojewski, Tolstoi, Strindberg, ihnen allen hat das Schicksal zu ihren eigenen Kunstwerken noch jenes dramatischen Lebens gegeben.

Auch das Leben Romain Rollands versagt sich solcher Frage nicht. Es ist im doppelten Sinn heroisch, denn erst spät, von der Höhe der Vollendung gesehen, offenbart sich das Sinnvolle seines Baues. Langsam ist hier ein Werk gebildet, weil gegen große Gefahr, spät enthüllt, weil spät vollendet. Tief eingesenkt in den festen Grund des Wissens, dunkle Quadern einsamer Jahre als Fundament, trägt reiner Guß alles Menschlichen, im siebenfachen Feuer der Prüfung gehärtet, die erhobene Gestalt. Aber dank solchen Wurzelns in der Tiefe, der Wucht seiner moralischen Schwerkraft, kann gerade dies Werk dann unerschüttert bleiben im Weltensturme Europas, und indes die andern Standbilder, zu denen wir aufblickten, stürzen und sich neigen mit der wankenden Erde, steht es frei, »*au dessus de la mêlée*«, über dem Getümmel der Meinungen, ein Wahrzeichen für alle freien Seelen, ein tröstender Aufblick im Tumult der Zeit.

Kindheit

Romain Rolland ist in einem Kriegsjahr, dem Jahr von Sadowa, am 29. Januar 1866 geboren. Clamecy, schon die Vaterstadt eines anderen Dichters, Claude Tilliers (des Autors von *»Mon oncle Benjamin«*), hat er zur Heimat, ein sonst unberühmtes Städtchen im Burgundischen, uralt und still geworden mit den Jahren, leise lebendig in behaglicher Heiterkeit. Die Familie Rolland ist dort altbürgerlich und angesehen, der Vater zählt als Notar zu den Honoratioren der Stadt, die Mutter, fromm und ernst, lebt seit dem tragischen und nie ganz verwundenen Verlust eines Töchterchens einzig der Erziehung zweier Kinder, des zarten Knaben und seiner jüngeren Schwester. Sturmlose, abgekühlte Atmosphäre geistiger Bürgerlichkeit umschließt den täglichen Lebenskreis; aber im Blute der Eltern begegnen einander noch nicht versöhnt uralte Gegensätze französischer Vergangenheit. Väterlicherseits sind Rollands Ahnen Kämpfer des Konvents, Fanatiker der Revolution, die sie mit ihrem Blute besiegelt haben; mütterlicherseits erbt er Jansenistengeist, Forschersinn von *Port-Royal*; von beiden also gleiche Gläubigkeit zu gegensätzlichen Idealen. Und dieser jahrhundertealte urfranzösische Zwiespalt der Glaubensliebe und der Freiheitsideen, der Religion und der Revolution, blüht später fruchtbar in dem Künstler auf.

Von seiner ersten Kindheit, die im Schatten der Niederlage von 1870 wächst, hat Rolland einiges in »Antoinette« angedeutet: das stille Leben in der stillen Stadt. Sie wohnen in einem alten Hause am Ufer eines müde gewordenen Kanals; nicht aus dieser engen Welt aber kommen die ersten Entzückungen des trotz seiner körperlichen Zartheit so leidenschaftlichen Kindes. Aus unbekannter Ferne, unfaßbarer Vergangenheit, hebt ihn gewaltiger Aufschwung, früh entdeckt er sich, Sprache über den Sprachen, die erste große Botschaft der Seele: die Musik. Seine sorgliche Mutter unterrichtet ihn am Klavier, aus den Tönen baut sich unendliche Welt des Gefühls, früh schon die Grenzen der Nationen überwachsend. Denn indes der Schüler die verstandesklare Sphäre der französischen Klassiker neugierig und verlockt betritt, schwingt deutsche Musik in seine junge Seele. Er selbst hat es am schönsten erzählt, wie diese Botschaft zu ihm kam. »Es gab bei uns alte Hefte mit deutscher Musik. Deutscher? Wußte ich, was das Wort sagen wollte? In meiner Gegend hatte man, glaube ich, nie einen Menschen aus diesem Lande gesehen... Ich öffnete die alten Hefte, buchstabierte sie tastend auf dem Klavier... und diese kleinen Wasseradern, diese Bächlein von Musik, die mein Herz netzten, sogen sich ein, schienen in mir zu verschwinden wie das Regenwasser, das die gute Erde getrunken hat. Liebesseligkeit, Schmerzen, Wünsche, Träume von Mozart und Beethoven, ihr seid mir Fleisch geworden, ich habe euch mir einverleibt, ihr seid mein, ihr seid ich... Was haben sie mir Gutes getan! Wenn ich als Kind krank war und zu sterben fürchtete, so wachte irgendeine Melodie von Mozart an meinem Kissen wie eine Geliebte... Später in den Krisen des Zweifels und der Zernichtung hat eine Melodie von Beethoven (ich weiß sie noch gut) in mir die Funken des ewigen Lebens wieder erweckt... In jedem Augenblick, wenn ich den Geist und das Herz verdorrt fühlte, habe ich mein Klavier nahe und bade in Musik.«

So früh hebt in dem Kinde die Kommunion mit der wortlosen Sprache der ganzen Menschheit an: schon ist die Enge der Stadt, der Provinz, der Nation und der Zeiten durch das verstehende Gefühl überwunden. Die Musik ist sein erstes Gebet an die dämonischen Mächte des Lebens, täglich in andern Formen wiederholt, und heute noch, nach einem halben Jahrhundert, sind die Wochen, sind die Tage selten, da er nicht Zwiesprache hält mit Beethovens Musik. Und auch der andere Heilige seiner Kindheit, Shakespeare, kommt aus der Ferne: mit seiner ersten Liebe ist der unbewußte Knabe schon jenseits der Nationen. In der alten Bibliothek, zwischen dem Gerümpel eines Dachstuhls, hat er die Lieferungen seiner Werke entdeckt, die sein Großvater als Student in Paris – es war die Zeit des jungen Victor Hugo und der Shakespearemanie – gekauft hatte und seitdem verstauben ließ. Ein Band verblichener Gravüren, *»Galerie des Femmes de Shakespeare«*, lockt mit fremd seltsamen, lieblichen Gesichtern und den zauberischen Namen Perdita, Imogen, Mirando die Neugier des Kindes. Aber bald entdeckt er sich lesend die Dramen selbst, wagt sich, für immer verloren, in das Dickicht der Geschehnisse und Gestalten. Stundenlang sitzt er in der Stille des einsamen Schuppens, wo nur manchmal unten aus dem

Stalle der Hufschlag der Pferde oder vom Kanal vor dem Fenster das Rasseln einer Schiffskette herauftönt, sitzt, alles vergessend und selbst vergessen, in einem großen Fauteuil mit dem geliebten Buche, das wie jenes Prosperos alle Geister des Weltalls ihm dienstbar gemacht. Vor sich hat er in weitem Kreise Stühle mit unsichtbaren Zuhörern gestellt: sie sind ihm ein Wall seiner geistigen Welt gegen die wirkliche Welt.

Wie immer beginnt hier ein großes Leben mit großen Träumen. Am Gewaltigsten, an Shakespeare und Beethoven, entzündet sich seine erste Begeisterung, und dieser leidenschaftlich erhobene Blick zur Größe empor ist dem Jüngling, ist dem Mann von dem Kinde vererbt geblieben. Wer solchen Ruf gespürt, kann schwer in engem Kreise sich begrenzen. Schon weiß die kleinstädtische Schule den aufstrebenden Knaben nichts mehr zu lehren. Den Liebling allein nach der Großstadt zu lassen, können sich die Eltern nicht entschließen, so bringen sie in heroischer Entsagung lieber die eigene geruhige Existenz zum Opfer. Der Vater gibt seine einträgliche unabhängige Stellung als Notar, die ihn zum Mittelpunkt des Städtchens machte, auf und wird einer von den unzähligen Angestellten einer Bank in Paris: das altvertraute Haus, die patriarchische Existenz, alles opfern sie auf, um des Knaben Studienjahre und Aufstieg in Paris begleiten zu können. Eine ganze Familie blickt einzig auf den Knaben; und so lernt er schon früh, was andere erst den Mannesjahren abgewinnen: Verantwortlichkeit.

Schuljahre

Der Knabe ist noch zu jung, um die Magie von Paris zu erfassen: fremd und fast feindlich mutet den Verträumten diese lärmende und brutale Wirklichkeit an; irgendein Grauen, einen geheimnisvollen Schauer vor dem Sinnlosen und Seelenlosen der großen Städte, ein unerklärliches Mißtrauen, daß hier alles nicht ganz wahr und nicht ganz echt sei, trägt er von diesen Stunden noch weit mit in sein Leben. Die Eltern schicken ihn in das *Lycée Louis le Grand*, das altberühmte Gymnasium im Herzen von Paris: viele der Besten, der Berühmtesten Frankreichs sind unter den kleinen Jungen gewesen, die man dort mittags, summend wie ein Bienenschwarm, aus der großen Wabe des Wissens herausdrängen sah. Er wird dort in die klassische, französisch-nationale Bildung eingeführt, um ein *»bon perroquet Cornélien«* zu werden, aber seine wirklichen Erlebnisse sind außerhalb dieser logischen Poesie oder poetischen Logik, seine Begeisterungen glühen längst in lebendiger Dichtung und in der Musik. Aber dort auf der Schulbank findet er seinen ersten Kameraden.

Seltsames Spiel des Zufalls: auch dieses Freundes Namen hat zwanzig Jahre Schweigen benötigt zu seinem Ruhm, und die beiden – die größten Dichter des Frankreich von heute –, die dort gemeinsam die Schwelle der Schule betreten, treten fast gleichzeitig nach zwei Jahrzehnten in den weiten europäischen Ruhm. Paul Claudel, der Dichter der *»Annonce faite à Marie«*, ist jener Gefährte. In Glaube und Geist hat dies Vierteljahrhundert ihre Ideen und Werke weit entfremdet, des einen Weg führt in die mystische Kathedrale der katholischen Vergangenheit, der des andern über Frankreich hinaus einem freien Europa entgegen. Damals aber gingen sie täglich ihren Schulweg zusammen und tauschten in unendlichen Gesprächen, gegenseitig sich befeuernd, ihre frühe Belesenheit und jugendliche Begeisterung aus. Das Sternbild ihres Himmels war Richard Wagner, der damals über die französische Jugend zauberische Macht gewann: immer hat nur der universale weltschöpferische Mensch, nie der Kunstdichter auf Rolland Einfluß gehabt.

Die Schuljahre sind schnell verflogen, schnell und ohne viel Freude. Zu plötzlich war der Übergang aus der romantischen Heimat in das allzu wirkliche, allzu lebendige Paris, von dem der zarte Knabe vorläufig nur die Härte der Abwehr, die Gleichgültigkeit und den rasenden, wirbelnden, mitreißenden Rhythmus fast ängstlich fühlt. Das Jünglingsalter wird für ihn zu schwerer, beinahe tragischer Krise, deren Widerschein man in mancher Episode des jungen Johann Christof nachleuchten sehen kann. Er sehnt sich nach Anteil, nach Wärme, nach Aufschwung, und wieder bleibt ihm Erlöserin »die holde Kunst in so viel grauen Stunden«. Seine Beglückungen sind – wie schön ist dies in »Antoinette« geschildert – die seltenen Sonntagsstunden in den populären Konzerten, wo die ewige Welle der Musik sein zitterndes Knabenherz aufhebt. Auch Shakespeare hat nichts verloren von seiner Gewalt, seit er seine Dramen auf der Bühne schauernd und ekstatisch gesehen, im Gegenteil, ganz gibt der Knabe ihm seine Seele hin: »Er überfiel mich, und ich warf mich ihm wie eine Blüte hin, zur selben Zeit überflutete mich gleich einer Ebene der Geist der Musik, Beethoven und Berlioz noch mehr als Wagner. Ich mußte es büßen. Unter diesen überströmenden Blüten war ich ein oder zwei Jahre wie ertrunken, gleichsam eine Erde, die sich vollsaugt bis zu ihrem Verderben. Zweimal wurde ich bei der Aufnahmeprüfung in die *École Normale* dank der eifersüchtigen Gesellschaft Shakespeares und der Musik, die mich erfüllten, zurückgewiesen.« Einen dritten Meister entdeckt er sich später, einen Befreier seines Glaubens, Spinoza, den er an einem einsamen Abend in der Schule liest und dessen mildes geistiges Licht nun für immer seine Seele erhellt. Immer sind die Größten der Menschheit ihm Vorbilder und Gefährten.

Hinter der Schule gabelt sich der Weg ins Leben zwischen Neigung und Pflicht. Rollands glühendster Wunsch wäre, Künstler zu sein im Sinne Wagners, Musiker und Dichter zugleich, Schöpfer des heroischen Musikdramas. Schon schweben ihm einige Tondichtungen vor, deren Themen er im nationalen Gegensatz zu Wagner dem französischen Legendenkreis entnehmen will und von denen er eines, das Mysterium des *Saint Louis*, später bloß im schwingenden Worte gestaltet hat. Aber die Eltern widerstreben dem zu frühen Wunsche, sie fordern praktische Betätigung und schlagen die »*École Polytechnique*«, die Technik vor. Endlich wird zwischen Pflicht und Neigung ein glücklicher Ausgleich geschaffen, man wählt das Studium der Geisteswissenschaften, die »*École Normale*«, in die Rolland 1886 nach schließlich glänzend bestandener Prüfung aufgenommen wird und die durch ihren besonderen Geist und die historische Form ihrer Geselligkeit seinem Denken und Schicksal entscheidende Prägung gibt.

École Normale

Zwischen Feldern und freien Wiesen burgundischen Landes hat Rolland seine Kindheit verlebt, die erste Jugend der Gymnasiumsjahre in den brausenden Straßen von Paris: die Studienjahre schließen ihn noch enger ein, gleichsam in luftleeren Raum, in das Internat der *École Normale*. Um jede Ablenkung zu vermeiden, werden die Schüler dort abgesperrt gegen die Welt, ferngehalten vom wirklichen Leben, um das historische besser zu begreifen. Ähnlich wie im Priesterseminar, das Renan so wundervoll in seinen *»Souvenirs d'enfance et de jeunesse«* beschrieben hat, die jungen Theologen und in St. Cyr die zukünftigen Offiziere, so wird hier ein besonderer Generalstab des Geistes herangezogen, die *»Normaliens«*, die zukünftigen Lehrer zukünftiger Generationen. Traditioneller Geist und bewährte Methode vererben sich in fruchtbarer Inzucht, die besten Schüler sind bestimmt, an der selben Stelle als Lehrer wieder zu wirken. Es ist eine harte Schule, die unermüdlichen Fleiß fordert, weil sie sich Disziplinierung des Intellekts zum Ziele setzt, aber eben durch die angestrebte Universalität der Bildung gibt sie Freiheit in der Ordnung und vermeidet die gerade in Deutschland so gefährliche methodische Spezialisierung. Nicht durch Zufall sind gerade die umfassendsten Geister Frankreichs, wie Renan, Jaurès, Michelet, Monod und Rolland, aus der *École Normale* hervorgegangen.

So sehr in diesen Jahren die Leidenschaft Rollands auf Philosophie gerichtet ist – er studiert leidenschaftlich die Vorsokratiker und Spinoza –, so wählt er sich doch im zweiten Jahre Geschichte und Geographie als Hauptfach. Sie bietet ihm die meiste geistige Freiheit, indes die philosophische Sektion das Bekenntnis zum offiziellen Schulidealismus, die literarische zum rhetorischen Ciceronianismus erfordert. Und diese Wahl wird für seine Kunst Segnung und Entscheidung. Hier lernt er zum erstenmal für seine spätere Dichtung die Weltgeschichte als eine ewige Ebbe und Flut von Epochen zu betrachten, für die gestern, heute und morgen eine einzige lebendige Identität bedeuten. Er lernt Überblick und Ferne, und jene seine eminente Fähigkeit, Historisches zu verlebendigen und andererseits die Gegenwart als Biologe des Zeitorganismus kulturell zu betrachten, dankt seine Jugend diesen harten Jahren. Kein Dichter unserer Zeit hat auch nur annähernd ein ähnlich solides Fundament von tatsächlichem und methodischem Wissen auf allen Gebieten, und vielleicht ist im gewissen Sinne sogar seine beispiellose Arbeitsfähigkeit, sein dämonischer Fleiß ein Erlerntes aus jenen Jahren der Klausur.

Auch hier im Prytaneum – das Leben Rollands ist reich an solchen mystischen Sinnspielen – findet der Jüngling einen Freund, und wiederum ist es einer der zukünftigen Geister Frankreichs, wieder einer, der gleich Claudel und ihm selbst erst nach einem Vierteljahrhundert in das Licht des großen Ruhmes trat. Es wäre klein gedacht, dies bloß Zufall nennen zu wollen, daß die drei großen Vertreter des Idealismus, der neuen dichterischen Gläubigkeit in Frankreich, daß Paul Claudel, André Suarès, Charles Peguy gerade in ihren entscheidenden Schuljahren die täglichen Kameraden Romain Rollands gewesen sind und fast zu gleicher Stunde nach langen Jahren des Dunkels Gewalt über ihre Nation gewannen. Hier war längst aus Gesprächen, aus geheimnisvoll glühender Gläubigkeit eine Sphäre gewoben, die den Dunst der Zeit nicht sogleich zu durchdringen vermochte: ohne daß jedem dieser Freunde das Ziel deutlich geworden wäre – und in wie verschiedener Richtung hat der Weg sie getrieben! –, wurde das Elementare der Leidenschaft, der unerschütterliche Ernst zu großem Weltgefühl in ihnen doch gegenseitig bestärkt. Sie fühlten die gemeinsame Berufung, durch Aufopferung des Lebens, durch Verzicht auf Erfolg und Ertrag, ihrer Nation in Werk und Anruf die verlorene Gläubigkeit zurückzugeben; und jeder der vier Kameraden hat – Rolland, Suarès, Claudel, Peguy, jeder aus einer andern Windrichtung des Geistes – ihr Erhebung gebracht.

Mit Suarès verbindet ihn, so wie schon im Gymnasium mit Claudel, die Liebe zur Musik, besonders jener Wagners, dann die Leidenschaft für Shakespeare. »Diese Leidenschaft«, schrieb er einmal, »war erstes Band unserer langen Freundschaft. Suarès war damals noch ganz was er heute, nachdem er durch die vielen Phasen seines reifen und vielfältigen Wesens gegangen ist, wieder geworden ist – ein Renaissancemensch. Er hatte diese Seele, diese stürmischen Leidenschaften, ja, er sah mit seinen langen schwarzen Haaren, seinem blassen Gesicht und brennenden Augen selbst wie ein Italiener, gemalt von Carpaccio oder Ghirlandajo, aus. In einer der Schulaufgaben stimmte er einen Hymnus auf Cesare Borgia an. Shakespeare war sein Gott, wie er der meine war, und oft kämpften wir Seite an Seite für ›Will‹ gegen unsere Professoren.« Aber bald überflutet eine andere Leidenschaft jene für den großen Engländer, die *»invasion scythe«*, die begeisterte und wieder durch ein ganzes Leben weitergetragene Liebe zu Tolstoi. Diese jungen Idealisten, abgestoßen von dem allzu täglichen Naturalismus Zolas und Maupassants, Fanatiker, die nur zu einer großen heroischen Umspannung des Lebens aufblickten, sahen endlich über eine Literatur des Selbstgenusses (wie Flaubert und Anatole France) und der Unterhaltung eine Gestalt sich erheben, einen Gottsucher, der sein ganzes Leben auftat und hingab. Ihm strömten alle ihre Sympathien zu, »die Liebe zu Tolstoi vereinte alle unsere Widersprüche. Jeder liebte ihn zweifellos aus anderen Motiven, denn jeder fand in ihm nur sich selbst, aber für uns alle war er ein Tor ins unendliche Weltall aufgetan, eine Verkündigung des Lebens«. Wie immer seit den frühesten Kinderjahren ist die Spannung Rollands einzig auf die äußersten Werte eingestellt, auf den heroischen Menschen, den allmenschlichen Künstler.

In Jahren der Arbeit türmt der Fleißige in der *École Normale* Buch auf Buch, Schrift auf Schrift: schon haben seine Lehrer, Brunetière und vor allem Gabriel Monod, seine große Begabung für die historische Darstellung erkannt. Der Wissenszweig, den Jakob Burckhardt damals gewissermaßen erst erfindet und benennt, die Kulturgeschichte, das geistige Gesamtbild der Epoche, fesselt ihn am meisten, und unter den Zeiten ziehen ihn vor allem jene der Religionskriege an, in denen sich – wie früh doch die Motive seines ganzen Schaffens eigentlich klar sind! – das Geistige eines Glaubens mit dem Heroismus der persönlichen Aufopferung durchdringt; er verfaßt eine ganze Reihe von Studien und plant gleich ein Riesenwerk, eine Kulturgeschichte des Hofes der Katharina von Medici. Auch im Wissenschaftlichen hat der Beginner schon jene Kühnheit zu äußersten Problemen: nach allen Seiten spannt er sich, aus Philosophie, Biologie, Logik, Musik, Kunstgeschichte, aus allen Bächen und Strömen des Geistigen trinkt er gierig Fülle in sich. Aber die ungeheure Last des Gelernten erdrückt ebensowenig den Dichter in ihm, als ein Baum seine Wurzeln erdrückt. Der Dichter schreibt in weggestohlenen Stunden poetische und musikalische Versuche, die er aber verschließt und für immer verschlossen hat. Und ehe er, im Jahre 1888, die *École Normale* verläßt, um dem Leben als Erfahrung gegenüberzutreten, verfaßt er ein merkwürdiges Dokument, gewissermaßen ein geistiges Testament, ein moralisch philosophisches Bekenntnis *»Credo quia verum«*, das auch heute noch nicht veröffentlicht ist, aber nach Aussage eines Jugendfreundes schon das Wesentliche seiner freien Weltanschauung zusammenfaßt. Im spinozistischen Geist geschrieben, fußend nicht auf dem *»Cogito ergo sum«*, sondern einem *»Cogito ergo est«*, baut es die Welt auf und darüber ihren Gott: für sich allein legt er Rechenschaft ab, um nun frei zu sein von aller metaphysischen Spekulation. Wie ein versiegeltes Gelübde trägt er dies Bekenntnis hinaus in den Kampf und braucht nur sich selbst treu zu bleiben, um ihm treu zu sein. Ein Fundament ist geschaffen und tief in die Erde gesenkt: nun kann der Bau beginnen.

Das sind seine Werke in jenen Lehrjahren. Aber über ihnen schwebt noch ungewiß ein Traum, der Traum von einem Roman, der Geschichte eines reinen Künstlers, der an der Welt zerbricht. Es ist »Johann Christof« im Puppenstadium, erste verwölkte Morgendämmerung des späten Werks. Aber noch unendlich viel Schicksal, Begegnung und Prüfung ist vonnöten, ehe sich die Gestalt, farbig und beschwingt, dem dunklen Zustand der ersten Ahnung entringen mag.

Botschaft aus der Ferne

Die Schuljahre sind zu Ende. Und wieder erhebt sich die alte Frage der Lebenswahl. So sehr ihn Wissenschaft bereichert und begeistert, den tiefsten Traum erfüllt sie dem jungen Künstler noch nicht: mehr als je neigt seine Leidenschaft zu Dichtung und Musik. Selbst aufzusteigen in die erhabene Reihe derer, die mit ihrem Wort, ihrer Melodie die Seelen aufschließen, ein Gestaltender, ein Tröstender zu werden, bleibt Rollands brennende Sehnsucht. Aber das Leben scheint geordnetere Formen zu verlangen. Disziplin statt Freiheit, Beruf statt Berufung. Unschlüssig steht der Zweiundzwanzigjährige am Scheidewege des Lebens.

Da kommt Botschaft aus der Ferne zu ihm, Botschaft von der geliebtesten Hand. Leo Tolstoi, in dem die ganze Generation den Führer verehrt, das Sinnbild gelebter Wahrheit, läßt in diesem Jahre jene Broschüre erscheinen »Was sollen wir tun?«, die das fürchterlichste Anathema über die Kunst ausspricht. Das Teuerste für Rolland zerschmettert er mit verächtlicher Hand: Beethoven, zu dem der Jüngling täglich aufblickt in klingendem Gebet, nennt er einen Verführer zur Sinnlichkeit, Shakespeare einen Dichter vierten Ranges, einen Schädling. Die ganze moderne Kunst fegt er wie Spreu von der Tenne, das Heiligste des Herzens verstößt er ihm in die Finsternis. Diese Broschüre, die ganz Europa erschreckte, mochten Ältere mit leichtem Kopfschütteln abwehren – in diesen jungen Menschen aber, die Tolstoi als den Einzigen einer verlogenen und mutlosen Zeit verehrten, wirkt sie wie ein Waldbrand des Gewissens. Furchtbare Entscheidung zwischen Beethoven und dem anderen Heiligen ihres Herzens ist ihnen zugemutet. »Die Güte, Klarheit, die absolute Wahrhaftigkeit dieses Menschen hatten ihn mir zum fehllosen Führer in der moralischen Anarchie gemacht,« schreibt Rolland von dieser Stunde, »aber gleichzeitig liebte ich seit meiner Kindheit leidenschaftlich die Kunst, sie war, insbesondere die Musik, meine lebendige Nahrung, ja, ich kann sogar sagen, daß die Musik meinem Leben so nötig war wie das Brot.« Und eben diese Musik verflucht Tolstoi, sein geliebter Lehrer, der Menschen Menschlichster, als einen »pflichtlosen Genuß«, verhöhnt als Verführer zur Sinnlichkeit den Ariel der Seele. Was tun? Das Herz des jungen Menschen krampft sich zusammen: soll er dem Weisen von Jasnaja Poljana folgen, sein Leben loslösen von jedem Willen zur Kunst, soll er seiner innersten Neigung gehorchen, die alles Leben in Musik und Wort verwandeln will? Einem muß er untreu werden: entweder dem verehrtesten Künstler oder ihr selbst, der Kunst, dem geliebtesten Menschen oder der geliebtesten Idee.

In diesem Zwiespalt entschließt sich der junge Student, etwas ganz Unsinniges zu tun. Er setzt sich eines Tages hin und richtet aus seiner kleinen Mansarde einen Brief in die unendliche russische Ferne hinüber, einen Brief, in dem er Tolstoi die Gewissensnot seines Zweifels schildert. Er schreibt ihm, wie Verzweifelte zu Gott beten, ohne Hoffnung auf das Wunder einer Antwort, nur aus dem brennenden Bedürfnis der Konfession. Wochen vergehen, Rolland hat längst die törichte Stunde vergessen. Aber eines Abends, als er in sein Dachzimmer heimkehrt, findet er auf dem Tisch einen Brief oder vielmehr ein kleines Paket. Es ist die Antwort Tolstois an den Unbekannten, in französischer Sprache geschrieben, ein Brief von 38 Seiten, eine ganze Abhandlung. Und dieser Brief vom 14. Oktober 1887 (der später als das 4. Heft der dritten Serie der *Cahiers de la Quinzaine* von Peguy veröffentlicht wurde) beginnt mit den liebenden Worten »*Cher frère*«. Er spricht zuerst die tiefe Erschütterung des großen Mannes aus, dem der Schrei des Hilfesuchenden bis in das Herz gedrungen. »Ich habe Ihren Brief empfangen, er hat mich im Herzen berührt. Ich habe ihn mit Tränen in den Augen gelesen.« Dann versucht er dem Unbekannten seine Ideen über die Kunst zu entwickeln: daß nur jene einen Wert habe, die Menschen verbinde, und daß nur jener Künstler zähle, der seiner Überzeugung ein Opfer bringt. Nicht Liebe zur Kunst, sondern Liebe zur Menschheit sei die Voraussetzung aller wahren Berufung; nur wer von ihr erfüllt sei, dürfe hoffen, jemals in der Kunst etwas Wertvolles zu leisten.

Diese Worte sind lebensentscheidend für die Zukunft Romain Rollands geworden. Aber was den Beginnenden noch mehr erschüttert als die Lehre – die Tolstoi ja noch oft und in deutlicheren Formen ausgesprochen –, ist das Geschehnis der menschlichen Hilfsbereitschaft, nicht also so sehr das Wort, sondern die Tat dieses gütigen Menschen. Daß der berühmteste Mann seiner Zeit auf den Anruf eines Namenlosen, eines Unbekannten, eines kleinen Studenten in einer Pariser Gasse, sein Tagewerk weggelegt und einen Tag oder zwei darauf verwandt hatte, diesem unbekannten Bruder zu antworten und ihn zu trösten, dies wird Rolland ein Erlebnis, ein tiefes und schöpferisches Erlebnis. Damals hat er in Erinnerung eigener Not, in Erinnerung der fremden Tröstung gelernt, jede Krise eines Gewissens als etwas Heiliges zu betrachten, jede Hilfeleistung als erste moralische Pflicht des Künstlers. Und von jener Stunde, da er das Briefblatt löste, war in ihm der große Helfer, der brüderliche Berater erstanden. Sein ganzes Werk, seine menschliche Autorität hat hier ihren Anbeginn. Nie hat er seitdem, auch in der drückendsten Fülle eigener Arbeit im Gedenken an die empfangene Tröstung, einem Anderen Hilfe in zwingender Gewissensnot verweigert, aus dem Briefe Tolstois erwuchsen unzählige Rollands, Tröstung aus Tröstung weitwirkend über die Zeit. Dichter zu sein, ist ihm von nun ab eine heilige Mission, und er hat sie erfüllt im Namen seines Meisters. Selten hat die Geschichte schöner als an diesem Beispiel bezeugt, daß in der moralischen Welt wie in der irdischen nie ein Atom an Kraft verloren geht. Die Stunde, die Tolstoi wegwarf an einen Unbekannten, ist auferstanden in tausend Briefen Rollands an tausend Unbekannte, unendliche Saat weht heute durch die Welt von diesem einzelnen hingestreuten Samenkorn der Güte.

Rom

Aus allen Fernen sprechen Stimmen auf den Unschlüssigen ein: die französische Heimat, die deutsche Musik, die Mahnung Tolstois, der feurige Anruf Shakespeares, Wille zur Kunst, Zwang zu bürgerlicher Existenz. Da tritt zwischen ihn und die rasche Entscheidung noch verzögernd der ewige Freund aller Künstler: der Zufall.

Alljährlich verleiht die *École Normale* ihren besten Schülern zweijährige Stipendien zur Reise, den Archäologen nach Griechenland, den Historikern nach Rom. Rolland strebt die Berufung nicht an: zu ungeduldig drängt sein Wunsch, schon im Wirklichen tätig zu wirken. Aber das Los sucht immer den, der es sich nicht selber ersehnt. Zwei Kameraden haben Rom ausgeschlagen, die Stelle ist vakant, so wird er gewählt, fast wider seinen Willen. Rom, das ist für den noch Unbelehrten tote Vergangenheit, in kalte Trümmer geschriebene Geschichte, die er aus Schrift und Pergamenten entziffern soll. Eine Schulaufgabe, ein Pensum und nicht lebendiges Leben; ohne viel Erwartung pilgert er zur ewigen Stadt.

Sein Amt, seine Aufgabe wäre dort, in dem finstern *Palazzo Farnese* Dokumente zu sichten, Geschichte aus Registern und Büchern zu klauben. Einen kurzen Tribut zahlt er diesem Dienst und verfaßt in den Archiven des Vatikans eine Denkschrift über den Nuntius Salviati und die Plünderung Roms. Aber bald hat nur das Lebendige über ihn mehr Macht: die wunderbare Klarheit des Lichtes der Campagna, die alle Dinge in eine selbstverständliche Harmonie auflöst und das Leben als leicht und rein empfinden läßt, strömt nach innen ein. Zum ersten Male wahrhaft frei, fühlt er sich zum ersten Male auch wahrhaft jung, eine Trunkenheit des Lebens kommt über ihn, bald ihn hinreißend in leidenschaftliche Gefühle und Abenteuer, bald seine ziellosen Träume zu wahrhafter Schöpfung steigernd. Unwiderstehlich wie bei so vielen erregt die linde Anmut dieser Stadt künstlerische Neigung; aus den steinernen Denkmälern der Renaissance hallt Ruf zur Größe dem Wandernden entgegen, die Kunst, die man in Italien stärker denn irgendwo als Sinn und heroisches Ziel der Menschheit empfindet, reißt ganz den Schwankenden an sich. Vergessen sind für Monate die Thesen, selig und frei schlendert Rolland durch die kleinen Städte bis nach Sizilien hinab, vergessen ist auch Tolstoi: in dieser Sphäre sinnlicher Erscheinung, im bunten Südland hat die Entsagungslehre der russischen Steppe keine Macht. Aber der alte Freund und Führer der Kindheit, Shakespeare, wird plötzlich wieder nah: ein Zyklus von Vorstellungen Ernesto Rossis zeigt ihm plötzlich die Schönheit seiner dämonischen Leidenschaft und weckt hinreißendes Verlangen, gleich Shakespeare Geschichte in Gedicht zu verwandeln. Um ihn stehen täglich die steinernen Zeugen vergangener großer Jahrhunderte: er ruft sie auf. Der Dichter ist plötzlich wach in ihm. In seliger Untreue zu seinem Berufe schafft er gleich eine ganze Reihe von Dramen, schafft sie im Fluge, mit jener brennenden Ekstase, die unverhoffte Beseligung immer im Künstler erweckt: die ganze Renaissance soll wie Shakespeares England in den Königsdramen erstehen; und sorglos, noch heiß vom Rausche der Verzückung, schreibt er eines nach dem andern, ohne um ihr irdisch-theatralisches Schicksal besorgt zu sein. Keine einzige jener romantischen Dichtungen erreicht die Bühne, keine ist heute mehr zu finden oder öffentlich zu erlangen, denn der reife Künstler hat sie verworfen und liebt in den verblaßten Handschriften nur mehr die eigene schöne und gläubige Jugend.

Aber das tiefste und weitreichendste Erlebnis jener römischen Jahre ist eine menschliche Begegnung, eine Freundschaft. Es gehört zum Mystisch-Symbolischen der Biographie Rollands, daß jede Epoche seiner Jugend ihn immer mit den wesentlichsten Menschen der Zeit verbindet, obwohl er eigentlich nie Menschen sucht, im tiefsten ein Einsamer ist, der am liebsten seinen Büchern lebt. Immer aber bringt ihn das Leben nach dem geheimnisvollen Gesetze der Anziehung in heroische Sphäre, immer wird er durch Beziehung den Gewaltigsten verbunden. Shakespeare, Mozart, Beethoven sind die Sterne seiner Kindheit; in den Schuljahren findet er Suarès, Claudel als Kameraden; in den Lehrjahren wird Renan ihm in einer Stunde, da er kühn den großen Weisen besucht, zum Führer, Spinoza sein religiöser Befreier, von ferne grüßt ihn brüderlich der Gruß Tolstois. In Rom nun weist ihn eine Empfehlung Monods an die edle Malvida von Meysenbug, deren Leben eine einzige Rückschau ist in heroische Vergangenheit.

Wagner, Nietzsche, Mazzini, Hertzen, Kossuth war sie immer befreundet gewesen, Nationen und Sprachen sind diesem freien Geiste keine Grenze, den eine Revolution der Kunst oder der Politik nie erschreckte, der, »ein Menschenmagnet«, unwiderstehlich große Naturen vertrauend an sich zog. Nun ist sie eine alte Frau, milde geworden und klar, ohne Enttäuschung als ewige Idealistin dem Leben aufgetan. Von der Höhe ihrer siebzig Jahre überschaut sie weise und verklärt verklungene Zeiten, Reichtum des Wissens und der Erfahrung strömt von ihr dem Lernenden zu. In ihr findet Rolland die gleiche sanfte Verklärtheit, die erhabene Ruhe nach vieler Leidenschaft, die Italiens Landschaft ihm teuer macht, und wie dort aus Steinen, Bildern und Monumenten die Gewaltigen der Renaissance, so wird ihm hier aus Gespräch und mancher Vertrautheit das tragische Leben der Künstler unserer Zeit bewußt. In Gerechtigkeit und Liebe lernt er hier in Rom den Genius der Gegenwart erkennen, und dieser freie Geist zeigt ihm, was unbewußt längst eigenes Gefühl vorahnte, daß es eine Höhe des Erkennens und Genießens gibt, wo Nationen und Sprachen gleichgültig werden vor der ewigen Sprache der Kunst. Und auf einem Spaziergang auf dem Janikulus bricht plötzlich in einer einzigen Vision das zukünftige europäische Werk in ihm mächtig auf: der »Johann Christof«.

Wunderbar diese Freundschaft zwischen der siebzigjährigen deutschen Frau und dem dreiundzwanzigjährigen Franzosen: bald weiß keiner mehr von ihnen, wer dem andern zu tieferem Dank verpflichtet ist: er, weil sie ihm in großer Gerechtigkeit die großen Gestalten erweckt, sie, weil sie in diesem jungen leidenschaftlichen Künstler neue Möglichkeiten der Größe sieht. Ein und der gleiche Idealismus, der geprüfte und geläuterte der Greisin, der ungestüme und fanatische des Jünglings, klingen rein ineinander: jeden Tag kommt er zur verehrten Freundin in die *via della polveriera* und spielt ihr auf dem Klavier die geliebten Meister vor; sie wieder führt ihn ein in den römischen Kreis der Donna Laura Minghetti, wo er die intellektuelle Elite Roms und des wirklichen Europa kennen lernt, und lenkt mit sachter Hand seine Unruhe zu geistiger Freiheit. Auf der Höhe des Lebens, im Aufsatz über die »*Antigone éternelle*«, bekennt Rolland, daß es zwei Frauen waren, seine christliche Mutter und der freie Geist Malvida von Meysenbugs, die ihm die volle Tiefe der Kunst und des Lebens im Gefühl bewußt werden ließen. Sie aber schreibt in ihrem »Lebensabend«, ein Vierteljahrhundert ehe Rollands Name in irgendeinem Lande auch nur genannt wird, schon ein gläubiges Bekenntnis seines zukünftigen Ruhmes. Mit Rührung liest man heute dieses Jugendbild Rollands von der zitternden Greisenhand dieser freigeistigen, klaren Deutschen hingezeichnet: »Aber nicht nur in musikalischer Hinsicht erwuchs mir aus der Bekanntschaft mit diesem Jüngling hohe Freude. Es gibt gewiß gerade im vorgerückten Alter keine edlere Befriedigung, als in jungen Seelen denselben Drang der Idealität, dasselbe Streben nach den höchsten Zielen, dieselbe Verachtung alles Gemeinen und Trivialen, denselben Mut im Kampfe um die Freiheit der Individualität zu finden ... Zwei Jahre des edelsten geistigen Verkehres wurden mir durch die Anwesenheit dieses Jünglings zuteil ... Wie schon erwähnt, war es nicht nur die musikalische Begabung des jungen Freundes, welche mir die so lange entbehrte Wohltat brachte, auch auf allen anderen Gebieten des geistigen Lebens fand ich ihn einheimisch und zu voller Entwicklung strebend, so wie ich dagegen in der beständigen Anregung die Jugend des Gedankens und die volle Intensität des Interesses für alles Schöne und Poesievolle in mir wieder empfand. Auf diesem letzten Gebiete der Poesie entdeckte ich denn auch allmählich die schöpferische Begabung des Genannten, und zwar in überraschender Weise durch eine dramatische Dichtung.« In prophetischer Weise knüpft sie an dieses Erstlingswerk die Verkündigung, daß von der sittlichen Kraft dieses jungen Dichters vielleicht eine poetische Regeneration der französischen Kunst ausgehen könne, und in einem schön empfundenen, ein wenig sentimentalischen Gedicht spricht sie ihre ganze Dankbarkeit für das Erlebnis dieser zwei Jahre aus. Die freie Seele hat geschwisterlich den europäischen Bruder erkannt wie der Meister in Jasnaja Poljana seinen Schüler: zwanzig Jahre, ehe die Welt von ihm weiß, rührt Rollands Leben so schon an heroische Gegenwart. Dem, der das Große will, bleibt es nicht verborgen: Tod und Leben senden ihm Bilder und Gestalten entgegen als Mahnung und Beispiel, aus allen Ländern und Völkern Europas grüßen Stimmen den, der einst für sie alle sprechen soll.

Die Weihe

Die beiden Jahre in Italien, Jahre des freien Empfangens und schöpferischen Genießens, gehen zu Ende. Aus Paris ruft die Schule, die Rolland als Schüler verlassen, ihn nun als Lehrer zurück. Der Abschied ist schwer, und Malvida von Meysenbug, die gütige greise Frau, findet ihm noch einen schönen symbolischen Abschluß. Sie lädt den jungen Freund ein, mit ihr nach Bayreuth zu kommen, in die unmittelbarste Sphäre des Menschen, der mit Tolstoi das Sternbild seiner Jugend war und den er nun lebendiger fühlt aus ihrer beseelten Erinnerung. Rolland wandert zu Fuß durch Umbrien, in Venedig treffen sie zusammen, sehen den Palazzo, in dem der Meister starb, und fahren dann nach Norden in sein Haus zu seinem Werk. »Damit er« – wie sie in ihrer seltsam pathetischen und doch irgendwie ergreifenden Art sagt – »mit diesem erhabenen Eindruck die Jahre in Italien und diese reiche Jünglingszeit beschließe und denselben gleichsam als Weihe auf der Schwelle des Mannesalters mit seiner voraussichtlichen Arbeit und seinen wohl nicht ausbleibenden Kämpfen und Täuschungen empfange.«

Nun ist Olivier in Johann Christofs Land. Gleich am Morgen der Ankunft führt Malvida, noch ehe sie sich bei den Freunden in Wahnfried anmeldeten, ihn in den Garten zu des Meisters Grab. Rolland entblößt wie in einer Kirche das Haupt, schweigend stehen sie lange im Gedenken an den heroischen Menschen, der dieser einen ein Freund, dem andern ein Führer war. Und abends empfangen sie sein Vermächtnis, den Parsifal. Dieses Werk, das geheimnisvoll wie auch die Stunden jener Gegenwart mit der Geburt des Johann Christof verbunden ist, wird eine Weihestunde für seine zukünftige Zeit. Dann ruft ihn das Leben aus so großen Träumen. Ergreifend schildert die Siebzigjährige diesen Abschied: »Durch die Güte meiner Freunde für alle Aufführungen in ihre Loge eingeladen, hörte ich noch einmal Parsifal zusammen mit Rolland, der dann nach Frankreich zurückgehen mußte, um in die große Gewerbstätigkeit als schaffendes Glied einzutreten. Es war mir furchtbar leid um ihn, den Hochbegabten, daß er sich nicht frei zu ›höheren Sphären‹ heben und ganz in der Entfaltung künstlerischer Triebe vom Jüngling zum Manne reifen konnte. Aber ich wußte auch, daß er dennoch am sausenden Webstuhl der Zeit mithelfen würde, der Gottheit lebendiges Kleid zu wirken. Die Tränen, die beim Schluß der Aufführung des Parsifal in seinen Augen standen, verbürgten mir aufs neue diese Annahme, und so sah ich ihn scheiden mit innigem Danke für die poesieerfüllte Zeit, die mir seine Talente bereitet hatten, und mit dem Segen, den das Alter der Jugend mitgibt in das Leben.«

Eine reiche Zeit für sie beide endet in dieser Stunde, aber nicht ihre schöne Freundschaft. Noch durch Jahre, bis zu dem letzten ihres Lebens, schreibt Rolland ihr allwöchentlich, und in diesen Briefen, die er nach ihrem Tode zurückerhielt, ist vielleicht die Biographie seiner eigenen Jugend vollkommener gebildet, als je andere sie werden sagen können. Unendliches hat er gelernt in dieser Begegnung: Weite des Wissens um das Wirkliche ist ihm nun gegeben, Zeitgefühl ohne Grenze, und er, der nach Rom gegangen, um nur vergangene Kunst zu erfassen, fand dort das lebendige Deutschland und die Gegenwart der ewigen Helden. Der Dreiklang aus Dichtung, Musik und Wissenschaft harmonisiert sich unbewußt mit dem andern: Frankreich, Deutschland, Italien. Europäischer Geist ist nun für immer der seine, und noch ehe der Dichter eine Zeile geschrieben, lebt schon in seinem Blute der große Mythos des Johann Christof.

Lehrjahre

Nicht nur die innere Linie des Lebens, auch die äußere Richtung des Berufes hat in diesen beiden Jahren in Rom entscheidende Form gewonnen: ähnlich wie bei Goethe harmonisiert sich in der erhabenen Klärung südlicher Landschaft das Widerstreitende des Willens. Ein Unsicherer, Unentschiedener war Rolland nach Italien gegangen, Musiker dem Genius nach, Dichter aus Neigung, Historiker aus Notwendigkeit. Allmählich hatte sich dort in magischer Bindung die Musik der Dichtung verschwistert: in jenen ersten Dramen strömt lyrische Melodik in das Wort übermächtig ein, gleichzeitig hatte der historische Sinn das farbige Kolorit großer Vergangenheit hinter diesen beschwingten Worten als eine mächtige Kulisse aufgestellt. Der Heimgekehrte vermag nun die dritte Bindung seiner Begabung und seines Berufes zu vollziehen, er wird nach Erfolg seiner These »*Les origines du théâtre lyrique moderne*« (*Histoire de l'Opéra en Europe avant Lully et Scarlatti*) Lehrer der Musikgeschichte zuerst an der *École Normale*, dann von 1903 an der *Sorbonne*; die »*éternelle floraison*«, die ewige Blüte der Musik, als eine unendliche Folge durch die Zeiten zu schildern, deren jede doch wieder ihre seelische Schwingung in den Gestaltungen verewigt, ist seine Aufgabe, und er zeigt – zum erstenmal sein Lieblingsthema entdeckend –, wie die Nationen in dieser scheinbar abstrakten Sphäre zwar ihre Charaktere ausprägen, aber doch immer die höhere, die zeitlose, die internationale Einheit unbewußt aufbauen. Fähigkeit des Verstehens und des Verstehenlassens ist ja der innerste Kern seiner menschlichen Wirksamkeit, und hier, im vertrautesten Element, wird seine Leidenschaft mitteilsam. In lebendigerem Sinne als alle vor ihm lehrt er seine Wissenschaft, erzeigt im unsichtbar Seienden der Musik, daß das Große in der Menschheit niemals einer Zeit, einem Volke allein zugeteilt ist, sondern in ewiger Wanderschaft über die Grenzen und Zeiten als heiliges Feuer glüht, das ein Meister dem andern weiterreicht und das nie verlöschen wird, solange noch der Atem der Begeisterung vom Munde der Menschen ausgeht. Es gibt keinen Gegensatz, keinen Zwiespalt in der Kunst, »die Geschichte muß zum Gegenstand die lebendige Einheit des menschlichen Geistes haben, darum ist sie gezwungen, die Bindung aller seiner Gedanken aufrechtzuerhalten«.

Von jenen Vorträgen, die Romain Rolland in der »*École des hautes études sociales*« und der *Sorbonne* hielt, erzählen Zuhörer noch heute mit unverminderter Dankbarkeit. Historisch war an jenen Vorträgen eigentlich nur der Gegenstand, wissenschaftlich bloß das Fundament. Rolland hat heute neben seinem universalen Ruhm noch immer den fachlichen in der Musikforschung, das Manuskript von Luigi Rossis »*Orfeo*« entdeckt und die erste Würdigung des vergessenen Francesco Provencale gegeben zu haben, aber seine menschlich umfassende, wahrhaft enzyklopädische Betrachtung machte jene Stunden über »die Anfänge der Oper« zu Freskobildern ganzer verschollener Kulturen. Zwischen den Worten ließ er die Musik sprechen, gab am Klavier kleine Proben, die längst verklungene Arien in demselben Paris, wo sie vor dreihundert Jahren zum erstenmal aufgeblüht waren, aus Staub und Pergament wieder silbern aufwachen ließen. Damals begann in dem noch jungen Rolland jene unmittelbare Wirkung auf die Menschen, jene erläuternde, fühlende, erhebende, bildende und begeisternde Kraft, die seitdem, durch sein dichterisches Werk immer fernere Kreise erfassend, sich ins Unermeßliche gesteigert hat, im Kernpunkt aber ihrer Absicht treu geblieben ist: in allen Formen der Geschichte und Gegenwart einer Menschheit das Große ihrer Gestalten und die Einheit aller reinen Bemühung zu zeigen.

Selbstverständlich machte seine Leidenschaft für die Musik nicht im Historischen halt. Nie ist Romain Rolland Fachmensch geworden, jede Vereinzelung widerstrebt seiner synthetischen, seiner bindenden Natur. Für ihn ist alle Vergangenheit nur Vorbereitung für die Gegenwart, das Gewesene nur Möglichkeit gesteigerten Erfassens der Zukunft. Und an die gelehrten Thesen und die Bände der »*Musiciens d'autrefois*«, »Händel« der »*Histoire de l'Opéra en Europe avant Lully et Scarlatti*« reihen sich die Aufsätze der »*Musiciens d'aujourd'hui*«, die er als Vorkämpfer für alles Moderne und Unbekannte in der »*Revue de Paris*« und »*Revue de l'Art dramatique*« zuerst veröffentlicht hatte. Das erste Porträt Hugo Wolfs in Frankreich, das hinreißendste des jungen Richard Strauß und Debussys ist in ihnen gezeichnet; unermüdlich blickt er nach allen Seiten, die neuen schöpferischen Kräfte der europäischen Tonkunst zu gewahren; er reist zum

Straßburger Musikfest, Gustav Mahler zu hören, und nach Bonn zu den Beethovenfesttagen. Nichts bleibt seiner leidenschaftlichen Wissensgier, seinem Gerechtigkeitssinn fremd: von Katalonien bis Skandinavien lauscht er auf jede neue Welle im unendlichen Meer der Musik, im Geist der Gegenwart nicht minder heimisch als in dem der Vergangenheit.

Lehrend in diesen Jahren, lernt er auch selbst vom Leben viel. Neue Kreise tun sich ihm auf in demselben Paris, das er bisher kaum anders als von dem Fenster der einsamen Studierstube gekannt. Seine Stellung an der Universität, seine Verheiratung bringen den Einsamen, der bisher nur mit einzelnen vertrauten Freunden und den fernen Heroen gelebt, in Berührung mit der geistigen und mondänen Gesellschaft. Im Hause seines Schwiegervaters, des berühmten Archäologen Michel Breal, lernt er die Leuchten der Sorbonne kennen, in den Salons das ganze Getümmel von Finanzmännern, Bürgern, Beamten, alle Schichten der Stadt, durchwoben mit den in Paris unvermeidlichen kosmopolitischen Elementen. Der Romantiker Rolland wird in diesen Jahren unwillkürlich Beobachter, sein Idealismus gewinnt, ohne an Intensität zu verlieren, kritische Kraft. Was er an Erfahrungen (oder besser an Enttäuschungen) aus diesen Begegnungen in sich sammelt, dieser ganze Schutt von Alltäglichkeit, wird später Zement und Unterbau für die Pariser Welt in »Der Jahrmarkt« *(»La foire sur la place«)* und »Das Haus« *(»Dans la maison«)*. Gelegentliche Reisen nach Deutschland, die Schweiz, Österreich, das geliebte Italien bringen Vergleich und neues Wissen; immer weiter spannt sich über dem Wissen der Geschichte der wachsende Horizont der modernen Kultur. Der Heimgekehrte aus Europa hat sich Frankreich und Paris entdeckt, der Historiker die wichtigste Epoche für den Lebendigen: die Gegenwart.

Kampfjahre

Alles ist nun in dem Dreißigjährigen gespannte Kraft, verhaltene Leidenschaft zur Tat. In allen Zeichen und Bildern, in der Vergangenheit und an den künstlerischen Gestalten der Gegenwart hat sein begeisterter Sinn Größe gesehen: nun drängt es ihn, sie zu erleben, sie zu gestalten. Aber ein Wille zur Größe findet eine kleine Zeit. Als Rolland beginnt, sind die Gewaltigen Frankreichs schon dahingegangen, Victor Hugo, der unentwegte Rufer zum Idealismus, Flaubert, der heroische Arbeiter, Renan, der Weise, sind tot, die Gestirne des nachbarlichen Himmels, Richard Wagner und Friedrich Nietzsche, sind gesunken oder verdunkelt. Die Kunst, selbst die ernste eines Zola, eines Maupassant, dienen dem Täglichen, schaffen nur Bildnis einer verderbten und verweichlichten Zeit. Die Politik ist kleinlich und vorsichtig, die Philosophie schulmäßig und abstrakt geworden: nichts Gemeinsames bindet mehr die Nation, deren Glaubenskraft in der Niederlage für Jahrzehnte erschüttert worden ist. Er will wagen, aber die Welt will kein Wagnis. Er will kämpfen, aber die Welt will Behaglichkeit. Er will Gemeinschaft, aber die Welt keine andere als die des Genusses.

Da stürzt plötzlich ein Sturm über das Land. Die untersten Tiefen Frankreichs sind aufgewühlt, mit einem Male steht die ganze Nation in Leidenschaft um ein geistiges, ein moralisches Problem: und leidenschaftlich wie ein verwegener Schwimmer stürzt sich Rolland als einer der Ersten in die aufgeregte Flut. Über Nacht hat die Dreyfus-Affäre Frankreich in zwei Parteien zerrissen, es gibt da kein Abseitsstehen, keine kühle Betrachtung, die Besten faßt die Frage am stärksten, für zwei Jahre ist die ganze Nation messerscharf in zwei Meinungen, in Schuldig oder Unschuldig zerrissen, und dieser Schnitt geht erbarmungslos – am besten kann man es im »Johann Christof« und den Memoiren Peguys nachlesen – mitten durch Familien, trennt Brüder von Brüdern, Väter von Söhnen, Freunde von Freunden. Wir von heute können kaum mehr verstehen, daß die Angelegenheit eines wegen Spionage verdächtigten Artilleriehauptmanns für ein ganzes Land zur Krise wurde, aber die Leidenschaft wuchs über den Anlaß hinaus ins Geistige: eine Frage des Gewissens war jedem Einzelnen gestellt, Entscheidung zwischen Vaterland und Gerechtigkeit, und mit explosiver Wucht schmettert sie aus jedem Aufrichtigen die moralischen Kräfte in den Kampf. Rolland war einer der ersten in jenem engen Kreise, der von allem Anfang an für die Unschuld des Dreyfus eintrat, und gerade die Aussichtslosigkeit jener allerersten Bemühungen war für ihn Anreiz des Gewissens; während Peguy mehr von der mystischen Kraft des Problems ergriffen war, von der er eine sittliche Reinigung seines Vaterlandes erhoffte, während er agitatorisch in Broschüren mit Bernard Lazare die Affäre zum Flammen brachte, begeisterte Rolland das immanente Problem der Gerechtigkeit. Mit einer dramatischen Paraphrase »Die Wölfe«, die er unter dem Pseudonym St. Just veröffentlichte und die in Gegenwart Zolas, Scheurer-Kestners, Piquarts unter leidenschaftlicher Anteilnahme der Zuhörer gespielt wurde, hob er das Problem aus der Zeit ins Ewige hinaus. Und je mehr der Prozeß politisch wurde, seit sich die Freimaurer, die Antiklerikalen, die Sozialisten seiner als Sturmbock für ihre eigenen Absichten bedienten, je mehr der tatsächliche Erfolg für die Idee sich kundgab, um so mehr zog Rolland sich wieder zurück. Seine Leidenschaft gilt immer nur dem Geistigen, dem Problem, dem ewig Aussichtslosen – auch hier ist es sein Ruhm, einer der ersten und ein einsamer Kämpfer in einem historischen Augenblick gewesen zu sein.

Gleichzeitig aber eröffnet er Schulter an Schulter mit Peguy und dem alten im Kampf zurückgefundenen Jugendkameraden Suarès einen neuen Feldzug, aber keinen lauten, lärmenden, sondern eine Kampagne, deren stiller verschwiegener Heroismus mehr einem Passionswege glich. Sie spüren schmerzhaft die Korruption, die Verhurtheit, die Banalität und Käuflichkeit der Literatur, die in Paris den Tag beherrscht: sie offen zu bekämpfen wäre aussichtslos gewesen, denn diese Hydra hat alle Zeitschriften in Händen, alle Journale sind ihr dienstbar. Nirgends ist ihre glatte, quallige, tausendarmige Wesenheit tödlich zu treffen. Und so beschließen sie, ihr entgegenzuarbeiten, nicht mit den eigenen Mitteln, dem Lärm und der Betriebsamkeit, sondern mit dem moralischen Gegenbeispiel, der stillen Aufopferung und beharrlichen Geduld. Fünfzehn Jahre lang erscheint ihre Zeitschrift, die *»Cahiers de la quinzaine«*, die sie selbst schreiben und verwalten. Kein Centime wird für Reklame verausgabt, kaum findet man bei irgendeinem Buchhändler ein Heft, Studenten, ein paar Literaten, ein kleiner enger Kreis sind die Leser, die allmählich erst eine Gemeinde werden. Über ein Jahrzehnt läßt Romain Rolland alle seine Werke in diesen Heften erscheinen, den ganzen Johann Christof, Beethoven, Michelangelo, die Dramen, ohne – der Fall ist beispiellos in der neueren Literatur – einen Franken Honorar zu erhalten (und seine finanziellen Verhältnisse waren damals wahrhaftig keine rosigen). Aber nur um ihren Idealismus zu erhärten, um ein moralisches Beispiel zu schaffen, verzichten diese heroischen Menschen ein Jahrzehnt auf Besprechungen, auf Verbreitung und Honorar, auf diese heilige Dreifaltigkeit aller Literatengläubigkeit. Und als endlich die Zeit der *Cahiers* gekommen war durch Rollands, durch Peguys, durch Suarès' späten Ruhm, da endet ihre Herausgabe, ein unvergängliches Denkmal des französischen Idealismus und künstlerisch menschlicher Kameradschaft.

Und noch ein drittes Mal versucht sich die geistige Leidenschaftlichkeit Rollands in einer Tat. Noch ein drittes Mal tritt er für eine Lebensstunde in eine Gemeinschaft, um Lebendiges im Lebendigen zu schaffen. Eine Gruppe junger Leute hat in richtiger Erkenntnis des Unwertes und der Verderblichkeit des französischen Boulevarddramas, dieser ewigen Ehebruchsakrobatik einer gelangweilten Bürgerlichkeit, versucht, das Drama wieder dem Volke, dem Proletariat und damit einer neuen Kraft zurückzugeben. In ungestümer Feurigkeit nimmt Rolland die Bemühung auf, schreibt Aufsätze, Manifeste, ein ganzes Buch, und vor allem, er verfaßt aus dem innersten Gedanken heraus selbst eine Reihe von Dramen im Geiste und zur Verherrlichung der französischen Revolution. Jaurès führt mit einer Rede seinen *Danton* den französischen Arbeitern vor, auch die andern werden gespielt, aber die Tagespresse, offenbar in geheimer Witterung feindlicher Kraft, sucht sorglich die Leidenschaft abzukühlen. Und wirklich, die andern Teilnehmer erkalten im Eifer, und bald ist der schöne Elan der jugendlichen Gruppe gebrochen: Rolland bleibt allein zurück, reicher an Erfahrung und Enttäuschung, aber nicht ärmer an Gläubigkeit.

Allen großen Bewegungen leidenschaftlich verbunden, war Rolland doch immer innerlich frei geblieben. Er gibt seine Kraft in die Bestrebungen der andern, ohne sich willenlos von ihnen mitreißen zu lassen. Alles enttäuscht ihn, was er gemeinsam mit andern schafft: das Gemeinsame wird immer trübe durch das Unzulängliche aller Menschlichkeit. Der Dreyfusprozeß wird eine politische Affäre, das *Théâtre du Peuple* geht zugrunde an Rivalitäten, seine Dramen, die dem Volke bestimmt waren, erlöschen an einem einzigen Theaterabend, seine Ehe zerbricht – aber nichts kann seinen Idealismus zerbrechen. Wenn das gegenwärtige Leben nicht durch den Geist zu bezwingen ist, so verliert er darum nicht den Glauben an den Geist: aus Enttäuschung erweckt er sich die Bilder der Großen, die die Trauer durch die Tätigkeit, das Leben durch die Kunst besiegen. Er läßt das Theater, er läßt den Lehrstuhl, er tritt zurück aus der Welt, um das Leben, das sich den reinen Taten verweigert, in gestaltetem Bilde zu fassen. Enttäuschungen sind für ihn nur Erfahrungen, und über eine kleine Zeit baut er nun in zehn Jahren der Einsamkeit ein Werk, das wirklicher ist im ethischen Sinne als die Wirklichkeit, und das den Glauben seiner Generation in eine Tat verwandelt: den »Johann Christof«.

Ein Jahrzehnt Stille

Einen Augenblick lang war der Name Romain Rollands dem Pariser Publikum als der eines gelehrten Musikers, eines hoffnungsvollen Dramatikers vertraut gewesen. Dann ist er durch Jahre wieder verschollen, denn keine Stadt besitzt die Fähigkeit des Vergessens so gründlich und meistert sie so schonungslos wie Frankreichs Hauptstadt. Nie mehr wird der Name des Abseitigen genannt, nie selbst in den Kreisen der Dichter und Literaten, die doch die Wissenden um ihre eigenen Werte sein sollten. Man blättere zur Probe nach in allen den Revuen und Anthologien, in den Geschichten der Literatur: nirgends wird man Rolland auch nur verzeichnet finden, der damals schon ein Dutzend Dramen, die wundervollen Biographien und sechs Bände des »Johann Christof« veröffentlicht hatte. Die *»Cahiers de la quinzaine«* sind Geburtsstätte und gleichzeitig Grab seiner Werke, er selbst ist ein Fremder in der Stadt zur selben Zeit, da er ihre geistige Existenz so bildnerisch und umfassend wie kein zweiter gestaltet. Längst ist das vierzigste Lebensjahr überschritten, noch kennt er kein Honorar, keinen Ruhm, noch bedeutet er keine Macht, keine Lebendigkeit. Wie Charles Louis Philippe, wie Verhaeren, Claudel, Suarès, die Stärksten um die Wende des neunzehnten Jahrhunderts, ist er unwirksam, unbekannt auf der Höhe seines Schaffens. Sein Leben ist lange das Schicksal, das er selbst so hinreißend erzählt: die Tragödie des französischen Idealismus.

Aber eben diese Stille ist notwendig zur Vorbereitung von Werken solcher Konzentration. Das Gewaltige braucht immer erst Einsamkeit, ehe es die Welt gewinnt. Nur jenseits des Publikums, nur in heroischer Gleichgültigkeit gegen den Erfolg wagt sich ein Mensch an ein so aussichtsloses Beginnen wie einen Giganten-Roman in zehn Bänden, der sich überdies in einer Zeit auflodernden Nationalismus gerade einen Deutschen zum Helden nimmt. Nur in solcher Abseitigkeit kann sich eine ähnliche Universalität des Wissens zum Werk entwickeln, nur die ungestörte, vom Atem der Menschen unberührte Stille es ohne Hast in vorgedachter Fülle entfalten.

Ein Jahrzehnt ist Rolland der große Verschollene der französischen Literatur. Ein Geheimnis umgibt ihn: es heißt Arbeit. Ein dunkler Puppenzustand von Unbekanntheit umschließt jahrelang, jahrzehntelang seine einsame Mühe, der sich dann beflügelt das kraftbeschwingte Werk entringt. Viel Leiden ist in diesen Jahren, viel Schweigen und viel Wissen um die Welt, das Wissen eines Menschen, um den niemand weiß.

Bildnis

Zwei Zimmerchen, nußschalengroß, im Herzen von Paris, knapp unter dem Dach: fünf Stockwerke hoch schraubt sich die hölzerne Treppe. Unten donnert ganz leise wie ein fernes Gewitter der *Boulevard Montparnasse*. Manchmal zittert auf dem Tisch ein Glas, wenn unten der schwere »Motorbus« vorüberdröhnt. Aber von den Fenstern geht der Blick über die niederen Nachbarhäuser in einen alten Klostergarten, und im Frühling weht ein weicher Duft von Blüten in die aufgetanen Fenster. Kein Nachbar hier oben, keine Bedienung als die alte Conciergefrau, die den Einsamen vor Gästen und Besuchern schützt.

Im Zimmer Bücher und Bücher. An den Wänden klettern sie auf, den Boden überhäufen sie, bunte Blumen wuchern sie über Fensterbrett, Sessel und Tisch, dazwischen Papiere verstreut, ein paar Gravüren an der Wand, Photographien von Freunden und eine Büste Beethovens. Nah dem Fenster ein kleiner Holztisch mit Feder und Papier, zwei Sessel, ein kleiner Ofen. Nichts in der engen Zelle, was kostbar wäre, nichts was weich zur Ruhe lüde oder zu gemächlicher Geselligkeit. Eine Studentenbude, ein kleiner Kerker der Arbeit.

Vor den Büchern er selbst, der milde Mönch dieser Zelle, immer dunkel gekleidet in der Art eines Geistlichen, schmal, hoch, zart, das Gesicht ein wenig blaß und gegilbt, wie das eines Menschen, der selten im Freien lebt. Feine Falten unter den Schläfen, man spürt einen Schaffenden, der viel wacht und wenig schläft. Alles ist zart an seinem Wesen, das reine Profil, dessen ernste Linie keine Photographie ganz wiedergibt, die schmalen Hände, das Haar, das feinsilbern hinter die hohe Stirn tritt, der Bart, der spärlich und sanft wie ein heller Schatten über der dünnen Lippe liegt. Und alles ist leise an ihm, die Stimme, die sich nur zögernd im Gespräche gibt, der Gang, der leicht vorgeneigt, auch im Ruhenden noch unsichtbar die Linie der gebückten Arbeit nachzeichnet, die Gesten, die sich immer bändigen, der zögernde Schritt. Nichts Leiseres kann man sich denken als seine Gegenwart. Und fast wäre man versucht, dieses Sanfte seines Wesens für Schwäche zu halten oder eine große Müdigkeit, wären nicht die Augen in diesem Antlitz, klar, messerscharf vorblinkend unter dem leicht geröteten Lidrand und dann wieder sanft sich vertiefend in Güte und Gefühl. In ihrem Blau ist etwas von der Tiefe eines Wassers, das seine Farbe nur von seiner Reinheit hat (und alle seine Bilder sind darum arm, weil sie dies Auge nicht bilden, in dem sich seine ganze Seele sammelt). Das ganze feine Antlitz ist von dem Blick so belebt, wie der schwache enge Körper vom geheimnisvollen Feuer der Arbeit.

Diese Arbeit, die unendliche Arbeit dieses Menschen im Gefängnis des Körpers, im Gefängnis des engen Raumes in all jenen Jahren, wer kann sie ermessen! Die Bücher, die geschriebenen, sind nur ihr kleinstes Teil. Alles umfaßt die brennende Neugier dieses Einsamen, die Kulturen aller Sprachen, die Geschichte, Philosophie, Dichtung und Musik aller Nationen. Mit allen Bestrebungen ist er in Verbindung, über alles hat er Aufzeichnungen, Briefe und Notizen, er hält Zwiesprache mit sich und den andern, indessen die Feder vorwärts gleitet. Mit seiner feinen aufrechten Schrift, die doch gleichzeitig mit Kraft die Buchstaben hinter sich wirft, hält er die Gedanken fest, die ihm begegnen, die eigenen und die fremden, Melodien vergangener und neuer Zeit, die er in schmalen Heften notiert, Auszüge aus Zeitschriften, Entwürfe, und sein gesparter, gesammelter Besitz an solchem selbst geschriebenen geistigen Gut ist unermeßlich. Immer brennt die Flamme dieser Arbeit. Selten gönnt er sich mehr als fünf Stunden Schlaf, selten einen Spaziergang in den nahen *Luxembourg*, selten kommt zu stillem Gespräch ein Freund die fünfmal gewundene Treppe empor, und auch seine Reisen sind meist Suche und Forschung. Ausruhen heißt für ihn eine Arbeit tauschen für eine andere, Briefe gegen Bücher, Philosophie gegen Dichtung. Sein Alleinsein ist tätige Gemeinsamkeit mit der Welt, und freie Stunden sind einzig jene kleinen Feste inmitten des langen Tages, wenn er in der Dämmerung auf dem Klavier Zwiesprache hält mit den großen Geistern der Musik, Melodien holend aus andern Welten in diesen kleinen Raum, der selbst wieder eine Welt des schaffenden Geistes ist.

Der Ruhm

1910. Ein Automobil saust die *Champs Elysées* entlang, seinen eigenen späten Warnruf überrennend. Ein Schrei – und der Unbedachte, der gerade die Straße überquerte, liegt unter den Rädern. Blutend, mit gebrochenen Gliedern hebt man den Überfahrenen auf und rettet ihm mühsam den Rest des Lebens.

Nichts sagt so sehr das Geheimnisvolle im Ruhme Romain Rollands aus als der Gedanke, wie wenig noch damals sein Verlust für die literarische Welt bedeutet hätte. Eine kleine Notiz in den Zeitungen, daß der Musiklehrer an der Sorbonne, Professor Rolland, einem Unfall zum Opfer geworden sei. Vielleicht hätte auch einer oder der andere sich daran erinnert, daß ein Mann dieses Namens vor fünfzehn Jahren hoffnungsvolle Dramen und musikalische Schriften verfaßt habe und in ganz Paris, der Dreimillionenstadt, hätte kaum eine Handvoll Menschen von dem verlorenen Dichter gewußt. So mystisch unbekannt war Romain Rolland zwei Jahre vor seinem europäischen Ruhm, so namenlos noch zu einer Zeit, als das Werk, das ihn zum Führer unserer Generation gemacht, im wesentlichen geschaffen war: das Dutzend Dramen, die Biographien der Heroen und die ersten acht Bände des »Johann Christof«.

Wunderbar das Geheimnis des Ruhms, wunderbar seine ewige Vielfalt. Jeder Ruhm hat seine eigene Form, unabhängig vom Menschen, dem er zufällt, und doch ihm zugehörig als sein Schicksal. Es gibt einen weisen Ruhm und einen törichten, einen gerechten und einen ungerechten, einen kurzatmigen, leichtfertigen, der wie ein Feuerwerk verprasselt, einen langsamen, schwerblütigen, der erst zögernd dem Werke nachfolgt, und es gibt einen infernalischen, boshaften, der immer zu spät kommt und sich von Leichen nährt.

Zwischen Rolland und dem Ruhm ist ein geheimnisvolles Verhältnis. Von Jugend an lockt ihn die große Magie, und so sehr ist schon der Jüngling bezaubert von dem Gedanken jenes einzig wirklichen Ruhmes, der moralische Macht und sittliche Autorität bedeutet, daß er stolz und sicher die kleinen Gelegenheiten des Klüngels und der Kameraderie verschmäht. Er kennt das Geheimnis und die Gefahr, die menschliche Versuchung der Macht, er weiß, daß man durch Geschäftigkeit nur seinen kalten Schatten fängt, nie das feurig wärmende Licht. Keinen Schritt ist er ihm darum entgegengegangen, nie hat er die Hand nach ihm ausgestreckt, so nahe er ihm mehrmals im Leben schon war, ja, er hat den nahenden sogar eigenwillig zurückgestoßen durch das grimmige Pamphlet seiner *»Foire sur la Place«*, die ihm für immer die Gunst der Pariser Presse nahm. Was er von seinem Johann Christof sagt, gilt ganz seiner eigenen Leidenschaft: *»Le succès n'était pas son but, son but était la foi.«* »Nicht der Erfolg, der Glaube war sein Ziel.«

Und der Ruhm hebt diesen Menschen, der ihn von ferne liebt, ohne sich ihm anzudrängen, er zögert lang, denn er will das Werk nicht stören, will eine lange Scholle der Dunkelheit um den Keim lassen, daß er reife in Leiden und Geduld. In zwei andern Welten wachsen sie beide heran, das Werk und der Ruhm, und warten der Begegnung. Kristallinisch bildet sich eine kleine Gemeinde seit dem »Beethoven«, die still dann mit Johann Christof sein Leben entlang geht. Die Getreuen von den *»Cahiers de la quinzaine«* werben neue Freunde. Ohne Mithilfe der Presse, einzig durch die unsichtbare Wirkung der werbenden Sympathie wachsen die Auflagen, im Auslande erscheinen Übersetzungen. Der ausgezeichnete schweizer Schriftsteller Paul Seippel gibt endlich 1912 in umfassender Darstellung die erste Biographie. Lange hat Rolland schon Liebe um sich, ehe die Zeitungen seinen Namen drucken, und der Preis der Akademie für das vollendete Werk ist dann nur gleichsam der Fanfarenstoß, der die Armeen seiner Getreuen zur Heerschau sammelt. Mit einemmal bricht die Welle der Worte über ihn herein, knapp vor seinem fünfzigsten Jahr. 1912 ist er noch unbekannt, 1914 ein Weltruhm. Mit einem Schrei der Überraschung erkennt eine Generation ihren Führer.

Es ist mystischer Sinn in diesem Ruhm Romain Rollands, wie in jedem Geschehnis seines Lebens. Er kommt spät zu dem Vergessenen, den er in bitteren Jahren der Sorge und materiellen Not allein gelassen. Aber er kommt noch zur rechten Stunde, er kommt vor dem Krieg. Wie ein Schwert gibt er sich ihm in die Hand. In entscheidendem Augenblick schenkt er ihm Macht und Stimme, damit er für Europa spreche, er hebt ihn hoch, damit er sichtbar sei im Getümmel.

Er kommt rechtzeitig, dieser Ruhm, denn er kommt, als durch Leiden und Wissen Romain Rolland reif ist zu seinem höchsten Sinne, zu europäischer Verantwortlichkeit und die Welt des Mutigen bedarf, der gegen sie selbst ihre ewige Sendung, die Brüderlichkeit, verkünde.

Ausklang in die Zeit

So erhebt sich dieses Leben aus dem Dunkel in die Zeit: still bewegt, aber immer von den stärksten Kräften, scheinbar abseitig, aber wie kein anderes mit dem unheilvoll wachsenden Schicksal Europas verbunden. Von seiner Erfüllung aus gesehen, ist alles Hemmende, die vielen Jahre des unbekannten, des vergeblichen Ringens, notwendig darin, jede Begegnung symbolisch: wie ein Kunstwerk baut es sich auf in einer weisen Ordnung von Wille und Zufall. Und es hieße klein vom Schicksal denken, betrachtete man es bloß als Spiel, daß dieser Unbekannte gerade in den Jahren zu einer öffentlichen moralischen Macht geworden war, da wie nie ein Anwalt des geistigen Rechtes uns allen vonnöten war.

Mit diesem Jahre 1914 verlischt die private Existenz Romain Rollands: sein Leben gehört nicht mehr ihm, sondern der Welt, seine Biographie wird Zeitgeschichte, sie läßt sich nicht mehr ablösen von seiner öffentlichen Tat. Aus seiner Werkstatt ist der Einsame zum Werk in die Welt geschleudert: er, den bisher niemand gekannt hat, lebt bei offenen Türen und Fenstern, jeder Aufsatz, jeder Brief wird Manifest, wie ein heroisches Schauspiel baut seine persönliche Existenz sich auf. Von der Stunde ab, da seine teuerste Idee, die Einheit Europas, sich selbst zu vernichten droht, tritt er aus der Stille seiner Verborgenheit ins Licht, er wird Element der Zeit, unpersönliche Gewalt, ein Kapitel in der Geschichte des europäischen Geistes: und so wenig man Tolstois Leben trennen darf von seiner agitatorischen Tat, so wenig kann man hier den wirkenden Menschen von seiner Wirkung abzugrenzen versuchen. Seit 1914 ist Romain Rolland ganz eines mit seiner Idee und ihrem Kampf. Er ist nicht mehr Schriftsteller, Dichter, Künstler, nicht mehr Eigenwesen. Er ist die Stimme Europas in seiner tiefsten Qual. Er ist das Gewissen der Welt.

Dramatisches Beginnen

*»Sein Ziel war nicht der Erfolg, sein
Ziel war der Glaube.«*
Rolland, Johann Christof,
Viertes Buch: Empörung

Das Werk und die Zeit

Man kann das Werk Romain Rollands nicht verstehen ohne die Zeit, aus der es geboren ist. Denn hier wächst eine Leidenschaft aus der Müdigkeit eines ganzen Landes, ein Glaube aus der Enttäuschung eines gedemütigten Volkes. Der Schatten von 1870 liegt über der Jugend dieses Dichters, und es bedeutet Sinn und Größe seines ganzen Werkes, daß es von dem einen Kriege zu dem andern eine Brücke des Geistes spannt. Bewölktem Himmel, blutiger Erde ist es entrungen und greift hinüber in den neuen Kampf und den neuen Geist.

Aus Dunkelheit wächst es auf. Denn ein Land, das einen Krieg verlor, ist wie ein Mensch, der seinen Gott verloren hat. Fanatische Ekstase bricht plötzlich hin in sinnlose Erschöpfung, ein Brand, der in Millionen lohte, stürzt ein in Asche und Schlacke. Es ist eine plötzliche Entwertung aller Werte: die Begeisterung ist sinnlos geworden, der Tod zwecklos, die Taten, die noch gestern als heldisch galten, eine Narrheit, das Vertrauen eine Enttäuschung, der Glaube an sich selbst ein armer Wahn. Alle Kraft zur Gemeinsamkeit sinkt hin, jeder steht für sich allein, wirft Schuld von sich ab und dem Nächsten zu, denkt bloß an Gewinn, an Nutzen und Vorteil, und eine unendliche Müdigkeit löst den hochgespannten Aufschwung ab. Es gibt nichts, was die moralische Kraft der Masse so sehr vernichtet, wie eine Niederlage, nichts was zunächst dermaßen die ganze geistige Haltung eines Volkes entwürdigt und schwächt.

So ist dies Frankreich nach 1870 ein seelisch-müdes, ein führerloses Land. Seine besten Dichter können ihm nicht helfen, sie taumeln einige Zeit hin wie betäubt vom Keulenschlag des Geschehens, dann raffen sie sich auf und schreiten den alten Weg weiter in die Literatur hinein, verkriechen sich noch tiefer in das Abseits vom Schicksal ihrer Nation. Die Vierzigjährigen vermag auch eine nationale Katastrophe nicht zu verwandeln: Zola, Flaubert, Anatole France, Maupassant, sie brauchen ihre ganze Kraft, um sich selbst aufrecht zu erhalten. Aber sie können nicht ihre Nation stützen, sie sind skeptisch geworden im Erlebnis, sie sind nicht mehr gläubig genug, um ihrem Volk einen neuen Glauben zu geben.

Die jungen Dichter aber, die Zwanzigjährigen, sie, die nicht mehr die Katastrophe selbst wissend erlebt haben, die nicht den wirklichen Kampf, sondern nur sein geistiges Leichenfeld gesehen, die verwüstete, zerstörte Seele ihres Volkes, sie können sich nicht abfinden mit dieser Müdigkeit. Eine wirkliche Jugend kann nicht leben ohne einen Glauben, kann nicht atmen in der moralischen Dumpfheit einer hoffnungslosen Welt. Leben und Schaffen bedeutet für sie Vertrauen entzünden, jenes mystisch brennende Vertrauen, das unzerstörbar aus jeder neuen Jugend, jeder aufsteigenden Generation glüht, und käme sie vorbei an den Gräbern ihrer Väter. Dieser Generation wird die Niederlage ein Urerlebnis, das brennendste Existenzproblem ihrer Kunst. Denn sie fühlen, daß sie nichts sind, wenn sie nicht vermögen, dieses Frankreich, das mit aufgerissener Flanke blutend aus dem Kampf wankt, wieder zu stützen, wenn sie nicht die Mission erfüllen, diesem skeptischen resignierten Volke eine neue Gläubigkeit zu geben. Ihr unverbrauchtes Gefühl sieht hier eine Aufgabe, ihre Leidenschaft ein Ziel. Es ist kein Zufall, daß immer in den geschlagenen Völkern bei den Besten ein neuer Idealismus sich aufringt, daß die Jugend solcher Völker nur ein Ziel kennt für ihr ganzes Leben: ihrer Nation eine Tröstung zu geben, ihr die Niederlage wegzunehmen.

Wie aber ein besiegtes Volk trösten, wie ihm die Niederlage von der Seele nehmen? Der Dichter muß eine Dialektik der Niederlage schaffen, irgend einen Ausweg finden für den Geist aus seiner Müdigkeit, einen Wahn oder sogar eine Lüge. Zweifach ist die Tröstung dieser jungen Dichter. Die einen deuten auf die Zukunft hin und sagen, Haß zwischen den Zähnen: »Diesmal sind wir besiegt worden, das nächste Mal werden wir siegen.« Das ist das Argument der Nationalisten, und es ist kein Zufall, daß ihre Führer, Maurice Barrès, Paul Claudel, Peguy, Altersgenossen Romain Rollands gewesen sind. Dreißig Jahre haben sie den beleidigten Stolz der französischen Nation heiß gehämmert mit Worten und Versen, bis er eine Waffe wurde, um den verhaßten Feind in das Herz zu treffen. Dreißig Jahre haben sie an nichts erinnert als an die Niederlage und den zukünftigen Sieg, immer wieder die alte Wunde, wenn sie vernarben wollte, aufgerissen, immer wieder die Jugend, wenn sie sich versöhnen wollte, aufgerüttelt mit der fanatischen Mahnung. Von Hand zu Hand haben sie diese unerbittliche Fackel der Revanche weitergereicht, immer bereit, sie in das Pulverfaß Europas zu schleudern.

Der andere Idealismus aber, der stillere und lange unbekannte, der Rollands, sucht anderen Glauben und anderen Trost für die Niederlage zu geben. Er deutet nicht auf die Zukunft hin, sondern hinaus in die Ewigkeit. Er verheißt keinen neuen Sieg, er entwertet nur die Niederlage. Für diese Dichter, die Schüler Tolstois sind, ist die Macht kein Argument für den Geist, der äußere Erfolg kein Wertmaß für die Seele. Für sie siegt der Einzelne nicht, wenn seine Generäle auch hundert Provinzen erobern, und er wird nicht besiegt, wenn die Armee auch tausend Kanonen verliert: der Einzelne siegt immer nur, wenn er frei ist von jedem Wahn und jeder Ungerechtigkeit seines Volkes. Immer versuchen diese Einsamen Frankreich zu bewegen, seine Niederlage zwar nicht zu vergessen, aber sie zu verwandeln in eine moralische Größe, den geistigen Wert zu erkennen, die geistige Saat, die eben auf den blutigen Schlachtfeldern gewachsen ist. »Gesegnet sei die Niederlage,« ruft Olivier im »Johann Christof«, der Wortführer jener französischen Jugend, seinem deutschen Freunde entgegen, »gesegnet der Zusammenbruch. Wir werden ihn nicht verleugnen, wir sind seine Kinder. In der Niederlage, mein lieber Christof, habt ihr uns wieder zusammengeschmiedet. Das Gute, das ihr uns ohne zu wollen zugefügt habt, ist größer als das Böse. Ihr habt unseren Idealismus entflammt, die Glut unserer Wissenschaft und unseres Glaubens neu belebt. Euch schulden wir das Wiedererwachen unseres Rassegewissens. Stelle dir die kleinen Franzosen vor, wie sie in Trauerhäusern, im Schatten der Niederlage geboren wurden, ernährt mit jenen trüben Gedanken, erzogen für eine blutige, unvermeidliche und vielleicht nutzlose Rache, denn das erste, was ihnen, so klein sie noch waren, immer zum Bewußtsein gebracht wurde, war: es gibt keine Gerechtigkeit auf dieser Welt, die Übermacht zermalmt das Recht. Solche Offenbarungen drücken die Seele eines Kindes für immer zu Boden oder reißen sie zur Größe empor.« Und er sagt dann weiter: »Die Niederlage verwandelt die Elite eines Volkes, alles Reine und Starke stellt sie abseits, macht sie reiner, stärker, noch stärker, aber sie drängt die anderen schneller dem Untergang entgegen. Dadurch trennt sie den großen Haufen des Volkes von der Elite, die ihren Weg weiter fortsetzt.«

In dieser Elite, die Frankreich mit der Welt versöhnt, sieht Rolland die zukünftige Aufgabe seiner Nation, und im letzten sind die dreißig Jahre seines Werkes nichts anderes als ein einziger Versuch, einen neuen Krieg zu verhindern, um nicht nochmals den entsetzlichen Zwiespalt von Sieg und Niederlage zu erneuern. Kein Volk soll in seinem Sinne mehr siegen durch Gewalt, sondern alle durch Einheit, durch die Idee der Brüderlichkeit Europas.

So strömen aus gleichem Ursprung, aus der dunklen Quelle der Niederlage zwei verschiedene Wellen des Idealismus dem französischen Volke zu. Ein unsichtbarer Kampf um die Seele der neuen Generation formt sich in Wort und Buch. Die Wirklichkeit hat für Maurice Barrès entschieden. Das Jahr 1914 hat die Ideen Romain Rollands besiegt. Die Niederlage ist nicht nur das Erlebnis seiner Jugend, sie ist auch der tragische Sinn seiner Mannesjahre geworden. Aber von je war es seine Kraft, aus den Niederlagen die stärksten Werke zu schaffen, aus Resignationen neue Erhebungen, aus Enttäuschungen leidenschaftliche Gläubigkeit.

Wille zur Größe

Früh weiß er schon um sein Amt. Der Held eines seiner ersten Werke, der Girondist Hugot im »*Triomphe de la Raison*«, verrät seinen glühendsten Glauben im begeisterten Ausruf »Unsere erste Pflicht ist: groß sein und die Größe auf Erden verteidigen«.

Dieser Wille zur Größe ist im Geheimnis jeder eigenen Größe. Was Romain Rolland, den Beginner von damals und den Kämpfer jener dreißig Jahre, von den andern unterscheidet, ist, daß er in der Kunst nie etwas Einzelnes, etwas Literarisches oder Gelegentliches schafft. Immer ist seine Anstrengung auf das höchste moralische Maß gerichtet, immer auf ewige Formen, immer empor zum Monumentalen: das Fresko, das Gesamtbild, die epische Umfassung ist sein Ziel; die größten Vorbilder sind sein Beispiel, die großen Helden der Jahrhunderte, nicht die literarischen Kollegen. Gewaltsam reißt er den Blick von Paris, von der zeitgenössischen (ihm zu geringen) Bewegung weg; Tolstoi, der einzig Schaffende im Sinne jener Großen, wird ihm Lehrer und Meister. Shakespeares Königsdramen, Tolstois »Krieg und Frieden«, Goethes Universalität, Balzacs Fülle, Wagners promethidischer Kunstwille, dieser heroischen Welt fühlt sich seine schaffende Sehnsucht trotz aller Demut näher verwandt, als der auf das Tägliche des Erfolges gerichteten Bemühung seiner Zeitgenossen.

Er durchforscht ihr Leben, um Mut zu finden an ihrem Mute, er studiert ihre Werke, um die seinen an ihrem Maß zu erheben über das bloß Tägliche, das nur Relative. Fast religiös wird sein Fanatismus für das Absolute: er denkt – ohne sich ihnen zu vergleichen – immer an die Unerreichbaren, an die aus der Ewigkeit in unseren Tag niedergestürzten Meteore; er träumt von einer Sixtina, von Symphonien, von den Königsdramen, von »Krieg und Frieden«, nicht von einer neuen »Madame Bovary« oder von Novellen Maupassants. Das Zeitlose ist seine wahre Welt, das Gestirn, zu dem sein schaffender Wille demütig und doch leidenschaftlich aufsieht. Nur Victor Hugo und Balzac von den neueren Franzosen haben diese heilige Anspannung zum Monumentalen gehabt: von den Deutschen keiner seit Richard Wagner, von den Engländern keiner seit Byron.

Solchen Willen zum Außerordentlichen kann Begabung und Fleiß allein nicht verwirklichen: immer muß irgend eine moralische Kraft der Hebel sein, um einen geistigen Kosmos aus den Angeln zu heben. Und diese moralische Kraft Rollands ist ein in der ganzen neueren Literatur unvergleichlicher Mut. Was seine Stellung im Kriege erst sichtbar der Welt offenbart hat, den einsamen Heroismus, sich mit seiner Gesinnung einer ganzen Zeit allein entgegenzustellen, das hatte im Unsichtbaren seine anonyme Leistung schon ein Vierteljahrhundert vorher den Wissenden bekundet. Man wird nicht plötzlich ein Held aus einer gemächlichen und konzilianten Natur: Mut will wie jede seelische Kraft in Prüfungen gestählt und gefestigt sein. Und von der ganzen neuen Generation war Rolland längst der Mutigste durch seine Bemühung um das Gewaltige. Er träumt nicht nur wie Schüler von Iliaden und Pentalogien: er schafft sie auch einsam, mit der Kühnheit vergangener Jahrhunderte, in unsere hastige Welt hinein. Noch spielt kein Theater seine Stücke, noch druckt kein Verleger seine Bücher, und dennoch beginnt er einen Dramenzyklus, so umfangreich wie die Tragödien Shakespeares. Noch hat er kein Publikum, keinen Namen und beginnt das Monstrum eines Romans, eine zehnbändige Lebensgeschichte, und wählt als Helden inmitten einer nationalistischen Epoche gerade einen Deutschen. Er verdirbt es sich von vornherein mit den Theatern, indem er sie in einem Manifest »*Le théatre du peuple*« der Banalität, der Geschäftlichkeit beschuldigt, er verdirbt es sich bewußt mit der Kritik, indem er in der »*Foire sur la place*« das Jahrmarktstreiben des Pariser Journalismus, der französischen Kunstmache mit einer Schärfe anprangert, wie sie seit den »*Illusions perdues*« des damals schon weltberühmten Balzac kein Autor jenseits des Rheins gewagt hatte. Ohne in seiner äußeren Existenz gesichert zu sein, ohne mächtige Gefährten, ohne Zeitschrift, ohne Verleger, ohne Theater will er den Geist der Generation reformieren, einzig durch den Willen und die Tat. Er schafft statt zu nahem Ziel immer ins Zukünftige hinein mit jener religiösen Macht des Glaubens an das Große, wie die Baumeister des Mittelalters nur zu Gottes Ehre ihre Kathedralen über die eitlen Städte bauten, ohne zu rechnen, ob die Vollendung ihr eigenes Leben nicht überwachsen würde. Dieser Mut, der wieder Kraft trinkt aus dem religiösen Element seiner Natur, ist sein einziger Helfer. Und das Wort Wilhelms von Oranien, das vor »Aërt«, einem seiner ersten Werke steht, »Ich bedarf des Beifalls nicht, um zu hoffen, und nicht des Erfolges, um auszuharren«, ist das wahre Leitwort seines Lebens.

Die Schaffenskreise

Dieser Wille zur Größe prägt sich unwillkürlich in den Formen aus: nie oder fast nie in seinem Werke versucht sich Rolland an etwas Einzelnem, Isoliertem, Abgelöstem, nie an Episoden des Herzens oder der Geschichte. Seine schöpferische Phantasie locken nur die elementaren Erscheinungen, die großen »*courants de foi*«, die Ströme des Glaubens, wo plötzlich eine Idee mit mystischer Gewalt die Millionen Einzelner zusammenschließt, wo ein Land, eine Zeit, eine Generation sich wie ein Feuerbrand entfachen. An den großen Fanalen der Menschheit – ob sie nun geniale Naturen seien oder geniale Epochen, Beethoven oder die Renaissance, Tolstoi oder die Revolution, Michelangelo oder die Kreuzzüge – entzündet er seine dichterische Flamme. Um aber solche weitverbreitete tief im Dämonischen wurzelnde, doch ganze Zeiträume überschattende Phänomene künstlerisch zu bewältigen, bedarf es mehr als jugendlichen Ansprunges und kurzatmiger Gymnasiastenleidenschaft: soll ein solcher geistiger Zustand wahrhaft bildhaft werden, so bedarf er breiter Formen; Kulturgeschichte beseelter und heroisch bewegter Epochen läßt sich nicht in flüchtigen Skizzen zeichnen, sie bedarf einer sorgfältigen Untermalung und vor allem monumentaler Architektur: weite Räume für die Fülle der Erscheinungen und gleichsam aufgestufte Terrassen für die geistige Überschau.

Darum braucht Rolland in allen seinen Werken so viel Raum; denn er will jeder Zeit (wie jedem einzelnen) gerecht sein. Nie ein Segment, einen bloß zufälligen Ausschnitt geben, sondern immer den ganzen Kreis des Geschehens. Nicht Episoden aus der Revolution, sondern die ganze französische Revolution, nicht die Lebensgeschichte eines modernen Musikers Johann Christof Krafft, sondern die Geschichte unserer europäischen Generation. Er will nicht nur die Zentralkraft einer Epoche darstellen, sondern immer auch ihre hundertfachen Gegenkräfte, nicht nur den Stoß, sondern auch den Widerstand; und er will gegen einen jeden gerecht sein. Breite ist für Rolland mehr eine moralische Notwendigkeit als eine künstlerische: in der Leidenschaft gerecht zu sein, jeder Idee ihren Sprecher im Parlament seines Werkes zu geben, muß er vielstimmige Chorwerke schreiben. Um die Revolution darzustellen in allen ihren Formen, in Aufstieg, Trübung, Politisierung, Abstieg und Sturz, plant er einen Zyklus von zehn Dramen; für die Renaissance fast ebensoviel; für den Johann Christof dreitausend Seiten; denn ihm, dem Gerechten, ist die Zwischenform, die Spielart ebenso wichtig im Sinne der reinen Wahrheit als der markante Typus. Er kennt die Gefahr der Typisierung: was wäre uns der Johann Christof, stünde ihm nur der eine Olivier als Franzose entgegen, wären nicht im Guten und Bösen in zahllosen Variationen immer die Nebenfiguren um die symbolische Dominante gruppiert? Der wahrhaft Objektive muß viele Zeugen vor die Schranken rufen, um ein gerechtes Urteil zu geben, er braucht die ganze Fülle der Tatsachen. Darum – und nur aus diesem moralischen Gefühl der Gerechtigkeit gegen das Große – braucht Rolland die breiten Formen, und es ist selbstverständlich, daß der Kreis, der alles umschließt, der Zyklus die seinem Schaffen wesentlichste Form ist. Jedes einzelne Werk in diesen Zyklen, so abgeschlossen es anmutet, ist doch nur immer Segment, das seinen tiefsten Sinn erst durch die Beziehung auf den Mittelpunkt hat, den moralischen Schwerpunkt der Gerechtigkeit, für die alle Ideen, Taten und Worte gleich nah und fern dem Zentrum des Allmenschlichen sind. Der Kreis, der Zyklus, der alle Fülle restlos umschließt, harmonisch die Gegensätze bändigt, dies Symbol sinnvoller Gerechtigkeit, ist Rollands, des ewigen Musikers, liebste und fast einzige Form.

Fünf solcher Schaffenskreise umfängt während dreißig Jahren das Werk Romain Rollands. Nicht immer vollendet er diese allzuweit gespannten Kreise. Der erste Schaffenskreis, ein Zyklus von Dramen, der in shakespearischem Geiste die Renaissance als eine Gesamtheit, in der Art Gobineaus, bezwingen wollte, fällt zerstückt aus den jugendlichen Händen: selbst die einzelnen Dramen hat Rolland als unfertig verworfen. Der zweite Zyklus sind die »*Tragédies de la Foi*«, der dritte das »*Théâtre de la Revolution*«, beide unvollendet; aber schon hier sind die Fragmente von ehernem Guß. Der vierte Zyklus, die »*Vie des hommes illustres*«, ein Biographienkreis wie ein Fries um den Tempel des unsichtbaren Gottes geplant, bleibt gleichfalls Stückwerk. Erst die zehn Bände des »Johann Christof« runden ganz den Erdkreis einer Generation, Größe und Gerechtigkeit in erträumter Harmonie vereinend.

Über diesen fünf Schaffenskreisen aber schwebt noch unsichtbar ein anderer, Späteren erst in Anfang und Ende, Ursprung und Wiederkehr deutlich erkennbar: die harmonische Bindung einer vielfältigen Existenz zu erhobenem universellen Lebenskreis im Sinne Goethes, wo gleichfalls Leben und Dichtung, Wort und Brief, Zeugnis und Tat selbst Kunstwerk werden. Doch dieser Kreis ist noch schwingend und glühend in Gestaltung und Entfaltung, und noch fühlen wir seine Lebenswärme wirkend in unserer irdischen Welt.

Der unbekannte Dramenkreis

(1890-1895)

Der Zwanzigjährige, zum erstenmal den Mauern des Pariser Seminars entronnen, vom Genius der Musik und der hinreißenden Dramatik Shakespeares befeuert, fühlt in Italien zum erstenmal die Welt als Freiheit, als lebendige Materie, die den Gestalter ruft. Aus Dokumenten und Schemen hat er Geschichte gelernt: nun blickt sie ihn an mit lebendigen Augen aus den Statuen und Gestalten, wie eine Bühne rücken die italienischen Städte, die Jahrhunderte zusammen vor dem leidenschaftlichen Blick. Nur das Wort fehlt ihnen noch, diesen erhabenen Erinnerungen, und schon wäre Geschichte Dichtung, Vergangenheit eine gestaltete Tragödie. Wie heilige Trunkenheit überflügeln ihn diese ersten Stunden; als Dichter, nicht als Historiker erlebt er das heilige Rom, das ewige Florenz.

Hier ist – so fühlt seine junge Begeisterung – die Größe, nach der er sich dumpf gesehnt hat, oder hier ist sie gewesen, in den Tagen der Renaissance, da diese Dome zwischen den blutigsten Schlachten wuchsen, da Michelangelo, Raphael die Wände eines Vatikans schmückten, dessen Päpste nicht minder gewaltig waren als ihre Meister, da aus jahrhundertalter Verschüttung mit den antiken Statuen auch der heroische Geist des Griechentums in einem neuen Europa aufstand. Beschwörend ruft der Wille die trotzigen übermenschlichen Gestalten vor den Blick: und plötzlich ist wieder der alte Freund seiner Jugend in ihm wach, Shakespeare. Eine Reihe von Vorstellungen Emesto Rossis zeigt ihm auf der Bühne gleichsam zum erstenmal seine dramatische Gewalt; nicht wie in der engen Dachstube zu Clamecy lockt ihn nun schwärmerische Neigung zu den märchenhaft milden Frauengestalten, sondern die dämonische Wildheit der starken Naturen, die durchbohrende Wahrheit der Menschenerkenntnis, der gewitterhafte Tumult der Seele. Er erlebt Shakespeare so neu, so innerlich (man kennt ja in Frankreich Shakespeare kaum vom Theater und nur kärglich durch die Prosaübersetzungen), wie ihn hundert Jahre vorher der fast gleichaltrige Goethe erlebt, als er trunken seinen Hymnus zum Shakespearetag schreibt. Und diese Begeisterung verwandelt sich stürmisch zu gestaltendem Drang: in einem Zuge schreibt der Befreite eine Reihe von Dramen aus der klassischen Vergangenheit, schreibt sie, wie einst die Deutschen des Sturm und Drangs ihre kraftgenialischen Entwürfe.

Es ist eine ganze Reihe von Dramen, die der Begeisterte damals vulkanisch aus sich schleudert, und die zuerst durch den Widerstand der Zeit, später dann durch die eigene kritische Erkenntnis unveröffentlicht geblieben sind. »*Orsino*« (1890 zu Rom geschrieben) heißt das erste; bald folgt ihm in der halkyonischen Landschaft Siziliens ein »*Empedocles*«, unbeeinflußt von dem grandiosen Entwurf Hölderlins, von dem Rolland erst durch Malvida von Meysenbug erfährt, dann »*Gli Baglioni*« (beide 1891). Die Rückkehr nach Paris bedeutet keine Unterbrechung, die angefachte dramatische Flamme lodert weiter in einem »*Caligula*« und einer »*Niobe*« (1892), von der Hochzeitsreise nach dem geliebten Italien bringt er 1893 ein neues Renaissance-Drama »*Le Siège de Mantoue*« zurück, das einzige, das er noch heute anerkennt, von dem ihm aber verhängnisvollerweise das Manuskript durch einen abenteuerlichen Zufall abhanden gekommen ist. Dann erst wendet sich die Neigung heimatlichen Stoffen zu, er schafft die »*Tragédies de la Foi*«, den »*Saint Louis*« (1893), eine »*Jeanne de Pierne*« (1894), die gleichfalls nie erschienen ist, den »*Aërt*« (1895), mit dem er zum erstenmal die Bühne erreicht, und dann, in rascher Folge die vier aufgeführten Dramen des »*Théatre de la Révolution*« (1896-1902), die »*Montespan*« (1900) und »*Les trois Amoureuses*« (1900).

Vor seinem eigentlichen Werke steht also schon eine fast anonyme Leistung von zwölf Dramen, so umfangreich wie die ganze dramatische Produktion eines Schiller, Kleist oder Hebbel, Dramen, von denen wiederum keines der ersten acht zunächst nur die ephemere Form einer Aufführung oder Drucklegung erreicht. Bloß Malvida von Meysenbug, die Vertraute und Wissende, bezeugt öffentlich im »Lebensabend einer Idealistin« ihren künstlerischen Wert, sonst klingt nicht ein Wort in die lebendige Welt.

Ein einziges von ihnen allen ist einmal an klassischer Stelle vom ersten Schauspieler Frankreichs gelesen worden, aber die Erinnerung ist eine schmerzliche. Gabriel Monod, längst aus dem Lehrer ein Freund Rollands geworden, hatte, durch den Enthusiasmus Malvida von Meysenbugs aufmerksam gemacht, drei Stücke Rollands dem großen Mounet-Sully übergeben, der für sie eine wunderbare Leidenschaft entfaltet. Er reicht sie der *Comédie Française* ein, kämpft im Lesekomitee verzweifelt für den Unbekannten, dessen Bedeutung er, der Komödiant, stärker fühlt als die Literaten. Aber der »*Orsino*«, die »*Baglioni*« werden mitleidslos verworfen, einzig die »*Niobe*« gelangt zur Vorlesung im »*Comité des Lectures*«. Die Stunde wird ein dramatischer Augenblick im Leben Rollands: zum ersten Male ist er dem Ruhm ganz nahe. Mounet-Sully liest selbst mit seiner sonoren Meisterschaft das Werk des Unbekannten vor, Rolland darf anwesend sein. Zwei Stunden und dann zwei Minuten halten sein Schicksal. Aber noch will das Schicksal nicht seinen Namen der Welt geben: das Werk wird verworfen und sinkt ins Namenlose zurück. Nicht einmal die kleine Gnade des Druckes wird ihm zuteil, und von dem Dutzend dramatischer Werke, das der nicht zu Entmutigende im nächsten Jahrzehnt schafft, überschreitet nicht ein einziges die dem Jüngling schon halb zugänglich gemachte Schwelle der Nationalbühne.

Nicht mehr als die Namen wissen wir von diesen ersten Werken, nichts von ihrem Wert. Aber wir fühlen in den späteren, daß hier offenbar ein erster Brand sich versprühte, die allzuhitzige Flamme verloderte, und wenn die dann scheinbar ersten Dramen, die im Druck erschienen, so reif und gebunden anmuten, so lebt ihre Ruhe von der Leidenschaft der ungeboren hingeopferten, ihre Ordnung von der heroischen Fanatik der unbekannten. Jede wahre Schöpfung kommt aus dem dunklen Humus verworfener Schöpfungen. Und wie keines blüht Romain Rollands Werk aus solchem großen Verzicht.

Die Tragödien des Glaubens.

(St. Louis, Aërt 1895-1898)

Als zwanzig Jahre nach ihrem ersten Erscheinen Romain Rolland seine verschollenen Jugenddramen unter dem Titel »*Les Tragédies de la Foi*« 1913 wieder herausgibt, erinnert er in seiner Vorrede an die tragische Düsterkeit der Zeit, in der sie entstanden sind. »Wir waren damals,« sagt er, »viel weiter vom Ziele und viel vereinsamter.« Es war diesen, »weniger robusten aber nicht minder gläubigen Brüdern Johann Christofs und Oliviers« schwerer, ihren Glauben zu verteidigen, ihren Idealismus hochzuhalten, als der neuen Jugend, die in einem erstarkten Frankreich, einem freieren Europa lebt. Noch liegt der Schatten der Niederlage damals über dem Land und sie müssen selbst, alle diese Helden französischen Geistes, kämpfen gegen den Dämon der Rasse, den Zweifel, gegen das Schicksal ihrer Nation, die Müdigkeit des Besiegten. Es ist der Schrei einer kleinen Zeit nach verschollener Größe, ohne Echo von den Bühnen, ohne Resonanz aus dem Volke, ein verlorener Schrei nur in den Himmel hinein, Gläubigkeit zum Glauben des ewigen Lebens.

Diese Glut des Glaubens ist das Geschwisterliche dieses zeitlich und gedanklich so weit verschiedenen Dramenkreises. Romain Rolland will jene geheimnisvollen Ströme des Glaubens die »*courants de foi*« zeigen, wo eine Begeisterung wie ein Waldbrand das ganze Volk, die ganze Nation ergreift, wo ein Gedanke plötzlich von Seele zu Seele springt, Tausende mitreißt in den Sturm eines Wahns; wo die Windstille der Seelen plötzlich umspringt zu heroischem Tumult, wo das Wort, der Glaube, die Idee – immer aber ein Unsichtbares, Unerreichbares – die ganze schwere Welt beschwingt und emporreißt zu den Sternen. Welcher Idee entgegen diese Seelen brennen, ist gleichgültig, ob wie Ludwig der Fromme für das heilige Grab und Christi Reich, ob wie Aërt für das Vaterland, die Girondisten für die Freiheit, unterscheidet sie im tiefsten nicht: Rollands Idealismus ist ein Idealismus ohne bestimmte Ideale, das Ziel ist ihm immer nur Vorwand, das Wesentliche die Gläubigkeit, die wundertätige, die ein Volk versammelt zum Kreuzzug ins Morgenland, die Tausende aufruft zum Tode für die Nation, opferwillig die Führer sich unter die Guillotine werfen läßt. »*Toute la vie est dans l'essor*« – »im Aufschwung ist das wahre Leben«, wie Verhaeren sagt: nur was aus Begeisterung um Glauben geschaffen wird, ist schön. Daß alle diese ersten, diese zu früh gekommenen Helden, ihr Ziel nicht erreichen, daß Ludwig der Fromme stirbt, ohne Jerusalem zu schauen, Aërt vor der Knechtschaft in die ewige Freiheit des Todes flüchtet, die Girondisten zermalmt werden von den Fäusten des Pöbels, bedeutet nicht Entmutigung: denn sie alle siegen mit der Seele über eine kleine Zeit. Sie haben den wahren Glauben, den Glauben ohne Hoffnung auf Verwirklichung in dieser Welt; sie sind Fahnenträger gleichen Ideals durch andere Jahrhunderte gegen immer andern Sturm der Zeit, ob sie das Kreuz tragen oder das Schwert, die phrygische Mütze oder das verschlossene Visier. Sie haben eine gleiche Begeisterung: die für das Unsichtbare, und haben einen gleichen Feind: die Feigheit, die Kleinmütigkeit, die Ärmlichkeit, die Müdigkeit der schlaffen Zeit. In einem antiheroischen Augenblick zeigen sie das ewige und allzeitige Heldentum des reinen Willens, den Triumph des Geistes, der Zeit und Stunde besiegt, wenn er nur gläubig ist.

Diesen hingesunkenen Brüdern im Glauben neue zu erwecken in seiner Zeit, den Idealismus, der unaufhaltsam aus der unausbleiblichen Saat einer jeden Jugend quillt, auf zum Geist zu erheben und nicht zur brutalen Gewalt, war Sinn, war das große Ziel jener ersten Dramen Rollands: schon ist in ihnen das ganze moralische Geheimnis seines zukünftigen Werkes – durch Begeisterung die Welt zu ändern. »*Tout est bien, qui exalte la vie.*« Alles ist gut, was das Leben erhebt. Dieses Bekenntnis Oliviers ist auch das Seine. Nur durch Glut wird das Lebendige erschaffen, nur durch Glaube der Geist Gestalter der Welt: es gibt keine Niederlage, die der Wille nicht überwindet, keine Trauer, die eine freie Seele nicht überfliegt. Wer das Unerreichbare will, ist stärker als das Schicksal, und selbst sein Untergang im Irdischen noch Triumph über sein Los: denn an der Tragödie seines Heldentums entfacht sich neue Begeisterung, die die hinstürzende Fahne aufhebt und weiter trägt durch die Zeiten.

St. Louis

(1894)

Dieser Mythos vom König Ludwig dem Frommen ist kein Drama, sondern mehr ein Weihespiel, geboren aus dem Geiste der Musik, eine Transposition der Wagnerischen Ideen, heimatliche Legende im Kunstwerk zu verklären. Ursprünglich von Rolland für Musik gedacht (er hat selbst eine Introduktion dazu komponiert, die er wie alle seine musikalischen Versuche nie veröffentlichte), löst sich später das musikalische Element in den Lyrismus des Worts. Von der Leidenschaftlichkeit Shakespearischer Szenen ist in diesem sanften Lebensbilde nichts mehr. Es ist eine heroische Heiligenlegende in Bühnenbildern, und man muß dabei an jenes Wort Flauberts im Julian dem Gastfreien denken: »geschrieben, wie sie auf den gemalten Kirchenfenstern unserer Heimat steht.« Es hat nur zarte Farben, die der Fresken Puvis de Chavannes im Pantheon, der auch eine französische Heilige, St. Geneviève, wie sie über Paris wacht, malt, und das milde Mondlicht über ihrer Gestalt ist das gleiche, das hier einen Heiligenschein von Güte um das Haupt des frömmsten Königs von Frankreich webt.

Parsifalmusik klingt leise durch das Werk und etwas von Parsifal ist selbst in diesem Herrscher, der nicht durch Mitleid, sondern durch Güte wissend wird und sich selbst zum Ruhme das schönste Wort sagt: »*Pour comprendre les autres, il ne faut qu'aimer*« – »Um die Menschen zu verstehen, muß man nur lieben können«. Er hat nichts als Milde, aber davon so viel, daß die Stärksten schwach werden vor ihm; er hat nichts als seinen Glauben, aber dieser Glaube baut Berge der Tat. Nicht zum Siege kann und will er sein Volk führen, aber er trägt es über sich selbst hinaus, über die eigene Schwere und das scheinbar sinnlose Abenteuer der Kreuzfahrt in den Glauben und schenkt damit der ganzen Nation jene Größe, die immer aus der Aufopferung erwächst. In »St. Louis« zeigt Rolland zum erstenmal seinen liebsten Typus: den besiegten Sieger. Nirgends erreicht er sein Ziel, aber *»plus qu'il est écrasé par les choses, plus il semble les dominer davantage«* – »je mehr er von den Dingen erdrückt ist, um so mehr scheint er sie zu beherrschen«. Und wenn er wie Moses das verheißene Land nicht mehr schauen darf und ihm das Schicksal auferlegt scheint *»de mourir vaincu«*, besiegt zu sterben, so jauchzen über seinem letzten Seufzer die Soldaten schon zur ersehnten Stadt. Er weiß es, daß im Kampf um das Aussichtslose die irdische Welt keine Siege gibt, aber *»il est beau lutter pour l'impossible quand l'impossible est Dieu«* – »es ist schön, um das Unmögliche zu ringen, wenn das Unmögliche Gott ist«. Dem Besiegten in solchem Kampf bleibt doch der höchste Triumph: er hat die schlaffen Seelen zu einer Tat erhoben, deren Glück ihm selbst versagt ist, aus seinem Glauben hat er die Gläubigkeit geschaffen, aus seinem Geiste den ewigen Geist.

Dieses erste öffentliche Werk Rollands atmet christlichen Geist. Monsalvatsch spannt seine rauschenden Hallen über einen frommen Choral. Daß die Demut die Kraft, der Glaube die Welt, die Güte den Haß besiegt, diesen ewigen Gedanken, der vom Urchristentum bis zum Meister von Jasnaja Poljana in unzähligen Worten und Werken sich vergeistigt hat, formt Rolland im ersten Werke noch in einer Heiligenlegende. Aber in den späteren zeigt er dann freier und befreit, daß die Kraft des Glaubens an kein oder an jedes Bekenntnis gebunden ist; die symbolische Welt, die hier noch romantisch den eigenen Idealismus umkleidet, wird unsere Stunde und unser Tag und reift die Erkenntnis, daß von Ludwig dem Frommen und der Kreuzzugzeit nur ein Schritt ist zu unserer eigenen Seele, »wenn sie groß sein will und die Größe auf Erden verteidigen«.

Aërt

(1895)

»Aërt«, ein Jahr nach »St. Louis« geschrieben, ist deutlicher als der fromme Mythos in seiner Absicht, der gedrückten Nation ihren Glauben und ihren Idealismus zurückzugeben. »St. Louis« war die heroische Legende, die sanfte Erinnerung an einstige Größe; »Aërt« ist die Tragödie der Besiegten, der starke leidenschaftliche Aufruf zum Erwachen. Schon die szenischen Bemerkungen, die das Werk einbegleiten, sagen die Absicht nackt und klar: »Entstanden aus den politischen und moralischen Erniedrigungen der letzten Jahre, stellt es in einem Phantasie-Holland die dritte Republik dar, ein Volk, das von der Niederlage zerbrochen und, was noch ärger ist, von ihr erniedrigt ist. Vor sich eine Zukunft langsamer Dekadenz, deren Vorgefühl die verbrauchte Kraft gänzlich auflöst.«

In dieses Milieu dichtet Rolland seinen Aërt, den jungen Prinzen, den Erben der großen Vergangenheit. Vergeblich sucht man durch Immoralität, durch Versuchung, durch List, durch Zweifel den Glauben an die Größe in dem Gefangenen zu zerbrechen, die einzige Macht, die noch den schwachen dekadenten Körper, diese blasse leidende Seele aufrecht erhält. Mit Luxus, mit Leichtsinn, mit Lüge bemüht sich eine heuchlerische Umgebung, ihn von der hohen Berufung, tätiger Erbe großer Vergangenheit zu sein, abzulenken, er bleibt unerschütterlich. Sein Lehrer, Maître Trojanus, ein vorgeborner Anatole France, in dem alle Eigenschaften, Güte, Tatkraft, Skepsis, Weisheit, nur laue Grade erreichen, möchte einen Marc Aurel aus dem Feurigen machen, einen Kontemplativen, einen Verzichtenden, aber stolz erwidert der Knabe: »Ich ehre die Ideen, doch ich glaube, es gibt etwas, das höher steht als sie: die moralische Größe.« Er verbrennt in einem lauen Zeitalter nach der Tat.

Aber die Tat ist Gewalt, der Kampf ist Blut. Die zarte Seele will den Frieden, der moralische Wille begehrt das Recht. Ein Hamlet ist in diesem Knaben und ein St. Just, ein Zögernder und ein Fanatiker. Ein blasser Bruder Oliviers, der schon um alle Werte weiß, glüht er noch ins Ungewisse seine knabenhafte Leidenschaft: aber es ist reine Flamme, die sich im Wort und Willen verzehrt. Nicht er ruft die Tat, die Tat faßt ihn. Und sie reißt den Schwachen mit sich in die Tiefe, wo es keinen andern Ausweg gibt als den Tod. Aus der Erniedrigung findet er noch eine letzte Rettung zur moralischen Größe, seine eigene Tat, die er für alle vollbringt. Umstellt von den höhnischen Siegern, die ihm ihr »Zu spät« zurufen, antwortet er stolz: »nicht, um frei zu sein« und stürzt sich aus diesem Leben.

Es ist ein tragisches Symbol, dieses romantische, allzu problematische Stück, in seiner Haltung ein wenig erinnernd an ein anderes knabenhaft schönes Stück eines später aufsteigenden Dichters, an die »Offiziere« des Fritz von Unruh, worin auch die Qual gezwungener Untätigkeit, niedergehaltenen Heldenwillens vorerst nur das kriegerische Ziel als Befreiung sieht. Wie jenes spiegelt Aërt gerade in seinem Aufschrei die Dumpfheit der andern, die stagnierende schwüle Luft einer glaubenslosen Zeit. Inmitten eines grauen Materialismus, in den Jahren der Triumphe Zolas und Mirbeaus hisst es einsam die Fahne des Traums über einem gedemütigten Land.

Die Erneuerung des französischen Theaters

Mit der gläubigsten Seele hat der junge Dichter seine ersten dramatischen Aufrufe zum Heroismus geschaffen, eingedenk von Schillers Wort, daß glückliche Epochen der reinen Schönheit sich hingeben können, schwache aber das Beispiel vergangenen Heldentums bedürfen. Er hatte einen Ruf zur Größe an seine Nation gesandt – sie gibt keine Antwort. Und unerschütterlich in der Überzeugung von dem Sinn, von der Notwendigkeit dieses Aufschwungs, sucht Rolland nun die Ursache dieses Mißverstehens, und er findet sie, mit Recht, nicht in seinem Werk, sondern im Widerstand der Zeit. Tolstoi hat ihm in seinen Büchern und in jenem wundervollen Briefe als erster die Unfruchtbarkeit, die Sterilität der bürgerlichen Kunst gewiesen, die in ihrer sinnlichsten Ausdrucksform, im Theater, mehr als irgendwo den Zusammenhang mit den ethischen und ekstatischen Kräften des Lebens verloren hat. Ein Klüngel eifriger und betriebsamer Stückeschreiber hat die Pariser Theater besetzt, die Probleme, die sie darstellen, sind Varianten des Ehebruches, kleine erotische Konflikte, niemals eine ethische allmenschliche Angelegenheit. Das Publikum der Theater, von den Zeitungen übel beraten und in seiner seelischen Trägheit bestärkt, will sich nicht aufraffen, sondern sich ausruhen, sich vergnügen, sich amüsieren. Das Theater ist alles, nur keine »moralische Anstalt«, wie sie Schiller gefordert und d'Alembert verteidigt hat. Kein Atem von Leidenschaft geht von dieser spielerischen Kunst in die Tiefe der Nation, nur oben wird vom leichten Wind Wellenschaum aufgesprüht: eine unendliche Kluft spannt sich von dieser geistreich-sinnlichen Unterhaltung zu den wahren schöpferischen und empfänglichen Kräften der Nation.

Rolland erkennt, von Tolstoi belehrt, von jungen leidenschaftlichen Freunden begleitet, die moralische Gefahr dieses Zustandes, er erkennt, daß jede dramatische Kunst, die sich von dem heiligen Kern einer Nation, vom Volke, absondert, im letzten Sinne wertlos und verderblich ist. Unbewußt hatte er schon in seinem »Aërt« verkündet, was er nun programmatisch sagt, daß im Volke am ehesten Verständnis für die wahrhaft heroischen Probleme zu finden sei: der schlichte Handwerker Claes ist dort der einzige in der Umgebung des gefangenen Prinzen, der sich nicht mit der lauen Ergebung abfindet, sondern dessen Herz von aller Schmach seines Vaterlandes brennt. Schon sind in den andern Kunstformen die ungeheuren Kräfte der Volkstiefe bewußt geworden, Zola und die Naturalisten haben die tragische Schönheit des Proletariats sich zu eigen gemacht, Millet, Meunier haben den proletarischen Menschen zum Bildwerk erhoben, der Sozialismus die religiöse Macht des kollektiven Bewußtseins entbunden – nur das Theater, die unmittelbarste Wirkung der Kunst auf den einfachen Menschen, hat sich in der Bourgeoisie isoliert und den ungeheuren Möglichkeiten der Bluterneuerung verschlossen. Es treibt unentwegt geistige Inzucht sexueller Probleme, es hat den sozialen Gedanken, den elementarsten der neuen Zeit, über seinen kleinen erotischen Spielen vergessen und ist in Gefahr zu verdorren, weil seine Wurzeln nicht mehr ins ewige Erdreich der Nation hinabdrängen. Und Rolland erkennt: die dramatische Kunst kann von ihrer Blutleere nur am Volke genesen, der französische Feminismus des Theaters nur wieder sich ermännlichen durch einen lebendigen Kontakt mit der Millionenmasse. »*Seul la sève populaire peut lui rendre la vie et la santé.*« Das Theater darf, wenn es national sein will, nicht nur Luxusprodukt der oberen Zehntausende sein: es muß die moralische Nahrung der Masse werden und selbst produktiv die Fruchtbarkeit der Volksseele beeinflussen.

Dem Volke ein solches Theater zu geben, ist nun das Werk seiner nächsten Jahre. Ein paar junge Menschen ohne Konnexionen, ohne Autorität, durch nichts stark als durch die Leidenschaft und Ehrlichkeit ihrer Jugend, versuchen inmitten der ungeheuren Gleichgültigkeit der Stadt und gegen die geheime Feindlichkeit der Presse diese große Idee zu verwirklichen. In ihrer »*Revue dramatique*«, veröffentlichen sie Manifeste, suchen sie Schauspieler, Bühnen, Helfer, sie schreiben Stücke, versammeln Komitees, sie verfassen Sonderschreiben an die Minister – mit dem ganzen fanatischen Idealismus der Aussichtslosen arbeiten diese Wenigen, ohne daß die Stadt, die Welt, ihre Bemühungen ahnt, an der Aussöhnung des klaffenden Kontrastes zwischen bürgerlichem Theater und der Nation. Rolland wird ihr Führer. Sein Manifest »*Le Théâtre du peuple«* und sein *»Théatre de la Révolution«* sind ein dauerndes Denkmal jener Bemühung, zeitlich mit einer Niederlage endend, aber wie alle seine Niederlagen menschlich und künstlerisch zu einem moralischen Triumph gestaltet.

Appell an das Volk

»Die alte Zeit ist abgetan, die neue Zeit fängt an.« Mit diesem Worte Schillers eröffnet Rolland seinen Appell in der *Revue dramatique* im Jahre 1900. Zwiefach ist der Ruf: an die Dichter und an das Volk, daß sie sich zu einer neuen Einheit finden, zum Theater des Volkes. Die Bühne, die Stücke sollen ganz dem Volke gehören, nicht das Volk soll sich ändern (denn seine Kräfte sind ewig und unabänderlich), sondern die Kunst. Der Zusammenhang soll in der schöpferischen Tiefe sich vollziehen, es darf keine gelegentliche Berührung, sondern muß eine Durchdringung, eine schöpferische Begattung sein. Das Volk braucht seine eigene Kunst, sein eigenes Theater: es muß in Tolstois Sinne der letzte Prüfstein aller Werte sein. Seine starke, mystische, seine ewig religiöse Kraft der Begeisterung muß zu einer bejahenden und bestärkenden erhoben werden, die Kunst, die im Bürgertum siech und blutlos geworden ist, an seiner Stärke gesunden.

Dazu ist notwendig, daß das Volk nicht nur gelegentliches Publikum sei, flüchtig begönnert von freundlichen Unternehmern und Schauspielern. Die Volksvorstellungen der großen Theater, wie sie seit jenem Dekret Napoleons in Paris üblich sind, genügen nicht. Für Rolland sind jene Versuche, daß sich die *Comédie Française* ab und zu herabläßt, die pathetischen Hofdichter Corneille oder Racine für die Arbeiter zu spielen, wertlos: das Volk will nicht Kaviar, sondern gesunde bekömmliche Kost, es bedarf zur Nahrung seines unzerstörbaren Idealismus eine eigene Kunst, ein eigenes Haus, und vor allem eigene Werke, die seinem Fühlen, seiner Geistigkeit gemäß sind. Es darf sich nicht als Gast und als Geduldeter fremder Gedankenwelt fühlen, es muß in dieser Kunst sich selbst, seine eigene Kraft erkennen.

Gemäßer schon scheinen ihm die Versuche, die einzelne, wie Maurice Pottecher, in Bussang mit dem *»Théatre du peuple«* gemacht haben, in dem sie vor kleinem Publikum leichtfaßliche Stücke spielen. Aber diese Versuche gelten nur einem kleinen Kreis: die Kluft in der Dreimillionenstadt zwischen der Schaubühne und der wirklichen Bevölkerung bleibt unausgefüllt, die zwanzig oder dreißig Volksdarbietungen kommen dort bestenfalls einem verschwindenden Teil der Bevölkerung zugute, und sie bedeuten vor allem keine seelische Bindung, keinen moralischen Aufschwung. Die Kunst ist ohne dauernde Einwirkung auf die Masse, die Masse wiederum ohne Einwirkung auf die dramatische Kunst, die – indes sich Zola, Charles Louis Philippe, Maupassant längst an dem proletarischen Idealismus befruchtet haben – steril und volksfremd geblieben ist.

Ein eigenes Theater also dem Volke! Was aber dem Volke bieten in diesem seinem Haus? Im Flug durchblättert Rolland die Weltliteratur. Das Resultat ist niederschmetternd. Was ist dem Arbeiter der Klassiker der französischen Bühne? Corneille und Racine mit ihrem gebundenen Pathos sind ihm fremd, die Feinheiten Molières kaum verständlich. Die klassische Tragödie, die griechisch-antike, würde ihn langweilen, die romantische Hugos seinen gesunden Wirklichkeitsinstinkt abstoßen. Shakespeare, er der allmenschliche, wäre ihnen näher, aber es täte not, seine Stücke erst zu adaptieren und damit zu fälschen, Schiller in den »Räubern« und dem »Wilhelm Tell« hat durch den hinreißenden Idealismus noch am meisten Enthusiasmus zu erwarten, aber er, wie Kleist im »Prinzen von Homburg«, sind gerade dem Pariser Arbeiter national irgendwie entlegen Tolstois »Macht der Finsternis« und Hauptmanns »Weber« hätten den Vorteil der Verständlichkeit, hier aber liegt zuviel Drückendes im Stofflichen der Werke, die, gut angetan, das Gewissen der Schuldigen zu erschüttern, bei dem Volke nur ein Gefühl der Bedrückung statt der Befreiung schaffen würden. Anzengruber, der rechte Volksdichter, ist zu sehr aufs Wienerische beschränkt, Wagner, dessen Meistersinger Rolland ein Höhepunkt allverständlicher erhebender Künste scheinen, ohne Musik nicht repräsentativ.

Soweit der Blick ins Vergangene geht, er findet keine Antwort auf seine sehnsüchtige Frage. Aber Rolland ist nicht einer von denen, die sich entmutigen lassen, immer schöpft er aus Enttäuschungen Kraft. Hat das Volk keine Bühnenstücke für sein Theater, so ist es Pflicht, heilige Pflicht, sie der neuen Generation zu schaffen. Und in einem jubelnden Appell endet das Manifest *»Tout est à dire! Tout est à faire! A l'oeuvre!«* Im Anfang war die Tat.

Das Programm

Was für Stücke fordert das Volk? »Gute« Stücke in dem Sinne, wie Tolstoi von »guten« Büchern sprach, Dramen, die allverständlich sind und doch nicht banal, die den Geist der Gläubigkeit erwecken, ohne ihn zu verfälschen, die nicht die Sinnlichkeit, die Schaulust, sondern die starken ideellen Instinkte der Masse aufrufen. Nicht kleine Konflikte dürfen sie behandeln, sondern müssen den Geist der antiken Feste, den Menschen im Kampf mit den Mächten, mit dem heroischen Schicksal zeigen. »Fort mit den komplizierten Psychologien, den feinen Spötteleien, den dunklen Symbolismen, der Kunst des Salons und des Alkovens« – das Volk braucht monumentale Kunst. So sehr es Wahrheit will, darf es doch nicht dem Naturalismus ausgeliefert werden; denn sieht es sich, sein eigenes Elend, so wird die Kunst nicht Begeisterung erwecken, die heilige, sondern nur Zorn, die brutale Seelenkraft. Soll es den nächsten Tag heiterer, gefestigter, zuversichtlicher an die Arbeit gehen, so bedarf es eines Tonikums, diese Abende müssen eine Quelle der Energie sein, aber es ist gleichzeitig ihre Aufgabe, die Intelligenz zu schärfen. Wohl sollen sie dem Volke das Volk zeigen, aber nicht in der proletarischen Dumpfheit seiner engen Stuben, sondern in den Höhepunkten der Vergangenheit. Das Theater des Volkes muß, so folgert Rolland darum (vielfach Schillers Ideen verwertend), ein historisches sein: das Volk muß sich nicht nur sehen lernen, sondern auch bewundern in seiner eigenen Vergangenheit. Die Leidenschaft zur Größe – das Urmotiv Rollands – muß in ihm erweckt werden. In seinem Leiden muß es die Freude an sich selbst wieder lernen.

Wunderbar erhebt nun der dichterische Historiker den Sinn der Geschichte zum Hymnus. Heilig sind die Kräfte der Vergangenheit um der seelischen Kraft willen, die in jeder großen Bewegung ruht. »Es liegt für die Vernunft etwas Verletzendes darin, welchen ungebührlichen Platz die Anekdote, das Nebenbei, die Staubkörner der Geschichte auf Kosten der lebendigen Seele eingenommen haben. Die Kraft der Vergangenheit muß erweckt, der Wille zur Tat gestählt werden.« Die Generation von heute hat Größe zu lernen von ihren Vätern und Ahnen. »Die Geschichte kann lehren, aus sich selbst herauszutreten, in der Seele der andern zu lesen. Man findet sich selbst im Vergangenen in einer Mischung gleicher Charaktere und verschiedener Züge, mit Fehlern und Lastern, die man vermeiden kann. Aber eben indem sie das Veränderliche zeigt, lehrt sie das Dauerhafte wesentlicher erkennen.«

Was aber haben die französischen Dramatiker bis jetzt aus der Vergangenheit dem Volke gerettet? fragt Rolland weiter. Die burleske Gestalt Cyranos, die parfümierte des Herzogs von Reichstadt, die erfundene der Madame Sans-Gêne! *»Tout est à faire! Tout est à dire!«* Alles ist noch Brachland für die Kunst. »Die nationale Epopöe ist ganz neu für Frankreich. Unsere Dramatiker haben das Drama des französischen Volkes vernachlässigt, das vielleicht seit Rom das heroischste der Welt ist. Das Herz Europas schlug in seinen Königen, seinen Denkern, seinen Revolutionären. Und so groß dieses Volk auch auf allen Gebieten des Geistes sein mag, am größten war es vor allem in der Tat. Die Tat war seine erhabenste Schöpfung, sein Gedicht, sein Theater, sein Epos. Es erfüllet was andere träumten. Es schrieb keine Iliade, aber es lebte ein Dutzend. Seine Helden schufen mehr Erhabenes als seine Dichter. Kein Shakespeare hat ihre Taten gedichtet, aber Danton auf dem Schafott hat Shakespeare gelebt. Die Existenz Frankreichs hat die höchsten Gipfel des Glücks, die tiefsten Tiefen des Unglücks berührt. Es ist eine wunderbare *Comédie humaine*, eine Summe von Dramen, jede seiner Epochen ein anderes Gedicht.« Diese Vergangenheit muß erweckt werden, das historische Drama Frankreichs seinem Volke geschaffen werden. »Der Geist, der sich über die Jahrhunderte erhebt, erhebt sich für Jahrhunderte. Um starke Seelen zu zeugen, nähren wir sie mit den Kräften der Welt.«

»Der Welt,« – so fährt Rolland fort, und mit einem Mal flutet der französische Hymnus in den europäischen über – »denn die Nation ist zu wenig.« Schon vor hundertzwanzig Jahren sagte der freie Schiller: »Ich schreibe als Weltbürger. Früh schon habe ich mein Vaterland mit der Menschheit getauscht.« Und Goethes Wort: »Nationalliteratur will nicht mehr viel sagen, die Epoche der Weltliteratur ist an der Zeit,« begeistert ihn zum Aufruf: »Verwirklichen wir seine Prophezeihung! Führen wir die Franzosen zu ihrer Nationalgeschichte als einer Quelle der

49

Volkskunst, aber hüten wir uns, die historische Legende der andern Nationen auszuschließen. Mag es unsere erste Pflicht sein, die Schätze, die wir ererbten, zur Geltung zu bringen, so sollen doch die großen Taten aller Rassen Platz in unserm Theater haben. Wie Cloots und Thomas Paine zu Mitgliedern des Convents erhoben wurden, so seien die Helden der Welt wie Schiller, Klopstock, Washington, Priestley, Bentham, Pestalozzi, Kosciusko die unsern! Erheben wir in Paris die Epopöe des europäischen Volkes.«

So wird dies Manifest Rollands zum ersten Appell an Europa, das Theater weit überflutend, einsam erhoben und ungehört. Versagt sich auch noch die Tat, das Bekenntnis ist geschaffen, unzerstörbar und unverlierbar. Zum erstenmal spricht Johann Christof in die Zeit.

Der Schöpfer

Die Aufgabe ist gestellt. Wer soll sie vollbringen? Romain Rolland antwortet durch die Tat. Der heroische Mensch in ihm scheut keine Niederlage, der jugendliche keine Schwierigkeit. Eine Epopöe des französischen Volkes will gestaltet sein: er zögert nicht, in das Schweigen und die Gleichgültigkeit einer Millionenstadt hinein das Werk zu bauen. Immer ist bei ihm der Impetus mehr ein moralischer als ein künstlerischer, immer fühlt er die Verantwortung einer Nation in sich. Und nur ein solch produktiver, ein heroischer Idealismus, nicht der bloß theoretische, kann Idealismus zeugen.

Das Thema ist leicht gefunden. Rolland sucht dort die Aufgabe, wo die Väter und Ahnen sie gefordert haben, im größten Augenblicke des französischen Volkes: in der Revolution. Am 2. Floreal 1794 hatte der Wohlfahrtsausschuß die Dichter aufgerufen, »die hauptsächlichsten Geschehnisse der französischen Revolution zu verherrlichen, republikanische Dramen zu verfassen, der Vergangenheit die großen Epochen der französischen Erneuerung zu überliefern, der Geschichte den erhabenen Charakter zu weisen, wie er den Annalen eines großen Volkes ziemt, das gegen den Ansturm aller Tyrannen Europas seine Freiheit erkämpft.« Er hatte am I. Messidor vom jungen Dichter verlangt, »er möge mit kühnem Schritt die ganze Größe der Aufgabe umfassen, die gefälligen und ausgetretenen Wege der Mittelmäßigkeit meiden«. Die damals jene Dekrete unterschrieben, Danton, Robespierre, Carnot, Couthon, sie sind inzwischen selbst ihrer Nation Gestalten geworden, Denkmäler der Straße, Heroen und Legenden. Wo die Nähe der dichterischen Beseelung Schranken zog, ist jetzt Raum für die Phantasie, ist die Geschichte fern genug, um Tragödie zu werden. Aus jenen Dokumenten geht der Ruf an den Dichter, an den Historiker Rolland: aber er rauscht auch wieder aus dem eigenen ererbten Blut. Ein Großvater seines Vaters, Bonjard, hatte selbst als »Apostel der Freiheit« an den Kämpfen teilgenommen, und sein Tagebuch schildert die Erstürmung der Bastille; ein anderer Verwandter wurde ein halbes Jahrhundert später in Clamecy bei einem Aufstand gegen den Staatsstreich durch Messerstiche getötet: der fanatische Revolutionär hat Ahnen in seiner Seele, ebenso wie der religiöse Mensch. Hundert Jahre nach 1792, im Rausche der Erinnerung, schafft er die großen Gestalten jener Vergangenheit aus einem reinen dichterischen Enthusiasmus neu. Noch ist das Theater nicht erstanden, dem er die »französische Iliade« geben will, noch vertraut ihm niemand in der Literatur, noch fehlen die Schauspieler, die Führer, die Zuschauer. Nichts ist lebendig von all dem, als sein Glaube und sein Wille. Und aus dem Glauben allein beginnt er das Werk: »*Le Théâtre de la Révolution.*«

Die Tragödie der Revolution

(1898-1902)

Als Dekalogie, als Folge von zehn zeitlich gebundenen Dramen, etwa im Sinne der shakespeareschen Königsdramen, hatte Romain Rolland diese »Ilias des französischen Volkes« für das zukünftige Theater des Volkes geplant. »Ich wollte«, sagte er in der späteren Vorrede, »in der Gesamtheit dieses Werkes gleichsam das Schauspiel einer Konvulsion der Natur geben, ein soziales Ungewitter vom Augenblicke, wo die ersten Wogen sich aus der Tiefe des Ozeans erheben, bis zu jenem andern, da sie zurückzukehren scheinen und die Ruhe sich langsam wieder über das ewige Meer breitet.« Kein Beiwerk, keine anekdotisch-spielerische Nüance sollte diesen gewaltsamen Rhythmus des Elementaren mildern, »meine Hauptbemühung war, das Geschehnis so weit als möglich von jeder romantischen Intrige zu reinigen, die nur belastet und verkleinert. Ich wollte vor allem jene großen politischen und sozialen Interessen, für die eine Menschheit seit einem Jahrhundert kämpft, beleuchten«. War der Geist Schillers in diesen Gedanken (wie ja überhaupt Schiller dem idealistischen Stil dieses Volkstheaters am nächsten steht), so dachte Rolland hier an einen Don Carlos ohne Eboli-Episoden, einen Wallenstein ohne die Thekla-Sentimentalitäten. Nur die Größe der Geschichte wollte er einem Volke zeigen, nicht die Anekdoten seiner Helden.

Dramatisch als Zyklus war das gigantische Werk gleichzeitig musikalisch gedacht, als Symphonie, als eine Eroica. Ein Präludium sollte es einleiten, ein Schäferspiel, im Stil der *Fêtes Galantes*. Trianon, die Sorglosigkeit des *ancien régime*, gepuderte Damen mit Schönheitspflästerchen, lyrische Kavaliere, die tändeln und plaudern. Das Gewitter zieht heran, sie ahnen es nicht. Noch einmal lächelt die galante Zeit, noch einmal glänzt die sterbende Sonne des großen Königs über dem welken goldenen Laub der Gärten von Versailles.

Der »*14 Juillet*« ist dann der eigentliche Einsatz, die Fanfare. Rasch steigt die Welle auf. »*Danton*« ist die entscheidende Krise: im Siege beginnt schon die moralische Niederlage, der Bruderkampf. Ein »*Robespierre*« sollte den Abstieg einleiten, »*Le Triomphe de la Raison*« zeigt die Zersetzung der Revolution in der Provinz, »*Les Loups*« in den Armeen. Zwischen den heroischen Dramen war als Entspannung ein Liebesdrama gedacht, das Schicksal Louvets, des Girondisten, der, um seine Geliebte in Paris zu besuchen, sein Versteck in der Gascogne verläßt und als einziger der Katastrophe seiner Freunde entgeht, die hingeschlachtet oder auf der Flucht von den Wölfen zerrissen werden. Den Figuren Marats, St. Justs, Adam Lux', die nur episodisch in den geschriebenen Dramen angedeutet sind, war in den andern größerer Raum zugedacht, und gewiß hätte sich auch die Gestalt Bonapartes über die sterbende Revolution erhoben.

Musikalisch-lyrisch einklingend sollte dies symphonische Werk in einem kleinen Nachspiel verklingen. Im Exil, in der Schweiz, in der Nähe von Solothurn, finden sich die Schiffbrüchigen Frankreichs nach dem großen Sturm zusammen, Royalisten, Königsmörder, Girondisten, und die feindlichen Brüder vereinigen ihre Erinnerungen, eine kleine Liebesepisode ihrer Kinder sänftigt zur Idylle, was als Weltsturm Europa durchschüttert. Von diesem gewaltigen Werke sind nur Fragmente ausgestaltet, die vier Dramen »*Le 14 Juillet*«, »*Danton*«, »*Les Loups*«, »*Le Triomphe de la Raison*«. Dann gab Romain Rolland den Plan, dem das Volk wie die Literatur und das Theater fremd geblieben war, auf. Mehr als ein Jahrzehnt sind diese Tragödien vergessen gewesen, und vielleicht weckt heute die erwachende Neigung der Zeit, die in dem prophetischen Bilde einer Welt-Konvulsion sich selbst erkennt, in ihm die Neigung, das so groß Begonnene zu vollenden.

Der Vierzehnte Juli

In diesem zeitlich ersten der vier vollendeten Revolutionsdramen ist die Revolution noch ganz Naturelement. Nicht ein bewußter Gedanke hat sie geformt, nicht Führer haben sie geleitet: in einem blind treffenden Blitz aus schwüler Atmosphäre löst sich plötzlich die ungeheure Spannung eines Volkes. Er schlägt in die Bastille, und der Feuerschein erhellt die Seele der ganzen Nation. Dieses Stück hat keine Helden: der Held ist die Masse selbst. »Die Individuen verschwinden im Ozean des Volkes«, sagt Rolland in der Vorrede. »Um einen Sturm darzustellen, tut es nicht not, jede einzelne Welle nachzuzeichnen, man muß das entfesselte Meer malen. Die peinliche Genauigkeit im Detail ist weniger wesentlich als die leidenschaftliche Wahrheit des Ganzen... Der Verfasser hat hier mehr die moralische als die anekdotische Wahrheit gesucht.« Tatsächlich ist in dem Werke alles Aufschwall und Bewegung, die einzelnen Figuren gleiten wie im Kinematographen blitzartig vorüber, das Ungeheure der Erstürmung der Bastille geschieht nicht aus einem bewußten Akt, aus der Vernunft, sondern aus einem Rausch, einem Taumel, einer Ekstase.

Darum ist der »Vierzehnte Juli« kein Drama und will es auch eigentlich gar nicht sein. Was Rolland bewußt oder unbewußt vorschwebte, war eines jener *fêtes populaires*, wie sie der Convent gefordert hatte, ein Volksfest mit Musik und Tanz, ein *Epinikion*, ein Siegesspiel; und sein Werk ist auch nicht für künstliche Kulissen gedacht, eher als Freiluftdrama. Symphonisch aufgestuft, endet es in Jubelchören, für die der Dichter ganz bestimmte Forderungen an den Komponisten stellt. »Die Musik muß gleichsam der Grund des Freskos sein,« sagt er, »sie muß den heroischen Sinn dieses Festes verdeutlichen und Pausen decken, wie sie eine Statistenmenge nie vollständig ausfüllen kann, die trotz allen Lärmens unweigerlich die Illusion der Lebendigkeit zerstört. Diese Musik müßte sich an jener Beethovens inspirieren, die, stärker als jede andere, den Enthusiasmus der Revolution spiegelt. Vor allem müßte sie aus einer leidenschaftlichen Gläubigkeit entstehen. Keiner wird hier etwas Großes schaffen, wenn nicht die Seele des Volkes und die brennende Leidenschaft, die sich hier darstellt, in ihm selber lebt.«

Was Rolland mit diesem Werke will, ist Ekstase. Nicht dramatische Erregung, sondern im Gegenteil: Überwindung des Theaters, restlose Vereinigung des Volkes mit seinem Bilde. Wenn sich in der letzten Szene die Worte an das Publikum wenden und die Erstürmer der Bastille die Hörer zum ewigen Sieg über die Bedrückung zur Brüderlichkeit aufrufen, so muß diese Idee in ihnen nicht wiederklingen, sondern aus ihrem eigenen Herzen brechen. Der Schrei »*Tous frères*« – »Seien wir alle Brüder«, muß ein Doppelchoral werden von Sprechern und Zuschauern, die selbst von der heiligen Welle, dem »*courant de foi*« ergriffen, mitrauschen sollen in der Flut des Jubels. Aus eigener Vergangenheit soll der Funke überspringen in die Herzen von heute: der Rausch soll sie heiß machen und zum Flammen bringen. Wohl bewußt, daß das Wort allein solche Wirkung nicht erreicht, fordert darum Rolland als höhere Magie die Musik, die ewige Göttin der reinen Ekstase.

Jene erträumte Menge war ihm nicht gegeben, auch der Musiker, der annähernd seine Forderungen erfüllte, Doyen, erst nach zwanzig Jahren. Und die Darstellung im *Théatre Gémier* am 21. März 1902 verklang als verlorener Ruf: nie ist er zum Volke gedrungen, dem er so leidenschaftlich entgegengesandt war. Ohne Echo, fast ärmlich leise, ist dieser Hymnus der Freude im Maschinengewühl der Millionenstadt verhallt, die vergaß, daß es ihre Väter waren, die diese Taten schufen, und daß es ein Bruder ihrer Menschlichkeit war, der sie ihnen ins Gedächtnis rief.

Danton

(1900)

In »Danton« ist ein entscheidender Augenblick der Revolution gezeigt, die Wasserscheide des Aufstieges und des Niedergangs, die Peripethie. Was die Masse als elementare Kraft geschaffen hat, nutzen jetzt die einzelnen Menschen, die Führer, ehrgeizig zu ihren Ideen aus. Jede geistige Bewegung und insbesondere jede Revolution und Reformation kennt diesen tragischen Augenblick des Sieges, wo die Macht an die Menschen fällt, das Moralisch-Einheitliche in politische Strebung zersplittert, die Masse, die in kurzer Aufwallung ihre Freiheit verwirklicht hat, nun unbewußt den Führern dieser Freiheit, den Einzelinteressen ihrer Demagogen wieder hörig wird. Es ist der unvermeidliche Augenblick des äußeren Erfolges einer jeden geistigen Bewegung, da die Edlen sich enttäuscht absondern, die Ehrgeizigen, die Rücksichtslosen triumphieren, und die Idealisten still abseits gehen. Rolland hat in jenen Tagen der Dreyfus-Affäre Ähnliches im Menschlichen gespiegelt gesehen. Wie dort in Wirklichkeit, ist er auch in der Dichtung mit den Besiegten, mit jenen, denen die Idee alles war und der Erfolg nichts; denn er weiß, die Kraft einer Idee ist immer in ihrer Nichterfüllung.

Danton ist also nicht mehr das Drama der Revolution, sondern das der großen Revolutionäre: die mystische Macht kristallisiert sich zu menschlichen Charakteren. Geschlossenheit wird Widerstreit, schon beginnt im Rausch des Sieges, in der Schwüle des Blutdunstes der neue Kampf der Prätorianer um das erstürmte Reich. Kampf der Ideen, Kampf der Persönlichkeiten, Kampf der Temperamente, der Herkunft: seit die *dura necessitas*, die Gefahr, nicht mehr die Genossen bindet, erkennen sie ihre Fremdheit. Die Krise der Revolution bricht aus, eben in der Sekunde des Triumphes. Die feindlichen Armeen sind geschlagen, die Royalisten, die Girondisten zerschmettert: nun hebt sich im Convent Stirn gegen Stirn. Prachtvoll sind die Charaktere gezeichnet. Danton, der gute Riese, vollblütig, warm, menschlich, ein Orkan in seiner Leidenschaft, aber nicht kampfwütig. Er hat die Revolution geträumt als eine große Freude der Menschheit und sieht sie als eine neue Tyrannei. Ihn ekelt das Blut und er verabscheut die Schlächterei der Guillotine wie Christus die Inquisition als Sinn seiner Lehre verabscheut hätte. Die Menschen ekeln ihn. *»Je suis soûl des hommes. Je les vomis«* – »Ich bin vollgetrunken mit Menschheit, ich speie sie aus«. Er sehnt sich nach Natur, nach vernunftlosem, naturhaftem Leben. Seine Leidenschaft ist mit der Gefahr zu Ende, er liebt die Frauen, das Volk, das Glück und ist glücklich, geliebt zu sein. Die Revolution hat er aus seinem Temperamente geschaffen, aus menschlichem Trieb zur Freiheit und Gerechtigkeit: atmosphärisch liebt ihn darum das Volk, es spürt den gleichen Instinkt, der die Seinen zur Bastille stürmen ließ, die gleiche Sorglosigkeit, den gleichen Saft. Robespierre ist ihnen fremd, sein Stil zu kalt, zu advokatorisch, aber sein dogmatischer Fanatismus, sein durchaus nicht unedler Ehrgeiz wird eine furchtbare Kraft, die nach vorwärts treibt, indes die heitere Lebensfreude Dantons schon ruht. Während jener täglich mehr den Ekel vor der Politik spürt, bohrt sich die kalte konzentrierte Leidenschaft Robespierres immer tiefer zum Zentrum der Macht: wie sein Freund, der Fanatiker der Tugend, der grausame Apostel der Gerechtigkeit, der römische oder calvinistische Starrkopf St. Just, sieht er nur mehr die Theorie, die Gesetze, die Dogmen der neuen Religion, nicht mehr die Menschen. Er will nicht im Sinne Dantons eine glückliche freie Menschheit, sondern eine tugendhafte in der Gebundenheit geistiger Ideen. Und der Zusammenstoß Dantons und Robespierres auf dem höchsten Gipfel des Sieges ist im letzten der der Freiheit und des Gesetzes, des lebendigen Lebens und des starren Begriffes. Danton stürzt ab, er ist zu lässig, zu sorglos, zu menschlich in der Verteidigung, aber schon spürt man: er reißt seinen Gegner nach sich in den gleichen Abgrund.

In dieser Tragödie ist Rolland ganz Dramatiker geworden. Der Lyrismus schmilzt ab, das Pathos zergeht im Feuer der Geschehnisse, der Konflikt entsteht aus der Entfaltung menschlicher Energie, aus dem Widerstreit von Gesinnungen und Persönlichkeiten. Die Masse, die im »Vierzehnten Juli« Hauptperson war, ist in dieser neuen Phase der Revolution wieder zum Zuschauer degradiert. Nicht der Instinkt, der heroische des Volkes, sondern der Geist, der herrische und ungewisse der Intellektuellen, meistert die Stunde. Hatte Rolland im »Vierzehnten Juli« seiner Nation die Größe der Kraft gezeigt, so schildert er ihr hier die Gefahr rascher Passivität, die ewige Gefahr jedes Sieges. In diesem Sinne ist auch der »Danton« ein Aufruf zur Tat, ein Elixier der Energie, und so hat es auch Jaurès gedeutet, der – Danton ähnlich in der Wucht des Wortes – in der im *Théatre Civique* am 20. Dezember 1900 vom *Cercle des Escholiers* veranstalteten Wiederholung zu Gunsten der Arbeiter dies Werk den Parisern in einer Rede einleitete, die am nächsten Tage vergessen war, wie alle Versuche Rollands und alle seine ersten Werke.

Der Triumph der Vernunft

(1899)

Le Triomphe de la Raison« ist nur ein Ausschnitt aus dem gewaltigen Fresko. Aber es lebt vom zentralen Problem der Rollandschen Geistesrichtung: hier ist zum erstenmal die Dialektik der Niederlage voll entfaltet, jenes leidenschaftliche Bekenntnis für die Besiegten, jene Umwertung des realen Unterliegens im geistigen Triumph, die – aus der Kindheit anklingend und von allen Erlebnissen Resonanz gewinnend – den Kern seines moralischen Gefühls bildet. Die Girondisten sind geschlagen, in einer Festung verteidigen sie sich gegen die Sansculotten: die Royalisten, die Engländer wollen sie retten. Ihr Ideal, die Freiheit des Geistes, des Vaterlandes, ist von der Revolution zerstört, Franzosen sind ihre Feinde. Aber auch die Royalisten sind ihre Feinde, die Engländer Feinde des Vaterlandes. Das Problem des Gewissens ist mächtig gestellt: die Idee verraten oder das Vaterland verraten. Bürger des Geistes sein oder Bürger des Vaterlandes, sich selber treu oder der Nation – die Entscheidung ist furchtbar. Und sie gehen in den Tod, weil sie wissen, daß ihr Ideal unsterblich ist, daß alle Freiheit eines Volkes nur Widerglanz jener innern Freiheit ist, die kein Feind bezwingen kann.

Hier wird zum erstenmal die Feindschaft gegen den Sieg proklamiert. Stolz sagt Faber: »Wir haben unseren Glauben vor der Erniedrigung des Sieges gerettet, dessen erstes Opfer der Sieger ist. Aus unserer Niederlage blüht er nur reifer und heiliger auf.« Und Lux, der deutsche Revolutionär, verkündet das Evangelium der innern Freiheit: »Jeder Sieg ist schlecht und jede Niederlage ist gut, sofern sie aus freiem Willen stammt.« Hugot erklärt: »Ich bin meinem Siege voraus, und das ist mein Sieg.« Die Edlen, die untergehen, wissen, daß sie einsam sind, sie zählen nicht auf den Erfolg, sie verzweifeln an der Menge, sie wissen, daß das Volk nie Freiheit im höheren Sinne verstehen kann, daß es die Besten verkennt. »Jede Elite beunruhigt sie, weil sie das Licht trägt. Möge das Licht sie versengen!« Nur die Idee ist ihre Heimat am Ende, nur die Freiheit ihre Sphäre, die Zukunft ihre Welt. Sie haben das Vaterland von den Despoten gerettet, nun müssen sie es noch einmal verteidigen gegen die Canaille, gegen die Herrsch- und Rachsucht des Pöbels, der die Freiheit ebensowenig achtet. Mit Absicht sind die harten Nationalisten, die alles von einem Menschen für das Vaterland fordern, die Überzeugung, die Freiheit, die Vernunft, mit Absicht sind diese Monomanen des Vaterlandsgedankens in plebejischer Gestalt in dem Sansculotten Haubourdin dargestellt, der nur »Verräter« kennt oder »Patrioten«, der die Welt zerreißt in seinem Glauben und Verbrechen. Die Kraft und diese brutale Einseitigkeit ist freilich die siegreiche; aber sie, die ein Volk gegen eine Welt von Feinden errettet, ist gleichzeitig auch die Kraft, die seine feinste Blüte zerstört.

Ein Hymnus auf den freien Menschen, auf den Helden des Gewissens (den einzigen, den Rolland als Helden anerkennt) ist hier begonnen. Was in »Aërt« thematisch angedeutet war, beginnt sich nun geistig zu gestalten. Und Adam Lux, der Mainzer Klubist, der in heiliger Begeisterung nach Frankreich flieht, um hier für die Freiheit zu leben (und den die Freiheit auf die Guillotine führt), dieser erste Blutzeuge seines Idealismus, ist der erste Bote aus Johann Christofs Land. Der Kampf des freien Menschen um sein ewiges Vaterland jenseits des heimischen hat begonnen, jener Kampf, in dem der Besiegte immer der Sieger und der Einsame der Stärkste ist.

Die Wölfe

(1898)

In »*Triomphe de la Raison*« war dem Menschen des Gewissens die entscheidende Frage gestellt: das Vaterland oder die Freiheit, die Interessen der Nation oder die des übernationalen Geistes. Die »Wölfe« sind eine Variation der Frage: sie heißt hier »das Vaterland oder die Gerechtigkeit«. Schon im »Danton« ist das Problem angeschlagen. Robespierre beschließt mit den Seinen die Hinrichtung Dantons und fordert, daß er sofort verhaftet und verurteilt werde. St. Just, leidenschaftlichster Feind Dantons, widerstrebt nicht der Anklage, er fordert nur, daß sie im Rahmen des Gesetzes erfolge. Nun weiß Robespierre, daß ein Zögern den Sieg Dantons bedeute, er verlangt den Bruch des Gesetzes: ihm ist das Vaterland mehr als das Gesetz. »*Vaincre à tout prix!*«, »Siegen um jeden Preis!« ruft der eine; der andere: »Es ist gleichgültig, ob ein einzelner Mensch rechtlich verurteilt wird, wenn nur das Vaterland gerettet ist«; und St. Just beugt sich diesem Argument, er opfert die Ehre der Notwendigkeit, das Gesetz dem Vaterland.

In den »Wölfen« ist nun die Kehrseite der Tragödie gestaltet: ein Mensch, der lieber sich opfert als das Gesetz, der des gleichen Glaubens ist wie Faber in »*Triomphe de la Raison*«, »daß eine einzige Ungerechtigkeit die ganze Welt ungerecht mache«, ein Mensch, dem es wie Hugot, dem andern Helden des »*Triomphe de la Raison*«, gleichgültig scheint, »ob die Gerechtigkeit siegt oder besiegt wird, der nur nicht duldet, daß sie resigniert«. Teulier, der Gelehrte, weiß, daß sein Feind d'Oyron zu Unrecht des Verrates beschuldigt ist: er verteidigt ihn, obwohl er sich bewußt ist, daß er ihn nicht retten kann und nur sich selbst zerstört, gegen den patriotischen Furor der Revolutionssoldateska, dem einzig der Sieg ein Argument ist. »*Fiat justitia, pereat mundus*«, den alten Wahrspruch nimmt er mit aller Gefahr auf sich, er verleugnet lieber das Leben, als den Geist. »Jede Seele, die einmal die Wahrheit gesehen und sie zu leugnen versucht, mordet sich selbst.« Aber die andern sind stärker, der Erfolg der Waffen ist mit ihnen. »Möge mein Name beschmutzt sein, wenn nur das Vaterland gerettet ist«, antwortet ihm Quesnel. Der Patriotismus, der Massenglaube triumphiert über den Heroismus des Gewissens, den Glauben an die unsichtbare Gerechtigkeit.

Diese Tragödie eines zeitlosen Konfliktes, der in Zeiten des Krieges und der Vaterlandsgefahr jeden einzelnen Menschen in seiner doppelten Eigenschaft als freies moralisches Wesen und gehorsamen Staatsbürger fast notwendig befällt, war mitten aus einem zeitlichen Erlebnis geschrieben. In den »Wölfen« hatte Rolland die Dreyfus-Affäre meisterhaft transponiert, in der jedem die Frage auferlegt war, was ihm wichtiger sei, die Gerechtigkeit oder die nationale Sache. Dreyfus der Jude ist in der Revolutionstragödie Aristokrat, Mitglied einer beargwöhnten, gehaßten sozialen Schicht; Teulier, der den Kampf für ihn führt, Piquart, seine Feinde der französische Generalstab, der lieber die einmal begangene Ungerechtigkeit verewigen, als den Ruhm und das Vertrauen der Armee beschmutzen lassen will. In ein enges, aber prachtvoll bildkräftiges Symbol war mit dieser militärischen Tragödie das ganze Geschehnis zusammengedrängt, das Frankreich vom Präsidentenzimmer bis in die letzte Arbeiterwohnung erregte, und der Abend der Aufführung des Stückes im Theater *de l'Oeuvre* am 18. Mai wurde unaufhaltsam eine politische Demonstration. Zola, Scheurer-Kestner, Peguy, Piquart, die Verteidiger des Unschuldigen, die Hauptakteure des weltberühmten Prozesses waren für zwei Stunden Zuschauer der dramatischen Symbolisierung ihres eigenen Werkes. Ganz aus der Hitze der Politik hatte Rolland – der unter dem Namen St. Just das Schauspiel veröffentlichte – den geistigen Gehalt, die moralische Essenz jenes Prozesses gewonnen, der tatsächlich im höheren Sinn ein Reinigungsprozeß der ganzen französischen Nation geworden war. Zum erstenmal war er aus der Geschichte in die Aktualität getreten, aber nur um – wie immer seitdem – das Ewige aus dem Zeitlichen zu retten, die Freiheit der Gesinnung gegen die Psychose der Masse zu verteidigen, Anwalt jenes Heroismus, der keine andere Instanz anerkennt, weder Vaterland noch Sieg, weder Erfolg noch Gefahr: immer nur die eine, die höchste, sein Gewissen.

Der vergebliche Ruf

Vergebens war der Ruf nach dem Volke geblieben. Vergebens das Werk. Keines der Dramen erkämpft sich mehr als einige Abende, die meisten sind schon am nächsten Morgen begraben von der Feindseligkeit der Kritik, der Gleichgültigkeit der Menge. Vergebens auch der Kampf der Freunde um das »*Théatre du peuple*«. Das Ministerium, an das sie verhängnisvollerweise zur Schaffung einer Pariser Volksbühne appelliert haben, läßt die leidenschaftliche Bemühung verknöchern, Herr Adrin Bernheim wird auf eine Informationsreise nach Berlin gesandt, er referiert, man referiert weiter, man berät, man deliberiert, schließlich erstickt der schöne Versuch irgendwo in den Akten. Auf den Boulevards triumphieren weiter Rostand und Bernstein, das Volk drängt in die Kinos, der große Aufruf zum Idealismus verhallt ungehört.

Wem nun das gewaltige Werk vollenden, welcher Nation, wenn die eigene schweigt? Das »*Théatre de la Revolution*« bleibt Torso. Ein »Robespierre«, das geistige Gegenstück zum »Danton«, in breiten Zügen schon gestaltet, formt sich nicht zu Ende, die andern Segmente des großen Schaffenskreises sinken in sich zusammen. Stöße von Studien, Notizen, verstreute Blätter, beschriebene Hefte, papierner Schutt sind die Trümmer eines Baues, der das französische Volk in einem Pantheon des Geistes zu heroischer Erhebung versammeln, ein wahrhaft französisches Theater schaffen wollte. Rolland mag in solcher Stunde gefühlt haben wie Goethe, da er in wehmütiger Rückerinnerung seiner dramatischen Träume zu Eckermann sagt: »Ich hatte wirklich einmal den Wahn, als sei es möglich, ein deutsches Theater zu bilden, ja, ich hatte den Wahn, als könne ich selbst dazu beitragen und als könne ich zu einem solchen Bau einige Grundstücke legen... Allein es regte sich nicht und rührte sich nicht und blieb alles wie zuvor. Hätte ich Wirkung gemacht und Beifall gefunden, so würde ich ein ganzes Dutzend Stücke wie die Iphigenie und den Tasso geschrieben haben. An Stoff war kein Mangel. Allein, wie gesagt, es fehlten die Schauspieler, um dergleichen mit Geist und Leben darzustellen, und es fehlte das Publikum, dergleichen mit Empfindung zu hören und aufzunehmen.«

Der Ruf ist verklungen. »Es regte sich nicht und rührte sich nicht und alles blieb wie zuvor.« Aber auch Rolland bleibt derselbe, der ewige Beginner von Werk zu Werk, über das Hingesunkene ohne Klage aufsteigend, neuerem und höherem Ziel entgegen, um im Sinne von Rilkes schönem Wort »der Besiegte von immer Größerem zu sein«.

Die Zeit wird kommen

(1902)

Nur einmal noch verlockt (ein wenig geglücktes Werk dieser Jahre »*La Montespan*« fügt sich nicht in die Reihe seiner großen Bemühung) die Zeit Romain Rolland zu dramatischer Auseinandersetzung. Noch einmal wie im Dreyfusprozeß sucht er politischem Geschehnis die moralische Essenz zu entpressen, ein Erlebnis der Zeit in einen Konflikt des Gewissens zu erheben. Der Burenkrieg ist nur sein Vorwand, wie die Revolution für seine Dramen nur ein seelischer Schauplatz war: in Wahrheit spielt diese Tragödie vor ewiger Instanz, der einzigen, die Rolland anerkennt, dem Gewissen. Dem Gewissen des Einzelnen und der Welt.

»*Le temps viendra*« ist die dritte, die eindringlichste Variation des früh schon angeschlagenen Zwiespalts von Überzeugung und Pflicht, Staatsbürgertum und Menschlichkeit, des nationalen und des freien Menschen. Ein Kriegsdrama des Gewissens im Kriege der andern. Im »*Triomphe de la Raison*« hieß die Frage, »die Freiheit oder das Vaterland«, in »*Les Loups*« »die Gerechtigkeit oder das Vaterland«. Hier ist sie nun im höchsten Sinne gestellt, »das Gewissen, die ewige Wahrheit oder das Vaterland«. Die Hauptgestalt (nicht der Held) ist Clifford, der Führer der Invasionsarmee. Er führt Krieg, einen ungerechten Krieg (welcher Krieg ist gerecht?), aber er führt ihn mit seinem strategischen Wissen, nicht mit seinem Herzen. Wem bewußt wurde, »wieviel Abgelebtes schon im Kriege ist«, der weiß, daß man Krieg nicht wahrhaft führen kann ohne Haß, und ist schon zu reif, um hassen zu können. Er weiß, man kann nicht kämpfen ohne Lüge, nicht töten ohne die Menschlichkeit zu verletzen, kein militärisches Recht schaffen, wo das Ziel ein Unrecht ist. Ein eherner Kreis des Widerspruchs kettet ihn ein. »*Obéir à ma patrie? Obéir à ma conscience?*« – »Soll ich meinem Vaterland gehorchen oder meinem Gewissen?« Man kann nicht siegen, ohne Unrecht zu tun und darf nicht Feldherr sein ohne den Willen zum Sieg. Er muß ihr dienen und verachtet sie, die Gewalt, die seine Pflicht ist. Er kann nicht Mensch bleiben ohne zu denken und kann nicht Soldat bleiben mit seiner Menschlichkeit. Vergeblich sucht er Milderungen im Brutalen seiner Aufgabe, vergeblich Güte inmitten der Blutbefehle und weiß doch selbst, »es gibt Abstufungen im Verbrechen, aber es bleibt ein Verbrechen«. Rings um diesen tragisch leidenden Menschen, der schließlich nicht sich, sondern den das Schicksal bezwingt, sind die andern Figuren in pathetischer Klarheit gestellt, der Zyniker, der nur den nackten Vorteil des Landes sucht, der passionierte militärische Sportsmann, die dumpfen Gehorcher, der sentimentale Ästhet, der die Augen für alles Peinliche zudrückt und die Tragödie der andern als Schauspiel erlebt: und hinter ihnen allen der Geist der Lüge unserer Menschheit, die Zivilisation, das geschickte Wort, das jedes Verbrechen entschuldigt und seine Fabriken über Gräber baut. Ihr gilt die Anklage, die auf dem ersten Blatte steht und das Politische ins Allmenschliche erhebt: »Dieses Drama verurteilt nicht eine einzelne Nation, sondern Europa.«

Der wahre Held dieses Dramas aber ist nicht der Sieger von Südafrika, der General Clifford, sondern der freie Mensch, der italienische Freiwillige, ein Weltbürger, der in den Kampf gezogen war, um die Freiheit zu verteidigen, und der schottische Bauer, der das Gewehr weglegt und sagt: »Ich töte nicht mehr.« Die beiden, die kein anderes Vaterland haben als das Gewissen, keine andere Heimat als ihr Menschtum. Die kein Schicksal anerkennen als jenes, das der freie Mensch sich schafft. Mit ihnen, den Besiegten, ist Rolland (immer ist er bei den freiwillig Besiegten), und aus seiner Seele bricht der Schrei: »*Ma patrie est partout où la liberté est menacée.*« »Meine Heimat ist überall, wo die Freiheit bedroht ist.« Aërt, der heilige Ludwig, Hugot, die Girondisten, Teulier, der Märtyrer der »Wölfe«, sie sind alle Brüder seiner Seele, Kinder seines Glaubens, daß der Einzelne in seinem Willen immer stärker ist als die Zeit. Und immer höher und immer freier schwingt dieser Glaube sich auf. In den früheren Dramen sprach er noch zu Frankreich, dies letzte Schauspiel ist schon Aufschwung, sein Bekenntnis zum Weltbürgertum.

Der Dramatiker

Die unleugbare und schon historische Tatsache, daß hier ein dramatisches Schaffen, äußerlich so umfangreich wie das Shakespeares, Schillers oder Hebbels, ein Werk von stellenweise hinreißender bühnenmäßiger Kraft (wie es die Aufführungen Rollandscher Dramen in Deutschland jetzt erwiesen haben) durch zwanzig Jahre völlig erfolglos und sogar unbemerkt blieb, deutet auf tiefere als bloß zufällige Ursachen. Zwischen einem Werk und seiner Wirkung waltet immer die geheimnisvolle Atmosphäre des Zeitlichen, bald mit gesteigerter Geschwindigkeit das Schicksal des Werkes hinreißend, daß es wie ein Funke ins Pulverfaß gehäufte Empfindung aufsprengt, bald mit vielfältigem Hemmnis den Fortlauf verhindernd: nie spiegelt darum ein Werk allein eine Epoche, sondern einzig das Werk in Gemeinsamkeit mit seiner Wirkung.

Irgend etwas im tiefsten Wesen der Stücke Romain Rollands muß also der Epoche widerstrebt haben, und tatsächlich sind seine Stücke in einem bewußten und fast feindseligen Gegensatz zur herrschenden literarischen Mode entstanden. Der Naturalismus, die Darstellung der Wirklichkeit, beherrscht die Zeit und bedrückt sie zugleich, denn er führt bewußt zurück in das Enge, das Kleine, das Alltägliche des Lebens. Rolland aber will das Große, die Dynamik der ewigen Ideen hoch über den schwankenden Tatsachen, er begehrt Aufschwung, beflügelte Freiheit des Gefühls, aufspringende Energie, er ist Romantiker und Idealist: nicht die Mächte des Lebens, die Armut, die Gewalt, die Leidenschaft, scheinen ihm das Darstellungswürdige, sondern immer der Geist, der sie überwindet, die Idee, die den Tag mit Ewigkeit überhöht. Suchen die andern das Tägliche mit der äußersten Wahrhaftigkeit darzustellen, so er das Seltene, das Sublime, das Heroische, das Korn Ewigkeit, das aus den Himmeln in die irdische Saat fällt. Ihn lockt nicht das Leben wie es ist, sondern das Leben, wie der Geist und der Wille es sich aus ihrer Freiheit selbst gestalten.

Nie hat Rolland verschwiegen, wer im letzten Sinn Pate dieser seiner Tragödien gewesen ist. Shakespeare war nur der feurige Dornbusch, die erste Botschaft, er war der Befeuernde, der Anreizende, der Unerreichbare: ihm dankt er bloß den Elan, die Glut, stellenweise auch die dialektische Kraft. Aber für die geistige Form bleibt er einem andern Meister verbunden, der als Dramatiker noch heute ein fast Unbekannter ist, Ernest Renan, dem Dichter der *»Drames philosophiques«*, von denen besonders die *»Abbesse de Jouarre«* und *»Le Prêtre de Nemi«* auf den jungen Dichter entscheidende Wirkung geübt haben. Die Art, geistige Probleme statt im Aufsatz oder in der platonischen Form des Dialogs lieber in dramatischer Transkription auszuarbeiten, die tief innen ruhende Gerechtigkeit und gleichzeitig die immer hoch den Konflikt überschwebende Klarheit, das ist Erbe Renans (der noch den jungen Studenten gütig und belehrend empfing). Nur ist der ein wenig ironischen und selbst maliziösen Skepsis des großen Weisen, für dessen überlegenes Gefühl alles Tun der Menschen ein ewig erneuerter Wahn blieb, ein ganz neues Element beigemengt, die Feurigkeit eines noch ungebrochenen Idealismus. Seltsames Widerspiel: der Gläubigste aller borgt vom Meister des vorsichtigen Zweifels die künstlerische Form. Und sofort wird, was bei Renan retardierend, abspannend wirkte, tatkräftig und begeisternd: während jener die Legenden entblättert, selbst die heiligsten, um einer weisen, aber auch lauen Wahrheit willen, sucht Rolland durch sein revolutionäres Temperament eine neue Legende zu schaffen, ein anderes Heldentum, ein neues Pathos des Gewissens.

Dieses ideologische Gerüst ist in allen Dramen Rollands immer unverkennbar geblieben: keine Bewegtheit des Szenischen, keine Farbigkeit des kulturellen Bildes kann darüber hinwegtäuschen, daß nicht vom Gefühle aus und nicht vom Menschen, sondern vom Geiste und von Ideen aus hier eine Problematik der Geschehnisse in Bewegung gesetzt wird, ja selbst die historischen Figuren, wie Robespierre, Danton, St. Just, Desmoulins, sind mehr Formulierungen als Charaktere. Aber dennoch ist es nicht die Art des Dramatischen, sondern die Art seiner Probleme, die solange seine Bühnenwerke der Zeit entfremdet hat. Auch Ibsen (der damals die Weltbühne erobert) ist ein Theoretiker und sogar viel mehr, unendlich viel mehr Kalkulator und Mathematiker; er und ebenso Strindberg wollen nicht nur Gleichungen der elementaren Kräfte aufstellen, sondern ihre Formulierungen noch beweisen. Sie gehen weit hinaus in ihrer Vergeistigung über Rolland, indem sie Ideen bewußt propagieren wollen, indes Rolland sie nur in der Fülle ihres Widerspruchs sich entfalten läßt: Jene wollen zu sich überzeugen, Rolland nur durch die jeder Idee innewohnende Schwungkraft die Menschen erheben; jene zielen auf bestimmte Wirkung der Bühne, Rolland auf eine allgemeine: auf Enthusiasmus. Für Ibsen ebenso wie für die französische Dramatik bleibt im Sinne bürgerlicher Welt der Konflikt zwischen Mann und Frau noch immer der Drehpunkt, für Strindberg der Mythos der Polarität im Geschlecht; die Lüge, gegen die sie kämpfen, ist eine konventionelle, eine Gesellschaftslüge. Deshalb auch das Interesse, das unser Theater – als geistige Arena der bürgerlichen Sphäre – selbst der mathematischen Nüchternheit Ibsens, der grausamen Analytik Strindbergs und wie erst den zahllosen Explosionstechnikern entgegenbrachte: denn dies Theater war immer noch Welt von ihrer Welt.

Die Problematik der Stücke Rollands war aber von allem Anfang an verurteilt, bei einem bürgerlichen Publikum Gleichgültigkeit zu finden, weil sie eine politische, eine ideelle, eine heroische, eine revolutionäre Problematik war. Sein überströmendes Gefühl überflutet die kleinen Spannungen des Geschlechts; das Theater Romain Rollands ist – und das bleibt immer tödlich bei modernem Publikum – ein unerotisches. Er prägt einen neuen Typus, das politische Drama im Sinne jenes Wortes Napoleons zu Goethe in Erfurt, da er ihm sagte: »*La politique, voilà la fatalité moderne*« –»Die Politik, das ist unser Schicksal von heute.« Der Tragiker stellt den Menschen immer gegen Mächte und läßt ihn groß werden durch seinen Widerstand. Dem antiken Drama offenbarten sich diese Mächte noch als Mythen: Zorn der Götter, Mißgunst der Dämonen, finstere Orakelsprüche. Gegen sie hob Oedipus das geblendete Haupt, Prometheus die angeschmiedete Faust, Philoktet die fiebernde Brust. Dem modernen Menschen ist die unentrinnbare Macht der Staat, die Politik, das Massenschicksal, gegen das der einzelne mit gespreizten Händen wehrlos steht, die großen geistigen Gewitterstürze, die »*courants de foi*«, die das Leben des Individuums mitleidslos fortreißen. Ebenso gewalttätig und unerbittlich spielt das Weltgeschick mit unserer Existenz: der Krieg ist stärkstes Symbol solcher Suggestivkraft der menschlich-seelischen Materie über den Einzelnen, und darum spielen alle Dramen Rollands im Kriege.

Aber die Griechen erkannten die Götter immer erst in ihrem Zorn, und unsere finstere Gottheit Vaterland, blutdürstig wie jene, wir erkennen, wir fühlen sie erst im Kriege. Ohne Schicksal denkt der Mensch selten an die Mächte, er vergißt und verachtet sie erst, die dunkel harren, um jählings ihre Kraft an uns zu proben. Darum waren einer lauen, einer friedlichen Zeit solche Tragödien fremd, die prophetisch ahnend im Spiel schon geistige Kräfte gegeneinander stellten, die zwei Jahrzehnte später erst in der blutigen Arena Europas aufeinanderprallen. Man bedenke, man erinnere sich: was konnten einem Boulevardpublikum von Paris, gewohnt an Ehebruchsgeometrie, jene Fragen sein, ob es wesentlich sei, dem Vaterland zu dienen oder der Gerechtigkeit, ob man im Kriege dem Gewissen gehorchen müsse oder dem Befehl? Gedankenspiele eines Müßigen bestenfalls, abseits von der Wirklichkeit, »Hekubas Schicksal«, indes es doch Kassandras Warnungsruf war. Rollands Dramen sind – das ist ihre Tragik und ihre Größe – dem Erlebnis um eine Generation voraus: für keine aber scheinen sie mehr geschrieben als für die unsere, der sie das Geistige der politischen Begebenheiten in großen Symbolen zu deuten vermögen. Der Aufstieg einer Revolution, das Zerprasseln ihrer geballten Kraft in einzelne Gestalten, die Peripetie von Leidenschaft zur Brutalität und ins selbstmörderische Chaos, wie bei Kerenski, Lenin, Liebknecht, ist das nicht a priori in seinen Stücken gestaltet, und die Beklemmungen Aërts, die Konflikte der Girondisten, die auch gegen zwei Fronten standen, haben wir sie seitdem nicht alle mit dem letzten Nerv unseres Wesens erlebt? Welche Frage war uns seit 1914 wichtiger als der Konflikt der weltbürgerlichen freien Menschen mit dem Massenwahn seiner Heimatsbrüder, und wo war irgendwo im Umkreis der letzten Jahrzehnte ein dramatisches Werk, das sie so menschlich vor unserm beunruhigten Bewußtsein auftat als diese verschollenen Tragödien, die zuerst im Dunkel der Unberühmtheit lagen und dann verschattet vom Ruhm ihres nachgeborenen Bruders Johann Christof? Dies scheinbar abseitige dramatische Werk zielte noch aus Friedensstunde zum Zentrum unserer zukünftigen noch ungestalteten Bewußtseinssphäre. Und der Stein, den die Bauleute der Bühne damals achtlos verworfen haben, ist vielleicht das Fundament eines zukünftigen, großgesinnten, zeitgenössischen und doch heroischen Theaters, jenes Theaters des freien europäischen Brudervolkes, dem es aus schaffender Seele eines Unbekannten früh und einsam entgegengeträumt war.

Die heroischen Biographien.

»Durch die Beschäftigung mit geschichtlichen Untersuchungen nehmen
wir nur das Andenken der besten und anerkanntesten Charaktere in unsere
Seele auf, und dies befähigt uns, alles Schlechte, Unsittliche und Gemeine, das
uns der unumgängliche Verkehr mit unserer Umwelt entgegenstellt, aufs entschiedenste
abzuweisen und nur den Vorbildern die versöhnte und befriedete
Welt unserer Gedanken entgegenzukehren.«

Plutarch, Vergleichende Lebensbeschreibungen,
Vorrede zum Timoleon

Ex profundis

Die Begeisterung als höchste Macht des Einzelnen, als schöpferische Seele eines jeden Volkes hatte der Zwanzigjährige, der Dreißigjährige in seinen ersten Werken feiern wollen; denn für Rolland ist nur jener ein wahrhaft Lebendiger, der in Ideen flammt, eine Nation nur beseelt, wenn sie sich zusammenschließt in einem glühenden Augenblick des Glaubens. Und zu diesem Glauben seine müde, besiegte, willenskranke Zeit aufzureißen, war der gestaltende Traum seiner Jugend. Der Zwanzigjährige, der Dreißigjährige will durch Begeisterung die Welt erlösen.

Vergeblicher Wille, vergebliche Tat. Zehn Jahre, fünfzehn Jahre – o wie leicht rundet die Lippe die Zahl, wie schwer erträgt sie das Herz! – sind nutzlos vertan. In Enttäuschung versickern die heißen Wellen seiner Leidenschaft. Das »*Théâtre du peuple*« stürzt ein, der Dreyfusprozeß verschlammt in Politik, die Dramen verprasseln als Papier, »nichts rührte sich, nichts regte sich,« die Freunde verlaufen sich, und indes seine Altersgenossen schon Ruhm umglänzt, bleibt Rolland noch immer der Anfänger, der Beginner, ja, fast möchte man sagen, er wird um so vergessener, je mehr er schafft. Nichts ist verwirklicht von seinen Zielen, lau und schläfrig rollt das öffentliche Leben weiter. Die Welt will Vorteil und Gewinn, statt eines Glaubens und geistiger Gewalt.

Auch innen stürzt sein Leben. Eine Ehe, rein und gläubig begonnen, zerbricht: Rolland erlebt in jenen Jahren eine Tragödie, deren Grausamkeit sein Werk (das einzig der Erhebung gilt) für immer verschweigt. Im tiefsten verwundet, schiffbrüchig in allen Versuchen, zieht sich der Dreißigjährige ganz in die Einsamkeit zurück. Sein kleines mönchisches Zimmer ist nun seine Welt, die Arbeit seine Tröstung. Und einsam kämpft er jetzt den Kampf um den Glauben seiner Jugend, auch als der Zurückgestoßene unentwegt der Helfende und allem Verbundene.

In dieser seiner Einsamkeit durchblättert er die Bücher der Zeiten. Und da der Mensch in allen Stimmen zutiefst immer seine eigene hört, findet er überall nur Schmerz. Überall nur Einsamkeit. Er durchforscht das Leben der Künstler und sieht, »je mehr man eindringt in die Existenzen der großen Schaffenden, um so mehr wird man betroffen von der Fülle des Unglücks, das ihr Leben umschließt. Nicht nur daß sie den gewöhnlichen Prüfungen und Enttäuschungen unterworfen waren, die ihre erhöhte Empfindlichkeit viel härter treffen mußten, ihr Genie, das ihnen vor ihren Zeitgenossen einen Vorsprung von zwanzig, fünfzig, ja oft mehreren hundert Jahren und damit eine Wüste um sie schuf, verurteilte sie zu verzweifelten Anstrengungen, wobei sie kaum leben, geschweige denn siegen konnten.« Also auch die Gewaltigen der Menschheit, zu denen die Nachwelt mit Ehrfurcht aufblickt, sie, die ewige Tröster fremder Einsamkeit waren, »*pauvres vaincus, les vainqueurs du monde*«, auch sie, »die Sieger der Welt, arme Besiegte«. Eine unendliche Kette alltäglicher, sinnloser Qualen bindet durch die Jahrhunderte ihre Schicksale zu tragischer Einheit, nie sind, wie schon Tolstoi in jenem Briefe ihm zeigte, »die wahren Künstler zufriedene satte Genießer«, sondern jeder ein Lazarus, leidend an anderem Gebrest. Je mehr Größe in den Gestalten, um so mehr Schmerz. Und wiederum: je mehr Schmerz um so mehr Größe in ihnen.

Und da erkennt Rolland: es gibt noch eine andere Größe, eine tiefere, als jene der Tat, die er immer im Werke erhoben: die Größe des Leidens. Undenkbar ein Rolland, der einer Erkenntnis und selbst der schmerzlichsten, nicht einen neuen Glauben entwindet und aus Enttäuschung Begeisterung erweckt. Als Leidender grüßt er alle Leidenden der Erde, statt der Gemeinschaft der Begeisterung will er nun eine Brüderschaft aller Einsamen dieser Erde errichten, indem er ihnen den Sinn und die Größe alles Leidens zeigt. Auch hier, in dieser neuen Sphäre, der tiefsten des Schicksals, sucht er Bindung durch großes Beispiel. »Das Leben ist hart, ist ein täglicher Kampf für all jene, die sich nicht mit der Mittelmäßigkeit im Seelischen abfinden können, ein meist trauriger Kampf ohne Größe, ohne Glück, gekämpft in Einsamkeit und Schweigen. Bedrückt durch die Armut, die bitteren häuslichen Sorgen, durch zermalmende und sonnenlose Aufgaben, in denen man zwecklos seine Kräfte vergeudet, freudlos, hoffnungslos sind die meisten voneinander getrennt und haben nicht einmal den Trost, ihren Brüdern im Unglück die Hand reichen zu können.« Diese Brücke von Menschen zu Menschen, von Leid zu Leid will Rolland nun erbauen, will den Namenlosen jene zeigen, in denen der persönliche Schmerz Gewinn ward für die Millionen nach ihm und – um mit Carlyle zu sprechen – »die göttliche Verwandtschaft sichtbar machen, die zu allen Zeiten einen großen Mann mit den andern Menschen verbindet.« Die Millionen Einsamkeiten haben eine Gemeinsamkeit: die großen Märtyrer des Leidens, die auf der Folterbank des Schicksals doch den Glauben an das Leben nie abschworen, die eben durch ihr Leiden das Leben für alle bezeugten. »Sie sollen nicht allzusehr klagen, die unglücklich sind,« hebt er seinen Hymnus an, »denn die Besten der Menschheit sind mit ihnen! Erstarken wir an ihrer Kraft und fühlen wir Schwäche, so ruhen wir an ihren Knien. Sie werden uns trösten. Von diesen Seelen strömt ein heiliger Sturz ernster Kraft und machtvoller Güte. Ohne daß wir ihre Werke befragen müßten und ihre Stimme hören, aus ihren Bücken, aus ihrer Existenz wüßten wir schon, daß das Leben nie größer, nie fruchtbarer ist – nie glücklicher – als im Schmerz.«

Und so schreibt Rolland, sich selbst zur Erhebung, den unbekannten Brüdern im Leiden zur Tröstung, die »heroischen Biographien«.

Die Helden des Leidens

Wie seine Revolutionsdramen, eröffnet Rolland auch den neuen Schaffenskreis mit einem Manifest, einem neuen Aufruf zur Größe. Sein »Beethoven« trägt das Vorwort wie eine Fahne voraus. »Die Luft ist drückend um uns. Das alte Europa erstickt in einer schwülen und unreinen Atmosphäre. Ein Materialismus ohne Größe drückt auf die Gedanken... die Welt siecht hin in ihrem klugen und feilen Egoismus. Die Welt erstickt, öffnen wir die Fenster! Lassen wir die freie Luft ein. Atmen wir die Seele der Helden.«

Wen nennt Rolland nun einen Helden? Nicht mehr jene, die Massen führen und aufführen, Kriege siegreich beenden, Revolutionen entzünden, nicht mehr die Männer der Tat und des todzeugenden Gedankens. Er hat die Nichtigkeit aller Gemeinsamkeit erkannt, hat unbewußt in seinen Dramen die Tragödie der Idee dargestellt, die nicht verteilt werden kann unter die Menschen wie Brot, sondern die sich in Hirn und Blut jedes Einzelnen sofort zu anderer Form, oft zu ihrem Widerspiel verwandelt. Wahre Größe ist für ihn nur Einsamkeit, der Kampf des Einzelnen mit dem Unsichtbaren. »Nicht jene nenne ich Helden, die durch Ideen oder durch Macht triumphiert haben. Helden nenne ich nur jene, die groß waren durch ihr Herz. Wie einer von den Größten (Tolstoi) gesagt hat: ich erkenne kein anderes Zeichen der Überlegenheit als die Güte. Wo der Charakter nicht groß ist, gibt es keinen großen Menschen, weder einen großen Künstler, noch einen großen Mann der Tat, es gibt nur Götzen für die Menge, hinstürzend mit der Zeit... Es handelt sich nicht darum, groß zu scheinen, sondern es zu sein.«

Held also ist, der nicht um das Einzelne des Lebens kämpft, um einen Erfolg, sondern um das Ganze, um das Leben selbst. Wer dem Kampf ausweicht aus Furcht vor der Einsamkeit, ist ein Unterliegender; wer dem Leiden ausweicht und sich mit künstlicher Verschönerung über die Tragik alles Irdischen hinwegtäuschen will, ein Lügner. Nur der Wahrhaftige kennt das wahre Heldentum. »Ich hasse«, ruft er ingrimmig aus, »den feigen Idealismus, der die Augen abwendet von den Traurigkeiten des Lebens und den Schwächen der Seele. Gerade einem Volke, das für die trügerischen Illusionen klingender Worte allzu empfänglich ist, muß man es laut sagen: die heroische Lüge ist eine Feigheit. Es gibt nur einen Heroismus auf Erden und der besteht darin, das Leben zu erkennen – und es dennoch zu lieben.«

Das Leiden ist nicht das Ziel des großen Menschen. Aber es ist seine Probe, der notwendige Filter aller Reinheit, »das schnellste Tier, das zur Vollkommenheit trägt,« wie Meister Eckehart sagt. So wie die Kunst des Leidens Prüfstein ist – »erst im Leiden erkennt man die Kunst wie alles andere recht, erst da wird man jener gewahr, die Jahrhunderte überdauern und stärker als der Tod sind« – so wird dem Großen das Erleiden des Lebens zur Erkenntnis, die Erkenntnis wieder gestaltet sich zu liebesfähiger Kraft. Aber nicht das Leiden selbst schafft schon die Größe: erst die große, die bejahende Überwindung des Leidens. Wer unter der Not des Irdischen zusammenbricht, und noch mehr jener, der ihr ausweicht, bleibt der unfehlbar Besiegte, und in seinem edelsten Kunstwerk wird der Sprung bei diesem Sturze sichtbar werden: nur wer aus der Tiefe aufsteigt, bringt Botschaft in die Höhen des Geistes, nur durch die Purgatorien des Lebens geht der Weg in die Paradiese. Diesen Weg muß jeder allein finden, aber wer ihn aufrecht schreitet, ist ein Führer und hebt die andern in seine Welt. »Die großen Seelen sind wie die hohen Gipfel. Der Sturm peitscht sie, Wolken hüllen sie ein; aber man atmet dort stärker als sonstwo. Die Luft hat dort eine Reinheit, die das Herz von seinen Flecken reinigt; und wenn die Wolken weichen, beherrscht man das Menschengeschlecht.«

Diesen hohen Blick nach oben will Rolland die Leidenden lehren, die noch im Dunkel ihrer Qual sind. Er will ihnen die Höhe zeigen, wo das Leiden elementar und das Ringen heroisch wird. »*Sursum corda*«, »Empor die Herzen«, hebt der Hymnus an und endet vor den erhabenen Bildern des gestaltenden Schmerzes als des Lebens Lobgesang.

Beethoven

Beethoven, der Meister der Meister, ist die erste Figur in dem Heroenfries des unsichtbaren Tempels. Von frühester Stunde, seitdem die geliebte Mutter ihn die Finger im Zauberwald der Tasten wandern lehrte, war Beethoven Romain Rollands Meister gewesen, Mahner und Tröster zugleich. Und nie ist er ihm, so sehr sich seine Neigung über manche Liebe der Kindheit erhob, fremd geworden: »in den Krisen des Zweifels und der Zernichtung, die ich als Jüngling durchmachte, hat eine Melodie von Beethoven – die ich noch gut weiß – in mir den Funken des ewigen Lebens wieder erweckt«. Allmählich erwacht in dem ehrfürchtigen Schüler die Neigung, den Göttlichen auch in seiner irdischen Existenz zu kennen; Rolland reist nach Wien, sieht dort in dem Schwarzspanierhause (dem seither demolierten) die Stube, wo im Gewitter der Gewaltige hingegangen, er reist nach Mainz zum Beethovenfestspiel (1901) und tritt in Bonn in die niedere Dachkammer, die den Erlöser der Sprache über den Sprachen gebar; erschüttert empfindet er da und dort, aus welcher Enge der äußeren Existenz sich hier das Ewige entrungen. In Briefen und Dokumenten tut sich die grausame Geschichte des Alltags auf, aus dem der große Ertaubte in die Musik der inneren, der unendlichen Sphäre geflüchtet: schauernd begreift er die Größe des »tragischen Dionysos« in unserer nüchternen, harten, eckigen Welt.

Über jenen Beethoventag in Bonn schreibt Rolland einen Aufsatz für die »*Revue de Paris*« – »*Les fêtes de Beethoven*«. Aber er spürt, wie seine eigene Begeisterung den Anlaß zersprengt, sie will frei fluten als Hymnus, nicht sich eindämmen lassen durch kritische Betrachtung. Nicht den Musikern noch einmal den Musiker erklären, sondern den heroischen Menschen der ganzen Menschheit – das scheint ihm notwendig. Beethoven den Helden zu zeigen, der an das Ende eines unendlichen Leidens den höchsten Hymnus der Menschheit stellt, das gottselige Jauchzen der neunten Symphonie.

»Teurer Beethoven«, so hebt der Begeisterte an. »Genug... andere haben seine Künstlergröße schon gepriesen, aber er ist viel mehr als der erste aller Musiker. Er ist die heroischeste Kraft der modernen Kunst, der größte und beste Freund all jener, die leiden und kämpfen. Wenn wir traurig sind über das Leiden der Welt, ist er es, der zu uns kommt, gleichsam als setzte er sich an das Klavier einer trauernden Mutter und tröstete die Weinende wortlos im Liede der entsagenden Klage. Und wenn wir müde werden des ewigen nutzlosen Kampfes gegen das Mittelmaß in Laster und Tugend, welche unsagbare Wohltat ist es dann, sich in diesem Ozean des Willens und der Gläubigkeit wieder rein zu baden. Eine Übertragung von Lebensmut, ein Glück des Kampfes geht von ihm aus, die Trunkenheit eines Gewissens, das in sich selbst den Gott fühlt. Welcher Sieg ist diesem gleich, welche Schlacht Bonapartes, welche Sonne von Austerlitz können sich mit dem Ruhm dieser übermenschlichen Anstrengung, diesem leuchtendsten Triumph des Geistes auf Erden messen, den ein Unglücklicher, ein Armer, ein Kranker, ein Einsamer, der Mensch gewordene Schmerz, dem das Leben die Freude verweigert, selbst als Freude erschafft, um sie der Welt zu geben. Er hämmert sie aus seinem Unglück, wie er selbst sagte in seinem stolzen Wort, das sein Leben zusammenschließt und die Devise jeder heroischen Seele ist: Durch Leiden Freude.«

So spricht Rolland zu den Unbekannten. Und am Ende läßt er den Meister selbst aus seinem Leben sprechen: er schlägt das Heiligenstädter Testament auf, wo der Schamvolle einer späteren Welt anvertraut, was er der gegenwärtigen zu verschweigen bemüht war, seinen tiefsten Schmerz. Er offenbart das Glaubensbekenntnis des erhabenen Glaubenslosen, er zeigt in Briefen die Güte, die sich hinter einer künstlichen Rauheit vergebens zu verbergen mühte. Nie war das Menschliche in Beethoven vordem der neuen Generation so nahe geworden, nie so sieghaft der Heroismus dieser einsamen Existenz Zahllosen zur Anfeuerung geworden, wie in dem kleinen Buch, das zum Größten der Menschheit, zum Enthusiasmus, gerade die Verlassensten aufrief.

Und geheimnisvoll: die angerufenen Brüder des Leidens scheinen, da und dort in die Welt verstreut, die Botschaft vernommen zu haben. Es wird kein literarischer Erfolg, dieses Buch, die Zeitungen schweigen es tot, die Literatur geht daran vorbei, aber Menschen, unbekannte fremde Menschen sind davon beglückt, sie geben es weiter von Hand zu Hand, eine mystische

Dankbarkeit vereint zum ersten Male Gläubige um den Namen Rollands. Die Unglücklichen haben ein feines Ohr für die Tröstungen, und so sehr ein oberflächlicher Optimismus sie beleidigt, so sehr sind sie empfindsam für die leidenschaftliche Güte des Mitgefühls in diesen Worten. Seit der Veröffentlichung seines »Beethoven« hat Romain Rolland zwar noch keinen Erfolg, aber er hat mehr – er hat ein Publikum, eine Gefolgschaft, die nun treu seinem Werke folgt und die ersten Schritte des Johann Christof in den Ruhm begleitet. Dieser sein erster Erfolg ist gleichzeitig auch der erste Erfolg der »*Cahiers de la Quinzaine*«; die verborgene Zeitschrift wandert plötzlich von Hand zu Hand, zum ersten Male ist sie genötigt, eine zweite Auflage zu drucken, und Charles Peguy schildert ergreifend, wie das Erscheinen dieses Heftes, das die letzten Stunden Bernard Lazares tröstete (auch eines großen und namenlosen Unglücklichen), »eine sittliche Offenbarung« war. Zum erstenmal hat der Idealismus Romain Rollands Macht über die Menschen gewonnen.

Ein erster Sieg über die Einsamkeit ist errungen: unsichtbare Brüder fühlt Rolland im Dunkel, sie harren auf sein Wort. Nur die Leidenden wollen um das Leiden wissen (und wie viele sind ihrer!); ihnen will er nun andere Gestalten zeigen, gleich groß in anderm Schmerz, gleich groß in anderer Überwindung. Aus der Ferne der Zeiten blicken ihn ernst die Gestalten der Gewaltigen an: ehrfürchtig naht er ihnen und tritt in ihr Leben.

Michelangelo

Beethoven ist für Rolland die reinste Gestalt des Leidbezwingers. Zur Fülle geboren, scheint er berufen, die Schönheit des Lebens zu verkünden: da zerbricht das Schicksal dem Körper das edelste Organ der Musik, wirft den Mitteilsamen in den Kerker der Taubheit. Aber der Geist erfindet sich neue Sprache, aus der Finsternis holt er sich das Licht, anderen dichtet er den Hymnus an die Freude, den sein zerschlagenes Ohr selbst nicht vernimmt. Doch nur eine von den vielen Formen des Leidens ist die körperliche, die hier das Heldentum des Willens bewältigt, »das Leid aber ist unendlich, es nimmt alle Formen an. Bald wird es durch die blinde Willkür des Geschickes bedingt: Unglück, Siechtum, Ungerechtigkeit des Schicksals, bald hat es seinen tiefsten Grund im eigenen Wesen. Dann ist es nicht weniger beklagenswert, nicht weniger verhängnisvoll, denn man wählt nicht seine Natur, man hat das Leben nicht so begehrt, nicht verlangt, zu sein, was man geworden ist.«

Dies ist nun die Tragödie Michelangelos, den das Unglück nicht inmitten des Lebens überfällt, sondern dem es eingeboren ist, der den Wurm, den nagenden des Mißmuts, von der ersten Stunde an im Herzen trägt und dem er durch die achtzig Jahre seines Lebens mitwächst, bis das zerfressene Herz stille steht. Melancholie ist die schwarze Tönung all seines Gefühls: nie klingt rein – wie so oft aus Beethoven – der goldene Ruf der Freude aus seiner Brust. Aber seine Größe ist: dies Leiden auf sich zu nehmen wie ein Kreuz, ein anderer Christus mit der Last seines Schicksals zum täglichen Golgatha der Arbeit zu gehen, müde zu sein, ewig müde des Lebens, und doch nicht müde zu werden des Werks, selbst ein Sisyphus, der ewige Wälzer des Steins. Allen Zorn und alle Bitternis in den geduldigen Stein zum Kunstwerk zu hämmern. Für Rolland ist Michelangelo der Genius einer großen und entschwundenen Welt: der Christ, der unfreudige Dulder, indes Beethoven der Heide ist, der große Pan im Walde der Musik. In seinem Leiden ist auch Schuld, Schuld im Sinne der Schwäche, Schuld jener Verdammten Dantes im ersten Höllenkreise, die »eigenwilliger Traurigkeit sich hingeben«, er ist bemitleidenswert als Mensch, aber doch wie ein Gemütskranker, weil Widerspruch eines »heldenhaften Genies und eines Willens, der nicht heldenhaft war«. Beethoven ist Held als Künstler und noch mehr als Mensch, Michelangelo nur als Künstler. Als Mensch ist er der Besiegte, ungeliebt, weil nicht selbst der Liebe aufgetan, unbefriedigt, weil ohne Verlangen nach Freude: er ist der saturnische Mensch, unter dunklem Sternbild geboren, aber seinen eigenen Trübsinn nicht bekämpfend, sondern selbstgenießerisch nährend. Er spielt mit seinem Gram: »La mia allegrezza è la malinconia« – »Die Melancholie ist meine Freude« – und bekennt selbst, »daß tausend Freuden nicht eine Qual wert seien«. Wie durch einen finstern Stollen hämmert er sich mit dem Steinbeil von einem Ende seines Lebens bis zum andern einen unendlichen Gang zum Licht. Und dieser Weg ist seine Größe: er führt uns alle näher in die Ewigkeit.

Rolland hat selbst gefühlt, daß dieses Leben Michelangelos ein großes Heldentum umschließt, aber keine unmittelbare Tröstung den Leidenden zu bringen vermag, weil hier ein Mangel nicht selbst mit dem Schicksal fertig wird, sondern noch einen Mittler jenseits des Lebens braucht – Gott, »die ewige Ausflucht all derer, denen es nicht gelingt, in unserer Welt zu leben, ein Glauben, der nichts anderes ist, als mangelnder Glaube an das Leben, an die Zukunft, an sich selbst, ein Mangel an Mut, ein Mangel an Freude. Wir wissen, auf wie viel Trümmern er aufgebaut ist, dieser schmerzende Sieg.« Er bewundert hier ein Werk und eine erhabene Melancholie, aber mit einem leisen Mitleid, nicht mit der rauschenden Inbrunst wie den Triumph Beethovens. Der Freigläubige, der auch in der Religion nur eine Form der Menschenhilfe und Erhebung sieht, wendet sich ab von dem menschenfeindlichen Lebensverzicht, der im Christentum des großen Florentiners liegt. Michelangelo gilt nur als Beispiel dafür, wieviel Schmerz eine irdische Existenz zu ertragen vermag: aber die dunkle Schale der Schicksalswage bleibt lastend auf seiner Seele liegen, es fehlt ihr das Gegengewicht der hellen Schale, die Freude, die allein das Leben wieder zur Einheit macht. Sein Vorbild zeigt Größe, aber warnende Größe. Wer solchen Schmerz in solchem Werk besiegt, ist zwar

Sieger, aber doch nur ein halber Sieger: denn es genügt nicht, das Leben zu ertragen, man muß es – höchstes Heldentum – »erkennen und dennoch lieben«.

Tolstoi

Die Biographien Beethovens und Michelangelos waren aus einem Überschwang des Lebens gestaltet, Aufrufe zum Heroismus, Hymnen der Kraft. Die Biographie Tolstois, Jahre danach geschrieben, ist dunkler getönt, ein Requiem, eine Nänie, ein Totengesang. Selbst war Rolland schon dem Schicksal nahe gewesen, als das Automobil ihn hinschmetterte: der Genesende grüßt in der Todesbotschaft des geliebtesten Meisters großen Sinn und erhabene Mahnung.

Das Bild Tolstois deutet Rolland in seinem Buche als eine dritte Form des heroischen Leidens. Beethoven fällt das Schicksal mitten im Leben an durch ein Gebrest, Michelangelo ist das Verhängnis angeboren: Tolstoi schafft es sich selbst aus freiem bewußtem Willen. Alles Äußerliche des Glücks verbürgt ihm Genuß: er ist gesund, reich, unabhängig, berühmt, er hat Haus und Hof, Weib und Kinder. Aber der Heroismus des Sorglosen ist, daß er sich selbst die Sorge schafft, den Zweifel um das rechte Leben. Der Peiniger Tolstois ist das Gewissen, sein Dämon der furchtbar unerbittliche Wille nach Wahrheit. Die Sorglosigkeit, das niedrige Ziel, das kleine Glück der unwahren Menschen, stößt er gewaltsam von sich, er bohrt sich wie ein Fakir die Dornen des Zweifels in die Brust, und mitten in der Qual segnet er den Zweifel: »Man muß Gott danken, unzufrieden mit sich zu sein. Der Zwiespalt des Lebens mit der Form, die es erreichen sollte, ist das wahrhafte Zeichen des wahren Lebens, die Vorbedingung alles Guten. Schlecht ist nur die Zufriedenheit mit sich selbst.«

Gerade diese scheinbare Zerspaltenheit ist für Rolland der wahre Tolstoi, so wie der kämpfende Mensch für ihn immer der einzig wahrhaft lebendige ist. Während Michelangelo über dem irdischen noch ein göttliches Leben zu erblicken vermeint, sieht Tolstoi ein wahrhaftiges hinter dem zufälligen, und um dieses, das wahrhaftige, zu erreichen, zerstört er seinen Frieden. Der berühmteste Künstler Europas wirft die Kunst weg, wie ein Ritter sein Schwert, um barhaupt den Büßerweg zu gehen, er zerreißt das Band seiner Familie, unterwühlt seine Tage und Nächte mit fanatischer Frage. Bis zur letzten Stunde schafft er sich Unfrieden, um Frieden zu haben mit seinem Gewissen, ein Kämpfer für das Unsichtbare, das mehr ausdrückt als die Worte Glück, Freude und Gott zu sagen vermögen, ein Kämpfer für jene letzte Wahrheit, die er mit keinem teilen kann als mit sich selbst.

Auch dieser heldenhafte Kampf spielt wie jener Beethovens und Michelangelos in entsetzlicher Einsamkeit, gleichsam im luftleeren Raum. Seine Frau, seine Kinder, seine Freunde, seine Feinde – niemand versteht ihn, alle halten ihn für einen Don Quichote, weil sie den Gegner nicht sehen, mit dem er ringt, und der ja er selbst ist. Keiner kann ihn trösten, keiner ihm helfen, und um mit sich zu sterben, muß er flüchten in eisiger Winternacht aus seinem reichen Haus und wie ein Bettler sterben an der Landstraße. Immer in dieser höchsten Sphäre, zu der die Menschheit sehnend aufblickt, weht Frostluft bitterster Einsamkeit. Denn gerade jene, die für alle schaffen, sind mit sich allein, jeder ein Heiland am Kreuz, jeder leidend für einen andern Glauben und doch für die ganze Menschheit.

Die unvollendeten Biographien

Schon auf dem Außenblatt der ersten, der Beethovenbiographie, war eine ganze Reihe heroischer Heldenstandbilder angekündigt: eine Lebensgeschichte des großen Revolutionärs Mazzini, für die Rolland durch Jahre mit Hilfe der gemeinsamen Freundin Malvida von Meysenbug die Dokumente bereits gesammelt hatte, eine Darstellung des Heldengenerals Hoche, des kühnen Utopisten Thomas Paine. Der ursprüngliche Plan umfaßte einen noch viel weiteren Sternenkreis geistiger Größe, manche Gestalt war schon in der Seele geformt, vor allem wollte Rolland in reiferen Jahren einmal die ihm so teure ruhevolle Welt Goethes im Bilde seines Wesens zeichnen, wollte Shakespeare danken für das Erlebnis seiner Jugend und der gütigen, allzu wenig menschlich bekannten Malvida von Meysenbug für eine entscheidende Freundschaft.

Alle diese »vies des hommes illustres« sind ungestaltet geblieben (nur mehr wissenschaftliche Werke, wie jenes über »Händel«, »Millet« und die kleinen Studien Hugo Wolf, Berlioz, fördern die nächsten Jahre). Auch der dritte hochgespannte Schaffenskreis zerbricht, wieder endet große Bemühung als Fragment: nur ist es diesmal nicht Ungunst der Zeit, Gleichgültigkeit der Menschen, die Rolland von dem begonnenen Wege zurückweichen läßt, sondern eine tiefmenschliche moralische Erkenntnis. Der Historiker hat erkannt, daß seine tiefste Kraft, die Wahrheit, nicht vereinbar sei mit dem Willen, Enthusiasmus zu schaffen: in dem einzigen Falle Beethoven war es möglich gewesen, wahr zu bleiben und doch Tröstung zu geben, weil hier aus erhobener Musik selbst die Seele zur Freude emporgeläutert wird. Bei Michelangelo war schon eine gewisse Gewaltsamkeit vonnöten, um diesen, einer eingeborenen Traurigkeit verfallenen, unter Steinen selbst zum Marmor versteinernden Menschen als einen Sieger über die Welt zu deuten, auch Tolstoi verkündet mehr das wahre als das reiche, das rauschende, das lebenswerte Leben. Als er aber Mazzinis Geschick nachbildet, wird Rolland gewahr, da er die greisenhafte Verbitterung des vergessenen Patrioten mitfühlend durchforscht, daß er entweder fälschen müsse, um aus diesem Fanatiker ein Vorbild zu formen, oder den Menschen den Glauben an einen Helden nehmen. Es gibt, so erkennt er, Wahrheiten, die man aus Liebe zur Menschheit verbergen muß, und plötzlich erlebt er selbst den Konflikt, der das tragische Dilemma Tolstois war, »den furchtbaren Zwiespalt seiner unerbittlichen Augen, die das ganze Grauen der Wirklichkeit durchschauten, und seines leidenschaftlichen Herzens, das ihn immer verschleiern und die Liebe sich bewahren wollte. Wir alle haben diesen tragischen Kampf erlebt. Wie oft waren wir in der Alternative, etwas nicht sehen zu wollen oder zu verwerfen – wie oft fühlt sich ein Künstler von Angst befallen, wenn er diese oder jene Wahrheit hinschreiben soll. Denn dieselbe gesunde und männliche Wahrheit, die einem so natürlich ist wie die Luft, die man atmet, ist – man bemerkt es mit Entsetzen – für manche Brust, die durch Gewöhnung oder bloß Güte zu schwach ist, einfach unerträglich. Was soll man nun tun? Diese tödliche Wahrheit verschweigen, oder sie schonungslos aussprechen? Unablässig steht man diesem Dilemma gegenüber, die Wahrheit oder die Liebe.«

Das ist nun Rollands niederdrückende Erkenntnis inmitten seines Werks: man kann nicht Geschichte der großen Menschen schreiben zugleich als Historiker im Sinne der Wahrheit und als Menschenfreund im Sinne der Erhebung und Vollendung. Denn ist selbst das, was wir Geschichte nennen, Wahrheit? Ist sie nicht auch in jedem Lande eine Legende, eine nationale Konvention, ist jede Gestalt nicht schon durch Absichten zweckhaft geläutert, geändert oder gemindert im Sinne einer Moral? Zum erstenmal wird sich Rolland des ungeheuren Relativismus, der Unübertragbarkeit aller Begriffe bewußt. »Es ist so schwer, eine Persönlichkeit darzustellen. Jeder Mensch ist ein Rätsel, nicht nur für die andern, sondern auch für sich selbst, und es liegt eine große Anmaßung darin, jemanden kennen zu wollen, der sich nicht einmal selbst kennt, dennoch aber kann man sich nicht verwehren zu urteilen, es ist eine Notwendigkeit des Lebens. Keiner von denen, die wir zu kennen vorgeben, keiner unserer Freunde, keiner jener, die wir lieben, ist so, wie wir ihn sehen – oft ist er in nichts dem Bilde gleich, das wir von ihm haben. Wir wandern inmitten der Phantome unseres Herzens. Und doch: man muß urteilen, man muß schaffen.«

Gerechtigkeit gegen sich selbst, Gerechtigkeit gegen die teuren Namen, Ehrfurcht vor der Wahrheit, Mitleid mit den Menschen, hemmt mitten im Wege seinen Schritt. Rolland läßt die »heroischen Biographien«: lieber will er schweigen, als jenem »feigen Idealismus« zur Beute werden, der verschönt, um nicht zu verneinen. Er hält inne am Wege, den er für ungangbar erkannt, aber er vergißt nicht das Ziel, »die Größe auf Erden zu verteidigen«. Die Menschheit braucht hohe Bildnisse, einen Mythos vom Helden, um an sich selbst zu glauben. Und da die Geschichte nur durch Verschönerung den Trost solcher Bilder schenkt, sucht Rolland die Helden nun in einer neuen, einer höheren Wahrheit: in der Kunst. Selbst erschafft er nun Gestalten aus dem Blut unserer Gegenwart, in hundert Formen zeigt er das tägliche Heldentum unserer Welt und inmitten dieser Kämpfe den großen Sieger des Lebensglaubens: seinen – unsern Johann Christof.

Johann Christof

»Es ist zum Erstaunen, wie sich der epische und philosophische Gehalt in demselben drängt. Was innerhalb der Form liegt, macht ein so schönes Ganze, und nach außen berührt sie das Unendliche, die Kunst und das Leben. In der Tat kann man von diesem Roman sagen, er ist nirgends beschränkt als durch die rein ästhetische Form und wo die Form darin aufhört, da hängt er mit dem Unendlichen zusammen. Ich möchte ihn einer schönen Insel vergleichen, die zwischen zwei Meeren liegt.«
Schiller an Goethe über »Wilhelm Meister«, 19. Oktober 1796

Sanctus Christophorus

Auf dem letzten Blatte seines großen Werkes erzählt Romain Rolland die Legende vom heiligen Christophorus. Man weiß: der Fährmann am Ufer ward nachts geweckt von einem Kinde, daß er es über den Fluß trage. Lächelnd nimmt der gute Riese die leichte Last. Aber da er den Strom durchschreitet, wird sie seinen Schultern schwer und schwerer, schon meint er hinsinken zu müssen unter dem immer mächtigeren Gewicht, aber noch einmal rafft er seine ganze Kraft. Und am Ufer im Morgenlicht zu Boden keuchend, erkennt Christophorus, der Träger des Christ, daß er den Sinn der Welt auf seinen Schultern getragen.

Diese schwere lange Nacht der Mühe, Rolland hat sie selbst gekannt. Da er die Last dieses Schicksals, die Last dieses Werks auf seine Schultern nahm, meinte er, ein Leben zu erzählen, aber im Schreiten ward das anfänglich Leichte schwer: das ganze Schicksal seiner Generation, den Sinn unserer ganzen Welt, die Botschaft der Liebe, das Urgeheimnis der Schöpfung trug er dahin. Wir, die wir ihn schreiten sahen, einsam durch die Nacht des Unbekanntseins, ohne Helfer, ohne Zuruf, ohne freundlich winkendes Licht, wir meinten, er müsse erliegen. Und die Ungläubigen verfolgten ihn vom eigenen Ufer mit Hohn und Gelächter. Aber er schritt dahin, die zehn Jahre, indes der Strom des Lebens immer leidenschaftlicher um ihn schwoll, und kämpfte sich dem unbekannten Ufer der Vollendung entgegen. Mit gebeugtem Rücken, aber strahlenden Blicks hat er es erreicht. O lange, schwere Nacht der Mühe, die er einsam ging! O liebe Last, die er den Spätern brachte, von unserem Ufer aus an das noch unbetretene der neuen Welt! Nun ist sie geborgen. Als der gute Fährmann aufblickte, schien die Nacht vorbei, das Dunkel entschwunden. Feurige Röte stand am Himmel des Ostens, und schon meinte er freudig, es wäre der Morgen des neuen Tages, dem er dies Sinnbild des vergangenen entgegengetragen.

Aber es war nur die Blutwolke des Krieges, die Flamme des brennenden Europa, die da tagte und die den Geist der vergangenen Welt verzehrte. Nichts blieb vom heiligen Erbe unseres Wesens als dies Vermächtnis, das hier gläubige Kraft vom Ufer des Einstigen stark herübergerettet hat in unsere neuverwirrte Welt. Der Brand ist gesunken, wieder ist es Nacht geworden. Aber Dank dir, Fährmann, Dank dir, frommer Wanderer, für deinen Weg durch die Dunkelheit, Dank für deine Mühe: Sie hat einer Welt Botschaft der Hoffnung gebracht, für uns alle bist du dahingeschritten durch die schwarze Nacht; denn die Flamme des Hasses wird doch einmal löschen, das Dunkel der Fremdheit doch einmal fallen zwischen den Völkern. Er wird doch kommen, der neue Tag!

Vernichtung und Auferstehung

Romain Rolland ist nun im vierzigsten Jahre, und sein Leben ist ein Trümmerfeld. Die Banner seines Glaubens, die Manifeste an das französische Volk und die Menschheit sind zerfetzt von den Stürmen der Wirklichkeit, die Stücke für das Theater begraben an einem einzigen Abend. Die Bildnisse der Heroen, die erzen ragen sollten in unendlicher Reihe von einem bis zum andern Ende der Zeit, stehen verlassen, drei als einsame Torsi, die andern in Skizzen zersplittert und vorzeitig zerstört.

Aber noch brennt die heilige Glut in seinem Herzen. Mit heldenhaftem Entschluß wirft er die geschaffenen Gestalten wieder in die feurige Esse der Brust zurück, löst das Gestaltete auf zu neuen Formen. Gerechtigkeit hat ihm verwehrt, im Bestehenden den großen Trostbringer seiner Zeit aufzuzeigen, so beschließt er aus schöpferischer Machtvollkommenheit des Geistes, selbst einen Genius des Geistes zu schaffen, der alles vereint, was alle Großen aller Zeiten gelitten, einen Helden, der nicht einer Nation gehört, sondern allen Völkern. Und statt der historischen Wahrheit sucht er nun höheren Einklang von Wahrheit und Dichtung in neuer Gestaltung: er schafft den Mythos eines Menschen, er dichtet mitten in unsere Zeit die Legende eines Genies.

Und wunderbar: alles Verlorene ist mit einem Male wieder wach. Die versunkenen Träume der Schulzeit, der Künstlertraum des Knaben von einem großen Künstler, der sich gegen die Welt wirft, die Vision am Janiculus vom reinen Toren in unserer Zeit, sie rauschen auf aus seinem Herzen. Die begrabenen Gestalten seiner Dramen, Aërt, die Girondisten, erstehen in neuer Verwandlung, die Standbilder Beethovens, Michelangelos, Tolstois treten aus historischer Starre in unseren Tag. Die Enttäuschungen sind Erfahrungen geworden, die Prüfungen Erhebungen: und aus dem scheinbaren Ende wird der wahre Beginn, das Werk seiner Werke, der »Johann Christof«.

Ursprung des Werkes

Johann Christof schreitet schon von ferne auf seinen Dichter zu. Das erstemal begegnet er ihm – ein flüchtiger Knabentraum – in der *École Normale*. Da plant der junge Rolland einen Roman zu schreiben, die Geschichte eines reinen Künstlers, der an der Welt zerbricht. Noch ist nichts deutlich in den Konturen, nichts bewußt im Willen, als daß sein Held ein Künstler sein soll, ein Musiker, den die Zeit nicht versteht. Und der Plan zerrinnt mit vielen andern Plänen, der Traum zerstiebt mit vielen andern Träumen der Jugend.

Aber er kehrt wieder in Rom, da der Dichter in Rolland, der lange durch Klausur und Wissenschaft gehemmte, elementar ausbricht. Malvida von Meysenbug hat ihm an den hellen römischen Abenden viel erzählt von den tragischen Kämpfen ihrer großen Freunde Wagner und Nietzsche, und Rolland erkennt, wie allgegenwärtig uns die Gewaltigen sind, verborgen nur durch den Lärm und Staub der Stunde. Unwillkürlich einen sich die tragischen Erlebnisse der nahen Heroen mit dem erträumten Bilde, und im Parsifal, dem reinen Toren, durch Mitleid wissend, erkennt er das Sinnbild des Künstlers, der in die Welt zieht, nur von tiefer Ahnung geführt, und der sie durch Erfahrung erkennt. Und an einem Abend auf einem Spaziergang am Janiculus blitzt plötzlich die deutliche Vision Johann Christofs in ihm auf: ein Musiker reinen Herzens, ein Deutscher, der aus seinem Lande in die Länder zieht und sich seinen Gott im Leben findet, ein freier irdischer Mensch, unerschütterlich im Glauben an alles Große und selbst an sie, die ihn verstößt: an die Menschheit. Schon dämmern die Umrisse der Gestalt, schon klärt sich dem Künstler das Bild.

Und Jahre wieder der Mühe nach den seligen Jahren der römischen Freiheit, mit täglich gewälzten Steinen des Berufes das innerlich begonnene Bild zerdrückend. Rolland lebt Zeiten der Tat: er hat keine Zeit für seine Träume. Da weckt neues Erlebnis die schlummernden auf. Im Beethovenhause in Bonn sieht er in niederer Kammer die kümmerliche Jugend des Meisters, aus Büchern und Dokumenten die heroische Tragödie seines Lebens. Und mit einem Male versinnlicht sich die Traumgestalt: sein Held soll ein Beethoven redivivus sein, ein neu erstandener, mitten in unsere Welt erträumter, ein Deutscher ein Einsamer, ein Kämpfer – aber ein Sieger. Wo der lebensunkundige Knabe noch Niederlage sah, weil er vermeinte, Mißerfolg sei schon Besiegtsein, ahnt der Gereifte den wahren Heroismus: »das Leben erkennen – und es dennoch lieben«. In grandiosem Umschwung eröffnet sich neuer Horizont hinter dem lang geliebten Bilde: das Morgenrot des ewigen Sieges im irdischen Kampf. Jetzt ist Johann Christofs Gestalt innerlich vollendet.

Rolland kennt nun seinen Helden. Aber er muß noch seinen Widerpart, seinen Gegenspieler, seinen ewigen Feind schildern lernen: das Leben, die Wirklichkeit. Wer einen Kampf darstellen will in Gerechtigkeit, muß auch den Gegner kennen. Und er lernt ihn kennen in diesen Jahren in den eigenen Enttäuschungen, den eigenen Erfahrungen, in der Welt der Literatur, in der Verlogenheit der Gesellschaft, der Gleichgültigkeit der Menge: durch alle Fegefeuer seiner Pariser Jahre muß er hindurch, ehe er beginnen kann zu schildern. Der Zwanzigjährige hätte nur um sich gewußt, nur den heroischen Willen zur Reinheit schildern können: der Dreißigjährige kann auch den Widerstand gestalten. Alles, was er erlebt hat an Hoffnung und Enttäuschung, stürzt nun in das rauschende Strombett dieser Existenz: die vielen kleinen Notizen, seit Jahren zufällig und absichtslos, tagebuchartig gehäuft, ordnen sich magisch dem werdenden Werke ein, Bitternis verklärt sich zu Erkenntnis, und der knabenhafte Künstlertraum wird zum Lebensbuch.

Im Jahre 1895 ist der Plan in großen Linien gestaltet. Gleichsam präludierend beginnt Rolland mit einigen Szenen aus der Jugend Johann Christofs; in der Schweiz, in einem verborgenen kleinen Dörfchen sind um 1897 die ersten Kapitel geschrieben, in denen die Musik gewissermaßen von selbst erwacht. Dann – so sicher und klar ist in seiner Seele der Plan schon vorgezeichnet – schafft er wieder einige Kapitel aus dem fünften und neunten Bande: ganz als Musiker gestaltend gibt sich Rolland aus seiner Stimmung einzelnen Themen hin, die der wissende Künstler dann harmonisch in die große Symphonie verwebt. Die Ordnung kommt von innen, nicht von außen: nicht in strenger Reihenfolge, sondern im scheinbaren Zufall der Neigung formt er die Kapitel; die oft von der Landschaft musikalisch beseelt, oft von äußerem Geschehnis getönt sind (etwa, wie Seippel es schön schildert, jene Flucht Johann Christofs in den Wald von der Todesfahrt des so sehr geliebten Leo Tolstoi). In ganz Europa ist, symbolisch genug, dies europäische Werk geschrieben: die ersten Takte im Schweizerdorfe, »Jugendzeit« in Zürich und am Zugersee, vieles in Paris, vieles in Italien, »Antoinette« in Oxford, und das Werk am 26. Juni 1912 nach fast fünfzehnjähriger Arbeit in Baveno vollendet.

Im Februar 1902 erscheint der erste Band »L'Aube« in den »*Cahiers de la Quinzaine*«, am 20. Oktober 1912 das letzte der siebzehn Hefte, für die Rolland – ein einziger Fall in der Romanliteratur – nicht einen Centime Honorar erhalten hatte. Beim Erscheinen des fünften Heftes, der »Foire sur la Place«, erst fand sich ein Verleger, Ollendorff, für den Roman, der dann rasch aus einem jahrelangen Schweigen aufstieg. Noch vor seiner Beendigung folgten einander bald die englischen, spanischen, deutschen Ausgaben, die erläuternde Biographie Seippels. So krönte der große Romanpreis der Akademie im Jahre 1913 schon einen gestalteten Ruhm. Im fünfzigsten Jahre seines Lebens steht Rolland endlich im Licht, sein Bote Johann Christof ist der Lebendigste der Lebendigen geworden und umwandert die Welt.

Das Werk ohne Formel

Was ist nun dieser sein Johann Christof? Ein Roman? Dies Buch, das weit ist wie die Welt, ein *orbis pictus* unserer Generation, versagt sich einem einzelnen umfassenden Wort. Rolland hat einmal gesagt: »Jedes Werk, das sich von einer Definition ganz umschließen läßt, ist ein totes Werk«, und wie sehr gilt diese Abweisung dem Versuch, hier das Lebendigste in die fünf Buchstaben eines Wortes zu sperren. Der Johann Christof ist ein Versuch zum Ganzen, ein universelles, ein enzyklopädisches Buch, nicht ein bloß erzählerisches, eines, in dem alle Probleme immer wieder zum Zentralproblem des Ganzen, des Alls zurückstreben. Es gibt Einblick in die Seele und Ausblick in die Zeit, ist Bild einer ganzen Generation und gleichzeitig imaginäre Biographie eines Einzelnen, »Querschnitt durch unsere Gesellschaft«, wie es Grautoff genannt hat, und religiöses Bekenntnis eines Einsamen, es ist Kritik (aber produktive) der Wirklichkeit und Schöpferanalyse des Unbewußten, eine Symphonie in Worten und ein Freskobild der zeitgenössischen Ideen. Es ist eine Ode an die Einsamkeit und eine Eroika der großen europäischen Gemeinsamkeit – jede Definition faßt nur einen Teil und keine das Ganze. Denn im Literarischen läßt sich nicht begrenzen, was eine moralische, eine sittliche Tat ist, und Rollands bildnerische Kräfte greifen immer unmittelbar in den innern Menschen hinein: sein Idealismus ist eine glaubensstärkende Kraft, ein Tonikum der Vitalität. Sein Johann Christof ist ein Versuch der Gerechtigkeit: das Leben zu erkennen. Und ein Versuch des Glaubens: das Leben zu lieben. Und beides schließt sich zusammen in seiner moralischen Forderung (der einzigen, die er je dem freien Menschen gestellt hat): »Das Leben erkennen und es dennoch lieben«.

Was dies Buch sein will, sagt sein eigener Held als er die Abseitigkeit, die in tausend Teile zersprengte Kunst seiner Zeit betrachtet. »Das Europa von heute hatte kein gemeinsames Buch mehr, nicht ein Gedicht, ein Gebet, eine Tat des Glaubens, die ihnen allen gehörte. Und dies ist eine Schmach, die alle Künstler unserer Zeit niederschmettern sollte. Nicht einer, der für alle geschrieben, für alle gedacht hat.« Diese Schmach wollte Rolland tilgen, er wollte für alle schreiben, nicht bloß für sein Vaterland, sondern für alle Nationen, nicht nur für die Künstler und Literaten, sondern allen jenen, die um das Leben und die Zeit zu wissen begehren, ein Bild des Lebens inmitten ihrer eigenen Gegenwart schenken. Johann Christof sagt selbst den ganzen Willen seines Schöpfers: »Zeige den Alltagsmenschen das Leben des Alltags: es ist tiefer und weiter als das Meer. Der Geringste von uns trägt in sich eine Unendlichkeit... Schildere das einfache Leben eines dieser schlichten Menschen..., schildere es einfach, wie es abläuft. Kümmere dich nicht um das Wort, um die künstlichen Versuche, in denen die Kraft der Dichter von heute sich erschöpft. Du sprichst zu allen, so sprich ihre Sprache... Sei ganz in dem, was du schaffst, denke, was du denkst, fühle, was du fühlst. Der Rhythmus deines Herzens trage dein Wort: Stil ist Seele.«

Ein Lebensbuch, kein Kunstbuch sollte der Johann Christof sein, und ist es geworden, ein Buch, das auf das Ganze des Menschlichen geht, denn »*l'art est la vie domptée*« – »die Kunst ist das gebändigte Leben.« Es stellt nicht, wie die meisten Werke der Zeit, das erotische Problem in den Mittelpunkt, weder dieses, noch überhaupt eines: er sucht alle Probleme, die an das Wesenhafte rühren, von innen heraus »aus dem Spektrum eines Einzelnen«, wie Grautoff sagt, zu erfassen. Die Zentrierung ist innen in dem einzelnen Menschen, Wie er das Leben sieht, oder besser: wie er es sehen lernt, das ist das Urmotiv des Romans. Man mag ihn deshalb einen Erziehungsroman nennen im Sinne des Wilhelm Meister. Der Erziehungsroman will in Lehr- und Wanderjahren zeigen, wie ein Mensch das fremde Leben erlernt und damit das eigene bewältigt, wie er durch Erfahrungen die angelernten, vielfach irrigen Begriffe über alle Dinge in Anschauung verwandelt, die Welt sich aus einem äußeren Sein in ein inneres Erlebnis umsetzt. Wie er wissend wird aus einem bloß Neugierigen, gerecht aus einem bloß Leidenschaftlichen.

Aber dieser Erziehungsroman ist gleichzeitig ein historischer Roman, eine »*Comédie humaine*« im Sinne Balzacs, eine »*Histoire contemporaine*« im Sinne Anatole Frances und wie jene letztere auch in mancher Beziehung ein politischer Roman. Nur daß Rolland in seiner viel ausgreifenderen Art nicht bloß die Geschichte seiner Generation darstellt, die historische, sondern auch die Kulturgeschichte seiner Epoche, also alle Ausstrahlungen des einheitlichen Zeitgefühls in alle Formen, Dichtung wie Sozialismus, Musik und Kunst, Frauenfrage und Rassenprobleme. Als ganzer Mensch umfaßt sein Christof alles Menschliche im geistigen Kosmos: er weicht keiner Frage aus, ringt mit allen Widerständen; er lebt universell, jenseits der Grenzen der Nationen, Berufe und Konfessionen und umspannt deshalb den ganzen Horizont seiner Welt.

Der historische Roman ist aber gleichzeitig wieder ein Künstlerroman, ein Roman der Musik. Sein Held ist nicht ein Spaziergänger, wie die Helden Goethes, Novalis', Stendhals, sondern ein Schöpfer, und ähnlich wie im »Grünen Heinrich« Gottfried Kellers ist sein Weg ins äußere Leben gleichzeitig der Weg zu seiner inneren Welt, zur Kunst, zur Vollendung. Die Geburt der Musik, das Werden des Genies, ist hier ganz persönlich und doch typisch dargestellt: nicht nur Analyse der Welt soll in den Erfahrungen gegeben sein, sondern das Mysterium der Schöpfung, das Urgeheimnis des Lebens.

Mit diesem Leben baut aber dieser Roman gleichzeitig eine Weltanschauung und wird damit ein philosophischer, ein religiöser Roman. Um das Ganze des Lebens kämpfen, heißt für Rolland um seinen Sinn und Ursprung ringen, um den Gott, den eigenen, den persönlichen Gott. Der Rhythmus dieser Existenz sucht eine letzte Harmonie zwischen sich und dem Rhythmus des Seins, und aus dem irdischen Gefäß strömt im rauschenden Hymnus die Idee ins Unendliche zurück.

Solche Fülle war vorbildlos: nur in einem einzigen Werke, in Tolstois »Krieg und Frieden«, hatte Rolland ähnliche Vereinigung historischen Weltbildes, innerer Reinigung und religiöser Ekstase gefunden, jene leidenschaftliche Verantwortlichkeit zur Wahrheit, und er verändert das hohe Maß nur, indem er aus der Ferne des Krieges seine Tragödie mitten in die Gegenwart stellt und seinem Helden den Heroismus, nicht den der Waffe, sondern den des unsichtbaren Kampfes der Kunst gibt. Hier wie immer war der menschlichste aller Künstler sein Vorbild – der Künstler, dem die Kunst nicht Endzweck war, sondern nur Durchgang zu ethischer Wirkung, und im Sinne Tolstois will sein Johann Christof kein literarisches Werk sein, sondern eine Tat. Und darum fügt sich Johann Christof, die heroische Symphonie, nirgends in die bequemen Begriffe der Formulierung. Dieses Buch ist außerhalb alles Gewohnten und doch mitten in der Zeit. Es ist jenseits der Literatur und doch ihre stärkste Manifestation. Es ist oft nicht mehr Kunst und gibt doch ihre reinste Anschauung. Es ist kein Buch, sondern eine Botschaft, keine Geschichte und doch unsere Zeit. Es ist mehr als ein Werk: es ist das täglich Wunderbare eines Menschen, der sich als Wahrheit erlebt und damit das ganze Leben.

Geheimnis der Gestalten

Der Roman selbst hat keine Vorbilder in der Literatur, wohl aber seine Gestalten in der Wirklichkeit. Der Historiker in Rolland zögert nicht, einzelne Charakterzüge seiner Helden Biographien großer Männer zu entnehmen, manchmal auch die Porträts den Zeitgenossen anzunähern: in einem ganz eigenartigen, von ihm erst erfundenen Prozeß bindet er thematisch Erfundenes mit geschichtlich Verbürgtem, kombiniert einzelne Eigenarten zu neuer Synthese. Seine Charakterzeichnung ist oft mehr Bindung als Erfindung, er paraphrasiert als Musiker – immer ist sein Schöpfungsprozeß im letzten ein musikalischer – thematisch leichte Anklänge, ohne sie aber vollkommen nachzubilden. Oft meint man wie in einem Schlüsselroman schon eine Gestalt an besonderen Merkzeichen zu erkennen, da gleitet sie über in andere Gestalt: und so ist aus hundert Elementen jede Figur als neues gebildet.

Johann Christof selbst scheint vorerst Beethoven zu sein – Seippel hat ausgezeichnet die Beethoven-Studie eine *»préface«*, eine Vorrede des Johann Christof genannt – und tatsächlich sind die ersten Bände ganz nach dem Bilde des großen Meisters geformt. Aber bald erkennt man, daß im Johann Christof mehr versucht ist: die Quintessenz aller großen Musiker. Alle Gestalten der Musikgeschichte sind gleichsam summiert, und aus dieser Summe ist die Wurzel gezogen. Beethoven, der Größte, ist nur der Urklang darin. In seiner Heimat, am Rhein, wächst Johann Christof auf, auch seine Ahnen stammen aus flandrischem Geschlecht, auch seine Mutter ist Bäuerin, sein Vater ein Trunkenbold – nebenbei finden sich in dieser Gestalt manche Wesenszüge Friedemann Bachs, des Sohnes Johann Sebastian Bachs. Auch der Brief, den man dem kleinen Beethoven redivivus an den Fürsten in die Feder zwingt, ist ganz nach dem historischen Dokument gebildet, und die Episode des Unterrichtes bei Frau von Kerich erinnert an Frau von Breuning, aber schon früh spielt manche Reminiszenz, wie die Szene im Schloß, in Mozarts Jugend hinüber, und das kleine Abenteuer des Johann Wolfgang mit Fräulein Cannabich ist hier hinübertransponiert zu Johann Christof. Je mehr er heranwächst, um so mehr entfernt er sich vom Beethoven-Bilde: rein äußerlich gemahnt er bald mehr an Gluck und Händel, von dem Rolland an anderer Stelle die »kraftvolle Brutalität, die jeder fürchtete«, schildert, und Wort auf Wort paßt auf Johann Christof die Charakterprägung »Er war frei und reizbar und konnte sich nie an die Regeln der Gesellschaft gewöhnen. Alle Dinge nannte er geradeaus beim Namen und ärgerte zwanzigmal im Tag alle, die ihm nahe kamen.« Einen großen Einfluß hat dann Wagners Biographie: die Flucht aus der Revolte nach Paris – wie Nietzsche sagt »aus der Tiefe seiner Instinkte« –, die jämmerlichen Arbeiten bei kleinen Verlegern, die Miseren des äußeren Lebens, all das ist oft fast wörtlich Wagners Novelle »Ein deutscher Musiker in Paris« in Johann Christofs Leben übernommen.

Entscheidend aber wird die eben erschienene Hugo Wolf-Biographie Ernst Decseys auf die Umgestaltung der Hauptfigur, auf die fast gewaltsame Loslösung vom Beethoven-Bilde. Hier sind nicht einzelne Motive übernommen – der Haß gegen Brahms, der Besuch bei Hassler (Wagner), die Musikkritik im »Marsyas« (Wiener Salonblatt), die tragische Farce der verunglückten Penthesileaouverture und jener unvergeßliche Besuch bei dem fernen Verehrer (Professor Schulz-Emil-Kaufmann) –, sondern hier ist von innen heraus der Charakter, die musikalische Schaffensform Hugo Wolfs in die Seele Johann Christofs eingesenkt. Die dämonische, die vulkanische Art der Produktion, die oft in elementaren Ausbrüchen mit Melodien die Welt überströmt, vier Lieder an einem Tage in die Ewigkeit werfend, dann plötzlich auf Monate versiegt, der brüske Übergang von der Seligkeit des Schaffens in die finstere brütende Untätigkeit – diese tragische Form des Genies dankt Johann Christof dem Bilde Hugo Wolfs. Bleibt sein körperliches Leben in die wuchtigeren Formen Händels, Beethovens, Glucks gebannt, so nähert sich sein geistiger Typus mehr dem nervösen, krampfigen, sprunghaften des großen Lieddichters (nur daß Johann Christof noch dazu die selige Heiterkeit, die kindliche Freude eines Schubert in manchen hellen Stunden gegeben ist). Und hier ist sein Zwieklang: Johann Christof ist der alte Musiker, der klassische Typus und der moderne in einem, dem selbst manche Züge

Gustav Mahlers und César Francks nicht fremd sind. Er ist nicht ein Musiker, Gestalt einer Generation, sondern die Sublimierung der ganzen Musik.

Aber auch von Nicht-Musikern sind Elemente in Johann Christofs Gestalt verwoben: aus Goethes »Dichtung und Wahrheit« die Begegnung mit der französischen Schauspieltruppe, aus Tolstois Todesstunde jene Flucht in den Wald (wo auch zuerst im Bilde eines Umnachteten schattenhaft Nietzsches Antlitz für eine Sekunde hervorglänzt). Grazia ist thematisch die Unsterblich-Geliebte; Antoinette, in Anklang an eine nahe Gestalt, die rührende Schwester Renans, Henriette; in der Schauspielerin Marguerite Oudon erinnern Züge an das Schicksal der Duse, andere an die schauspielerische Art der Suzanne Desprès. In Emanuel wiederum vermengen sich Elemente aus dem Wesen Charles Louis Philippes und Charles Peguys mit Erfundenem, in leisen Andeutungen sieht man die Figuren Debussys, Verhaerens, Moréas' im Hintergrund der Handlung sich erheben. Und in den Charaktertypen des Abgeordneten Roussin, des Kritikers Lévy-Coeurs, des Zeitungsunternehmers Gomache, des Musikalienhändlers Hecht haben sich beim Erscheinen der »*Foire sur la place*« manche getroffen gefühlt, die gar nicht gemeint waren, so kraftvoll typisch sind die Porträts einer niederen Wirklichkeit entnommen, die in ihrer unablässigen Wiederholung des Mittelmaßes ebenso ewig ist, wie die seltenen, die reinen Gestalten.

Ein edles Bild aber, das Oliviers, scheint nicht der Welt entnommen, sondern ganz ersonnen, und eben dieses fühlen wir als das Lebendigste, wir, die wir es erkennen, weil es in vielen Zügen ein Selbstporträt ist, nicht so sehr des Schicksals als der menschlichen Wesenheit Romain Rollands. Wie die alten Maler hat er unmerklich sich selbst in leichter Verhüllung mitten in die historische Szenerie gestellt: es ist sein eigenes Antlitz, das zarte, schmächtige, feine, leicht vorgebeugte, seine Energie, diese ganz nach innen gewandte, in reinstem Idealismus sich verzehrende, sein Enthusiasmus diese klare Gerechtigkeit, die für sich, aber nie für die Sache resigniert. Freilich im Roman läßt dieser Sanfte, der Schüler Tolstois und Renans, dem geliebten Freunde die Tat und schwindet hin, ein Symbol einer vergangenen Welt. Johann Christof war nur ein Traum, die Sehnsucht des Sanften nach der Kraft: und diesen Traum seiner Jugend hat Olivier-Rolland selbst gestaltet, indes er sein eigenes Bild hinlöschte von der Tafel des Lebens.

Heroische Symphonie

Fülle der Gestalten und Geschehnisse, drängende Vielfalt der Gegensätze, sie eint nur ein Element: die Musik. Und Musik ist in Johann Christof nicht nur Inhalt, sondern auch Form. Nirgendwo kann man diesen Roman – nur die Einfachheit wählt immer dieses Wort – an eine epische Tradition anschließen, weder an jene Balzacs, Zolas und Flauberts, die Gesellschaft chemisch in die Elemente auflösen will, noch an jene Goethes, Gottfried Kellers und Stendhals, die eine Kristallisation der Seele versucht. Rolland ist kein Erzähler und auch nicht das, was man einen Dichter nennt: er ist Musiker und verwebt alles in Harmonie. Im letzten ist Johann Christof eine Symphonie, aus dem gleichen Geist der Musik geboren, aus dem Nietzsche die antike Tragödie entstehen läßt: ihre Gesetze sind nicht die des Erzählens, des Vortrages, sondern die des gebändigten Gefühls. Er ist Musiker und nicht Epiker.

Rolland hat auch gar nicht das als Erzähler, was man einen Stil nennt. Er schreibt nicht ein klassisches Französisch, er hat keine stabile Architektonik des Satzes, keinen bestimmten Rhythmus, kein Kolorit des Wortes, keine persönliche Diktion. Er ist unpersönlich, weil er nicht den Stoff formt, sondern von ihm geformt wird. Er hat nur eine geniale Anpassungsfähigkeit an den Rhythmus des Geschehnisses, die Stimmung der Situation: er ist Resonanz, Widerschwingen des Gefühls. In der ersten Zeile ist schon immer der Anschlag wie in einem Gedicht: dann trägt der Rhythmus die Szene weiter und daher auch die kurzen knappen Episoden, die oft selbst wie Lieder sind, jedes von anderer Melodie getragen, und die rasch wieder verlöschen, anderer Stimmung, anderem Gefühl das Wort gebend. Es gibt kleine Präludien im Johann Christof, die reine Liedkunst sind, zarte Arabesken und Capriccios, Toninseln inmitten des rauschenden Meeres; dann wieder Stimmungen, finster wie Balladen, Nocturnos voll dämonischer Wucht und Traurigkeit. Wo Rolland aus musikalischer Inspiration schafft, zählt er unter die größten Künstler der Sprache. Daneben gibt es freilich wieder Stellen, wo der Historiker, der Zeitkritiker spricht: da löscht plötzlich jener Glanz aus, sie wirken wie kalte Rezitative in einem musikalischen Drama, die notwendig sind, um die Handlung zu binden, und die das ergriffene Gefühl doch gerne auslösen möchte, so sehr sie dem Geiste Anregung bieten. Der uralte Zwist zwischen dem Musiker und dem Historiker ist in diesem Werke noch zu spüren.

Aber doch nur aus dem Geist der Musik kann man die Architektonik des Johann Christof begreifen. So plastisch auch alle Figuren herausgearbeitet sind, so wirken sie doch nur thematisch in das flutende Element des tönenden Lebens verwoben: das Wesentliche ist immer der Rhythmus, der von ihnen ausgeht und der am stärksten aus Johann Christof, dem Meister der Musik, strömt. Und man versteht den Bau, die innere architektonische Idee des Werkes nicht, wenn man die bloß äußerliche Einteilung des französischen Originals in zehn Bände betrachtet, die eine rein buchhändlerische ist. Die wesentlichen Cäsuren sind jene zwischen den kleinen Abschnitten, von denen jeder in einer andern sprachlichen Tonart geschrieben ist. Und nur ein Musiker, ein erlesener Musiker, dem die Symphonien der Meister vertraut sind, könnte im einzelnen nachweisen, wie hier ein episches Heldengedicht ganz als symphonisches Werk, als Eroica gebaut ist, wie hier die Form des umfassendsten Tongebildes transponiert ist in die Welt des Wortes.

Man erinnere sich nur an den wundervollen choralischen Einsatz: das Rauschen des Rheins. Eine Urkraft spürt man, Strom des Lebens, das von Ewigkeit zu Ewigkeit rauscht. Dann löst sich leise eine kleine Melodie los: das Kind Johann Christof ist geboren, geboren aus der großen Musik des Alls, um in sie weiterzurauschen, die unendliche, wo jede Welle sich wandernd verliert. Dramatisch treten die ersten Gestalten heran, leise verklingt der mystische Choral: es beginnt das irdische Drama einer Kindheit. Allmählich füllt sich der Raum mit Menschen, mit Melodien, Gegenstimmen antworten der zaghaften seinen, bis dann wie Dur und Moll die kraftvolle Männerstimme Johann Christofs, die zartere Oliviers den Mittelsatz beherrschen. Alle Formen des Lebens und der Musik entfalten sich dazwischen in Harmonien und Dissonanzen: jene tragischen Ausbrüche Beethovenscher Melancholie, die geistvollen Fugen über die Themen der Kunst, dörperische Tanzszenen (wie die im »Brennenden Dornbusch«), Hymnen an das Unendliche und Lieder an die Natur, rein wie jene Schuberts. Wunderbar ist alles ineinander gebunden, wunderbar löst sich wieder der stürmende Schwall. Leise verklingt der dramatische Tumult, die letzten Dissonanzen lösen sich in die große Harmonie. Und im letzten Bilde kehrt (begleitet von unsichtbaren Chören) die Melodie des Anfangs zurück; der rauschende Strom wandert zurück ins unendliche Meer.

So endet die Eroika Johann Christofs im Choral an die unendlichen Mächte des Lebens, im ewigen Element. Und dies ewige Element wollte Rolland in der Form nachbilden, die dem Unendlichen im Irdischen am nächsten ist: in der zeitlosesten, freiesten, vaterlandslosesten, in der ewigen Kunst, in der Musik. Sie ist Form und Inhalt des Werkes zugleich, Kern und Schale in einem, nach Goethes Worten von der Natur: und die Natur ist immer das wahrste Gesetz aller Gesetze für die Kunst.

Das Mysterium der Schöpfung

Johann Christof ist kein Künstlerroman, sondern ein Lebensbuch geworden, weil Rolland den schöpferischen Menschen darin nicht gattungsmäßig absondert von dem ungenialen, sondern im Künstler vielmehr den menschlichsten der Menschen sieht. In seinem Sinne ist das wahre Leben so identisch mit Produktion wie im Sinne Goethes mit Tätigkeit. Wer sich selbst verschließt, wer keinen Überschuß seines Wesens hat, wer nicht ausströmt, überströmt, sich ergießt, wer nicht über den Rand des Selbst einen Teil seiner vitalen Kraft der Zukunft, der Unendlichkeit entgegenschleudert, der ist zwar noch Mensch, aber kein wahrhaft lebendiger. Es gibt ein Sterben vor dem Tode und ein Leben über das eigene Leben hinaus: nicht der Tod bedeutet die wirkliche Grenze gegen das Nichts, sondern das Erlöschen der Wirkung. Nur Schaffen ist Leben, »Es gibt nur eine Freude: die des Schaffens, alle andern sind Schatten, die weltfremd über die Erde schweben. Alle Lust ist Schöpfungslust, die der Liebe, die des Genies, die der Tat. Alle entstammen sie einer Glut; ob man in der Sphäre des Leibes oder des Geistes schafft, immer ist es Flucht aus dem Gefängnis des Körpers, Sturz in den Lebenssturm, Gottwerdung. Schaffen heißt den Tod töten«.

Schöpfung ist also Sinn des Lebens und das Geheimnis des Lebens, Kern der Kerne. Wenn darum Rolland fast immer Künstler zu Helden wählt, so tut er es nicht aus dem Hochmut der Romantiker, die gerne den melancholischen Genius gegen die dumpfe Menge stellen, sondern um den Urproblemen näher zu kommen: im Kunstwerk wird über Zeiten und Raum das ewige Wunder der Zeugung aus dem Nichts (oder dem All) ja gleichzeitig sinnlich am sichtbarsten und geistig am geheimnisvollsten. Für ihn ist die Kunstschöpfung das Problem der Probleme, weil der wahre Künstler der menschlichste der Menschen ist. Und überall bohrt er sich hinab in die dunklen Labyrinthe der Schöpfer, um der Ursekunde ganz nahe zu sein, der brennenden Sekunde der geistigen Empfängnis, der schmerzhaften Geburt: er belauscht Michelangelo, wie er seinen Schmerz zu Stein ballt, Beethoven, wie er ausbricht in Melodie, Tolstoi, wie er horcht auf den Herzschlag des Zweifels in seiner gepreßten Brust. Jedem erscheint der Jakobsengel in anderer Gestalt, aber gleich brennt allen die Kraft der Ekstase dem Gotteskampf entgegen: und diesen Urtyp des Künstlers, das Urelement des Schöpferischen zu finden (wie Goethe die Urpflanze suchte), ist eigentlich seine einheitliche Bemühung durch alle Jahre. Er will den Schöpfer zeigen, die Schöpfung, weil er weiß, daß in diesem Mysterium schon Wurzel und Blüte des ganzen Lebensgeheimnisses ist.

Die Geburt der Kunst in der Menschheit hatte der Historiker geschildert: nun naht sich der Dichter dem gleichen Problem in verwandelter Form, der Geburt der Kunst in einem Menschen. Die »*Histoire de l'Opéra avant Lully*« und die »*Musiciens d'autrefois*« hatten gezeigt, wie die Musik »die unendliche Blüte durch die Zeiten« zu knospen beginnt, wie sie sich gleichsam auf andern Ästen der Völker und Epochen in neuen Formen zu entfalten beginnt. Aber auch da schon war, wie um jeden Anfang, Dunkel und Geheimnis, und in jedem Menschen (der ja immer den Weg der ganzen Menschheit in symbolischer Verkürzung wiederholen muß) beginnt das Schöpferische als Mysterium. Rolland weiß, daß Wissen nie die Urgeheimnisse entblättern kann, er hat nicht den Köhlerglauben der Monisten, die mit Urgasen und andern Worten die Schöpfung als mechanische Wirkung banalisieren. Er weiß, daß Natur keusch ist und in ihren geheimsten Stunden der Zeugung sich nicht belauschen läßt, daß kein geschliffenes Glas die Sekunde fängt, wo sich Kristall an Kristall setzt und die Blüte aus der Knospe springt. Nichts birgt die Natur eifersüchtiger als ihre tiefste Magie: die ewige Zeugung, das Geheimnis der Unendlichkeit.

So ist die Schöpfung, weil sie das Leben des Lebens ist, für Rolland eine mystische Macht, weit hinausreichend über Willen und Bewußtsein des Menschen. In jeder Seele lebt neben der persönlichen, der bewußten, ein fremder Gast: »Es gibt eine verborgene Seele, blinde Mächte, Dämonen, die jeder verschlossen in sich trägt. Unsere ganze Bemühung seit Anfang der Menschheit bestand darin, diesem inneren Meer die Dämme unserer Vernunft und der Religionen entgegenzubauen. Aber wenn ein Sturm kommt (und die reichsten Seelen sind diesen Stürmen am meisten ausgesetzt) und diese Dämme einstürzen, werden die Dämonen frei«. Nicht aus dem Willen, sondern gegen den Willen überströmen aus dem Unbewußten, aus einem Überwillen, heiße Wogen die Seele, und diesen »Dualismus der Seele und ihres Dämons« kann Vernunft, kann Klarheit nicht überwinden. Aus den Tiefen des Blutes, oft von Vätern und Urvätern her überkommt es den Schaffenden: nicht durch Tür und Fenster seines wachen Wesens dringen die Mächte ein, sondern wie Geister durch die Atmosphäre seines Seins. Plötzlich fällt der Künstler einem geistigen Rausch zum Opfer, dem vom Willen unabhängigen Willen, »dem unaussprechlichen Rätsel der Welt und des Lebens«, wie Goethe das Dämonische nennt. Als ein Gewitter bricht der Gott in ihn ein, als Abgrund tut er sich vor ihm auf, »*dieu abime*«, in den er sich sinnlos stürzt. Im Sinne Rollands hat kein wahrer Künstler die Kunst, sondern die Kunst hat den Künstler. Sie ist der Jäger und er das Wild, sie der Sieger und er der immer wieder selig Besiegte.

Der Schöpfer ist also immer schon vor der Schöpfung: das Genie ist prädestiniert. In den Gängen des Blutes bereitet, indes die Sinne noch schlafen, schon die fremde Macht dem Kinde die große Magie, und wunderbar hat Rolland dies geschildert, wie des kleinen Johann Christof Seele schon gefüllt ist mit Musik, noch ehe er den ersten Ton vernommen hat. Der geheimnisvolle Dämon ist in die Kinderbrust gesperrt und wartet nur auf ein Zeichen, um sich zu regen, Geschwisterliches zu erkennen. Und wie das Kind an der Hand des Großvaters in die Kirche tritt und von der Orgel Musik ihm entgegenstürzt, da reckt sich in seiner Brust grüßend der Genius den Werken der fernen Brüder entgegen: das Kind jauchzt auf. Und wieder, wie am Wagen die Schellen der Pferde melodisch klingen, spannt sich in unbewußter Brüderschaft das Herz, verwandtes Element erkennend. Und dann kommt der Augenblick der Begegnung – eine der schönsten Stellen des Buches und die vielleicht schönste über die Musik –, wo der kleine Johann Christof mühsam auf den Sessel klettert, sich vor den schwarzen Zauberkasten des Klaviers setzt und zum erstenmal seine Finger in das unendliche Dickicht der Harmonien und Dissonanzen tappen, wo jeder angeschlagene Ton wie Ja und Nein auf die unbewußten Fragen der fremden Stimme in ihm antwortet. Bald lernt er nun selbst die Töne erwecken, bald sie zu gestalten: erst suchten ihn die Melodien, jetzt sucht er sie. Und die Seele, die dürstend nach Musik sie lange gierig eingetrunken, strömt nun schaffend über den Rand ihres Wesens in die Welt.

Dieser eingeborene Dämon des Künstlers wächst mit dem Kinde, reift mit dem Manne, altert mit dem Greise: ein Vampyr, nährt er sich von jedem Erlebnis, trinkt von seinen Freuden und Leiden, allmählich saugt er alles Leben in sich, daß dem Schöpferischen selbst nichts mehr bleibt als der ewige Durst und die Qual des Schaffens. Im Sinne Rollands will der Künstler gar nicht schaffen, er muß schaffen. Produktion ist für ihn nicht (wie Nordau und ähnliche einfältig meinten) eine Wucherung, eine Abnormität des Lebens, sondern die einzige wahre Gesundheit: Unproduktivität ist Krankheit. Nie ist schöner die Qual der fehlenden Inspiration geschildert worden als im Johann Christof: wie ausgedörrtes Land, glühend im Sonnenbrand, ist die Seele, und ihre Not ist ärger als Tod. Kein Windhauch, der Kühlung bringt, alles verdorrt, die Freude, die Kraft, schlaff hängt der Wille nieder. Und plötzlich ein Sturm aus jenem schwarzen Himmel des Herzens, der Donner der nahenden Gewalt, der zündende Blitz der Inspiration: mit einemmal strömt es aus unendlichen Quellen, die Seele selbst mitreißend in ewiger Lust: der Künstler ist die Welt geworden, Gott, der Schöpfer aller Elemente. Was ihm begegnet, reißt er mit in diesen brausenden Schwall »*tout lui est prétexte à sa fécondité intarrissable*« – »alles wird ihm Vorwand für seine unerschöpfliche Fruchtbarkeit«. Er verwandelt das ganze Leben in Kunst und wie Johann Christof selbst sein Sterben in eine Symphonie, seinen Tod in Musik.

Um das Ganze des Lebens zu fassen, hat Rolland sein tiefstes Geheimnis, die Schöpfung, zu schildern versucht: das All in seinem Ursprung, die Kunst in einem Künstler. Zwischen Schaffen und Leben, das die Schwächeren so ängstlich zu scheiden sich bemühen, hat er eine Bindung gegeben in vorbildlicher Gestalt, denn Johann Christof ist gleichzeitig das wirkende Genie und der leidende Mensch, leidend durch Schaffen und schaffend durch Leiden. Sein erträumter Genius wird, eben weil er ein Schöpfer ist, der Lebendigste der Lebendigen.

Johann Christof

Die Kunst hat viele Formen: aber ihre höchste ist immer die, die der Natur in Gesetz und Erscheinung am innigsten verwandt ist. Das wahre Genie wirkt elementar, wirkt naturhaft, es ist weit wie die Welt und vielfältig wie die Menschheit. Es schafft aus Fülle, nicht aus Schwäche. Und darum ist seine ewige Wirkung, daß es wieder Stärke schafft, die Natur verherrlicht und das Leben über sein zeitliches Maß ins Unendliche steigert.

Als solches Genie ist Johann Christof gedacht. Schon sein Name ist Symbol. Er heißt nicht nur Johann Christof Krafft, er ist selbst die Kraft, die ungebrochene, von bäuerlicher Erde genährte Kraft, die vom Schicksal ins Leben geschleudert wird wie ein Projektil, das alle Widerstände gewaltsam zersprengt. Unablässig scheint nun diese Kraft der Natur mit dem Leben im Streit, solange man den Begriff des Lebens mit dem Seienden, dem Ruhenden, dem Bestehenden, dem schon Vorhandenen identifiziert. Im Sinne Rollands aber ist Leben nicht das Ruhende, sondern der Kampf gegen das Ruhende, es ist Schöpfung, Erschaffung, der ewige Auftrieb gegen die Schwerkraft des »ewig Gestrigen«. Und gerade das Genie, der Bote des Neuen, muß notwendigerweise der Kämpfer unter den Künstlern sein. Neben ihm stehen die anderen Künstler in friedlicherem Tun, die Schauenden, die weisen Betrachter des Gewordenen, die Vollender des Gesehenen, die gelassenen Ordner der Resultate. Sie, die Erben, haben die Stille, er, der Ahnherr, den Sturm. Er muß das Leben erst in Kunstwerk verwandeln, er darf es nicht als Kunstwerk genießen, er muß sich alles erst schaffen, seine Form, seine Tradition, sein Ideal, seine Wahrheit, seinen Gott. Nichts ist für ihn fertig, ewig muß er beginnen. Das Leben grüßt ihn nicht als warmes Haus, in dem er es sich wohnlich machen kann; ihm ist es bloß Material für einen neuen Bau, in dem andere, spätere dereinst wohnen werden. Darum ist ihm keine Ruhe verstattet. »Gehe hin ohne zu rasten,« sagt ihm sein Gott, »man muß ewig kämpfen.« Und er, der Getreue des großen Befehls, geht von seinen Knabenjahren bis in die Stunde des Todes diesen Weg, unablässig im Kampf, das glühende Schwert des Willens in der Faust. Manchmal ist er müde und schreit auf mit Hiob: »Muß denn der Mensch ewig in Streit sein auf Erden und sind nicht seine Tage immerdar wie die eines Tagelöhners?« Aber aufstehend aus seinen Mattigkeiten, erkennt er, »daß man nur dann sehr lebendig ist, wenn man nicht fragt, wozu man lebt, sondern nur lebt, um zu leben«. Er weiß, daß die Mühe auch schon der Preis ist, und sagt in wunderbar erleuchteter Stunde das schönste Wort seines Schicksals: »Ich suche nicht den Frieden, ich suche das Leben.«

Kampf aber meint Gewalt. Und Johann Christof ist trotz aller angeborenen Güte ein Gewalttätiger. Etwas Barbarisches, etwas Elementares ist in ihm, etwas von der Wucht eines Sturmes oder eines Sturzbaches, der, nicht eigenem Willen, sondern unbewußten Gesetzen der Natur gehorchend, in die Niederungen des Lebens stürzt. Schon äußerlich drückt sein Wesen Kampfkraft aus; Johann Christof ist groß, wuchtig, fast ungeschlacht, er hat schwere Hände, muskelige Arme, ein volles rotes Blut, das sich in Leidenschaft leicht aufwühlt und ihn zu gewitterhaften Ausbrüchen reizt. In seinem schweren, ungelenken, aber unermüdlichen Schritt ist die schwere Kraft seiner mütterlichen Bauern-Ahnen, und diese Elementarkraft gibt ihm Sicherheit in den schwersten Krisen seines Lebens. »Wohl dem, den eine starke Rasse in den Mißständen des Lebens aufrecht hält, die Füße des Vaters und Großvaters tragen den ermattenden Sohn weiter, das Wachstum kräftiger Ahnen erhebt die zerbrochene Seele.« Widerstand gegen eine schwere Gegenwart gibt solche körperliche Kraft, aber auch noch mehr: Vertrauen in die Zukunft, einen gesunden unbeugsamen Optimismus, ein unerschütterliches Siegesbewußtsein. »Ich habe noch Jahrhunderte vor mir,« jauchzt er einmal auf in einer Stunde der Enttäuschung, »es lebe das Leben, es lebe die Freude!« Von der deutschen Rasse hat er dies Siegfriedsvertrauen ins Gelingen: darum fordert er gewaltsam zum Kampf heraus. Er weiß, »*Le génie veut l'obstacle, l'obstacle fait le génie*«. – »Das Genie will das Hemmnis, das Hemmnis schafft das Genie.«

Gewalt aber ist immer selbstwillig. Der junge Johann Christof, solange seine Kraft noch nicht geistig geläutert, noch nicht sittlich gezähmt ist, sieht nur sich. Er ist ungerecht gegen die andern, taub und blind gegen jeden Einspruch, gleichgültig gegen Gefallen und Mißfallen.

Wie ein Holzfäller stürmt er durch den Wald, schlägt nach rechts und links mit der Axt, nur um Licht und Raum zu haben für sich. Er schmäht die deutsche Kunst, ohne sie zu verstehen, er verachtet die französische, ohne sie zu kennen; er hat »die wunderbare Frechheit der starken Jugend«, die mit dem Baccalaureus sagt: »Die Welt, sie war nicht, eh' ich sie erschuf.« Seine Kraft tobt sich aus in Rauflust, denn nur im Kampfe fühlt er sich selbst, fühlt er das unendlich geliebte Leben.

Dieser Kampf Johann Christofs wird nicht schwächer mit den Jahren. Denn so stark seine Kraft ist, so groß ist auch sein Ungeschick. Johann Christof kennt seinen Gegner nicht: er erlernt das Leben schwer, und eben daß er es so langsam erlernt, Stück um Stück, jedes besprengt mit Blut und Tränen des Zorns, macht den Roman so erschütternd und so pädagogisch. Nichts fällt ihm leicht, nichts fällt ihm in die Hände. Er ist »tumb« wie Parsifal, naiv, gutgläubig, ein wenig laut und provinzlerisch: statt sich abzuschleifen und glatt zu werden an den Mühlsteinen der Gesellschaft, zerstößt er sich die Knochen. Er ist ein intuitives Genie, aber kein Psychologe, er antizipiert nichts, sondern muß alles erleiden, um es zu wissen. »Er hatte nicht den Raubvogelblick der Franzosen und Juden, der das allerkleinste Fetzchen von Objekten erfaßt und zerfasert. Wie ein Schwamm sog er sich schweigsam mit allem voll. Erst nach Stunden, oft tagelang später merkte er, daß er alles in sich eingefangen hatte.« Für ihn gibt es nichts Äußerliches: er muß jede Erkenntnis erst in Blut umsetzen, gleichsam verdauen: er wechselt nicht Ideen und Begriffe wie Banknoten gegen andere ein, sondern speit das Falsche, all die Lügen und banalen Vorstellungen, die ihm die Jugend aufgedrängt hat, nach langer Übelkeit aus: dann erst kann er wieder neue Nahrung zu sich nehmen. Ehe er Frankreich erkennt, muß er erst alle seine Masken, eine nach der andern, abgerissen haben, und ehe er zu Grazia, der »Unsterblich-Geliebten«, gelangt, muß er durch niedere Abenteuer gegangen sein. Und muß, ehe er sich und seinen Gott findet, sein ganzes Leben gelebt haben: erst am anderen Ufer erkennt Christopherus, daß seine Bürde eine Botschaft war.

Aber er weiß, »es ist gut zu leiden, wenn man stark ist«, und liebt sein Hindernis. »Alles Große ist gut, und höchster Schmerz grenzt an Befreiung. Was niederschlägt, zu Boden preßt, die Seele unheilbar zerstört, ist nur das Mittelmaß des Schmerzes und der Freude.« Allmählich lernt er seinen einzigen Feind erkennen, sein eigenes Ungestüm; er lernt, gerecht zu sein, er beginnt sich und die Welt zu verstehen. Der Leidenschaftliche wird klar: er begreift, daß die Feindlichkeit nicht ihm gilt, sondern der Macht der Ewigen, die ihn treibt, er lernt seine Feinde lieben, weil sie ihm zu sich selbst geholfen haben und zu gleichem. Ziele gehen auf anderem Wege. Die Lehrjahre sind zu Ende, und – wie Schiller so schön in jenem Briefe an Goethe sagt – »Lehrjahre sind ein Verhältnisbegriff, sie fordern ihr Korrelatum, die Meisterschaft, und zwar muß die Idee von der letzten jene erst erklären und begründen«. Der alternde Johann Christof beginnt klar zu sehen: in allen Verwandlungen ist er allmählich er selbst geworden, alle Vorurteile sind von ihm abgefallen, er ist »frei von jedem Glauben, jedem Wahn, frei von den Vorurteilen der Völker und Nationen«, und eben deshalb befähigt, der große Gläubige an das Leben zu sein. Er ist frei und doch fromm, seit er den Sinn seines Weges spürt. Und »*transfiguré par la foi*« – »verwandelt durch den Glauben« – erhöht sich sein einst so naiver, lärmender Optimismus, der ausrief: »Was ist das Leben? Eine Tragödie. Hurra!«, in eine milde Weisheit, die alles umfaßt. »Gott dienen und ihn lieben, heißt dem Leben dienen und es lieben« ist sein freigeistiges Bekenntnis. Es spürt neue Generationen hinter sich aufsteigen und grüßt in ihnen, die ihn befeinden, das ewige Leben. Er sieht seinen Ruhm sich wölben wie einen Dom und fühlt ihn ganz ferne von sich. Er ist Führer geworden, der ein zielloser Stürmer war, aber sein eigenes Ziel wird ihm erst klar, da in klingender Woge der Tod ihn umrauscht und er einströmt in die große Musik, in den ewigen Frieden.

Was diesen Kampf Johann Christofs so heroisch groß macht, ist, daß er einzig um das Größte geht, um das Lebensganze. Alles muß dieser ringende Mensch sich selbst erbauen: seine Kunst, seine Freiheit, seinen Glauben, seinen Gott, seine Wahrheit. Er muß sich freikämpfen von allem, was ihn die andern gelehrt, von jeder Gemeinschaft der Kunst, der Nationen, Rassen und Konfessionen: nie ringt seine Leidenschaft um ein Einzelnes, um Erfolg oder Vergnügen (»*il n'y a aucun rapport entre la passion et le plaisir«* – »es gibt keine Gemeinschaft zwischen der Leidenschaft und dem Vergnügen«). Und was diesen Kampf so tragisch macht, ist seine Einsamkeit. Nur für sich müht er sich um die Wahrheit, weil er weiß, daß jeder Mensch seine eigene Wahrheit hat, und wenn er dennoch den Menschen ein Helfer wird, so ist er es nicht durch Worte, sondern durch sein Wesen, das durch kraftvolle Güte so wunderbar bindend wirkt. Wer an ihn rührt – die ersonnenen Menschen im Buche ebenso wie die wirklichen Menschen, die das Buch lesen –, wird von seinem Wesen gesteigert, denn die Macht, durch die er siegt, ist eben dasselbe Leben selbst, das uns allen zugeteilt ist. Und indem wir ihn lieben, lieben wir gläubig die Welt.

Olivier

Johann Christof ist Bildnis des Künstlers: aber jede Form und jede Formel der Kunst und des Künstlers muß notwendig einseitig sein. So stellt ihm Rolland in der Mitte des Weges – »*nel mezzo del cammin*« – den Gegenspieler entgegen, den Franzosen dem Deutschen, den Heros des Gedankens dem Heroen der Tat. Johann Christof und Olivier sind Komplementärfiguren, sie ziehen notwendig einander an aus dem tiefen Gesetz der Polarität, »sie waren sehr verschieden von einander, liebten sich aber um dieser Verschiedenheit willen, weil sie von gleicher Art waren« – von der edelsten. Olivier ist so sehr Essenz des geistigen Frankreichs, wie Johann Christof Schößling der besten deutschen Kraft, sie sind Ideale, gemeinsam zu einem höchsten gestaltet. Wie Dur und Moll ineinander klingend, wandeln sie, härter und zarter, das Thema der Kunst und des Lebens in den wunderbarsten Variationen ab.

Äußerlich freilich sind die Kontraste sehr ausgesprochen, schon körperlich und sozial. Olivier ist zart, blaß, kränklich, er stammt nicht wie Christof von der Scholle des Volkes, sondern aus einem müden alten Bürgertum, seine Seele hat bei aller Feurigkeit aristokratische Lebensangst vor dem Gemeinen. Seine Vitalität kommt nicht wie bei seinem robusten Kameraden aus Überkraft, aus Muskeln und Blut, sondern aus Nerven und Hirn, aus Wille und Leidenschaft. Er ist mehr rezeptiv als produktiv. »Er war Efeu und mußte sich anranken, eine weibliche Seele, die immer heben und geliebt werden mußte.« Zur Kunst flüchtet er gleichsam vor der Wirklichkeit, indes sich Johann Christof in sie stürzt, um in ihr das Leben noch vervielfacht zu finden; im Sinne Schillers ist Olivier der sentimentale Künstler gegen das naive Genie seines deutschen Bruders. Er ist Schönheit einer Kultur, Symbol für »*la vaste culture et le génie psychologique de la France*«; Johann Christof ist der Prachtwuchs einer Natur, Olivier das Schauen, sein Freund die Tat: in ihm spiegelt alles zurück, indes das Genie sich in die Welt leuchtet. »Er überträgt alle Kräfte, die er der Tat entzog, auf das Denken«, er produziert Ideen, Christof Vitalität, er will nicht die Welt verbessern, sondern sich selbst. Ihm genügt es, in sich den ewigen Kampf der Verantwortung auszutragen, dem Spiel der Zeiten sieht er gelassen zu, mit dem schmerzlich skeptischen Lächeln seines Lehrers Renan, der die unabwendbare Wiederkehr alles Schlechten im voraus kennt, den ewigen Sieg des Unrechten und Unechten. Und darum liebt er nur die Menschheit, die eine Idee ist, und nicht die Menschen, ihre unzulängliche Realisation.

Als ein Schwacher, ein Furchtsamer, ein Tatloser erscheint er dem ersten Blick, und so sieht ihn zuerst auch, fast zornig, sein Freund. »Kannst du denn nicht hassen?« fährt ihn der Gewalttätige an. »Nein,« erwidert Olivier lächelnd, »ich hasse den Haß. Es widert mich an, mit Leuten zu kämpfen, die ich verachte.« Er paktiert nicht mit der Wirklichkeit, seine Stärke ist Einsamkeit. »Ich gehöre nicht zum Heere der Gewalt, ich gehöre zum Heere des Geistes.« Keine Niederlage kann ihn erschrecken, kein Sieg ihn überzeugen: er weiß, daß Gewalt die Welt regiert, aber er erkennt sie nicht an. Johann Christof rennt mit seinem germanischen, urheidnischen Zorn gegen die Widerstände an und zertritt sie: Olivier weiß, daß morgen das zertretene Unkraut wieder wächst. Er geht vorüber ohne Zorn, im Sinne Goethes denkend

> Übers Niederträchtige
> Keiner sich beklage,
> Denn es ist das Mächtige,
> Was man dir auch sage.

Er will nicht den Kampf, und wenn er ihm ausweicht, so hemmt ihn nicht Furcht vor der Niederlage, sondern Gleichgültigkeit gegen den Sieg. Die Verachtung alles Ungerechten beugt sich keinem Erfolg, er verweigert sich dem Cäsar um Christi willen, denn dieser freie Geist birgt in tiefster Seele reinstes Christentum: »Ich liefe Gefahr, meine Seelenruhe zu verlieren, und daran hegt mir mehr als am Siege. Ich will nicht hassen. Ich will selbst meinen Feinden Gerechtigkeit widerfahren lassen. Inmitten aller Leidenschaften will ich mir die Klarheit des Blickes erhalten, um alles verstehen zu können und alles zu heben.«

Und Johann Christof erkennt bald den Bruder seines Geistes: er fühlt, daß dieser Heroismus des Gedankens nicht geringer ist, als der Heroismus der Tat, Oliviers idealistischer Anarchismus nicht minder kühn als seine elementare Revolte. Und in diesem scheinbar Schwachen ehrt er eine eherne Seele. Nichts kann Olivier beugen, nichts seinen klaren Geist verwirren. Nie wird ihm Überzahl zum Argument: »Er besaß eine Selbständigkeit des Urteils, die nichts erschüttern konnte. Wenn er etwas hebte, so hebte er es gegen die ganze Welt.« Gerechtigkeit ist der einzige Pol, zu dem die Nadel seines Willens unbeirrbar zeigt, der einzige Fanatismus dieser klaren Seele. Wie sein schwächerer Vorgänger Aërt hat er *»faim de justice«*, Hunger nach Gerechtigkeit, und jede Ungerechtigkeit, auch die längst vergangener Zeiten, bedrückt ihn als Störung der Weltordnung. Darum ist er bei keiner Partei, sondern der ewige Anwalt aller Unglücklichen und Unterdrückten, »immer bei den Besiegten«, er will nicht sozial der Masse, sondern den einzelnen Seelen helfen, indes Johann Christof der ganzen Menschheit alle Paradiese der Kunst und der Freiheit erobern möchte. Olivier aber weiß, es gibt nur eine wahre Freiheit: die innere, die man sich selbst und nur sich selbst erobern kann. Der Wahnsinn der Massen, ihr ewiger Klassen- und Nationenstreit um die Macht, ist ihm schmerzlich aber fremd. Und als einziger von allen, während selbst Johann Christof abreisen will und kämpfen, als der Krieg zwischen Deutschland und Frankreich auszubrechen droht, als alle in ihrer Überzeugung stürzen und hinschwanken, bleibt er aufrecht. »Ich liebe mein Vaterland,« sagt er zu dem Bruder aus anderem Land, »ich liebe es wie du das deine. Aber kann ich um seinetwillen meine Seele töten, mein Gewissen verraten? Das hieße mein Vaterland selbst verraten. Ich gehöre zum Heere des Geistes, nicht zum Heere der Gewalt.« Aber die Gewalt, die brutale, nimmt ihre Rache am Gewaltlosen, sie zertritt ihn stumpfsinnig und roh in banalem Zufall. Nur seine Idee, sein wahres Leben überlebt ihn, einer ganzen späteren Generation den mystischen Idealismus seines Glaubens erneuernd.

Als ein wunderbarer Anwalt des Gewissens antwortet hier der Gewaltlose dem Gewaltsamen, der Genius des Geistes dem Genius der Tat. Zutiefst eins in der Liebe zur Kunst, in der Leidenschaft der Freiheit, im Bedürfnis sittlicher Reinheit, sind die beiden Helden, jeder gleichzeitig »fromm und frei« in anderm Sinne, Brüder in jener letzten Sphäre, die Rolland so schön »die Musik der Seele« nennt: in der Güte. Nur daß Christofs Güte eine des Instinktes ist, elementarer also und von Rückfällen in den Haß leidenschaftlich unterbrochen, die Oliviers eine wissende Güte, eine weise, die nur manchmal ironische Skepsis überleuchtet. Aber eben durch diese zwiefältige, diese komplementäre Form reinen Urtriebes fühlen sie sich mächtig angezogen: Christofs gläubige Robustheit lehrt den einsamen Olivier wieder die Freude zum Leben, Christof aber lernt von Olivier Gerechtigkeit. Der Weise wird erhoben durch den Starken, der Starke geläutert durch die Klarheit – ein Symbol sollte diese gegenseitige Beglückung sein für die beiden Völker, eine geistige Freundschaft, die hier in zwei Individuen geprägt war, zu einem Seelenbund der Brudernationen zu erheben, die »beiden Schwingen des Abendlandes« zu verbinden, daß sich frei in ihnen der europäische Geist aufschwinge über die blutige Vergangenheit.

Grazia

Johann Christof ist die schöpferische Tat, Olivier der schöpferische Gedanke: eine dritte Form erst schließt den Kreis der Existenz, Grazia, das schöpferische Sein, das nur in Schönheit und Klarheit leben muß, um sich zu erfüllen. Wie früher, sagt auch hier der Name symbolisch alles: der Kraft des Mannes, dem Johann Christof Krafft, begegnet im Abendrot Grazia, die ruhige Schönheit der Frau, und hilft dem Ungeduldigen zum Einklang, zur letzten Harmonie.

Bisher hat Johann Christof nur zweierlei gehabt, Kampfgefährten und Kampfesfeinde auf seinem weiten Wege nach dem Frieden. In Grazia begegnet er zum erstenmal dem nicht gespannten, nicht aufgereizten, nicht erregten Menschen, der klaren Harmonie, die er unbewußt in seiner Musik seit Jahren sucht. Grazia ist kein brennender Mensch, an dem er sich entzündet, das Feuer ihrer innern Sinnlichkeit ist längst schon gedämpft durch eine leise Lebensmüdigkeit, eine süße Trägheit, aber auch in ihr schwingt jene »Musik der Seele«, die große Güte, die ihm Menschen erst brüderlich macht. Sie treibt ihn nicht weiter fort – er ist ja schon so weit gestürmt, weiß leuchtet das Haar an seinen Schläfen – sie zeigt ihm nur die Ruhe, »das Lächeln des lateinischen Himmels«, in dem seine wieder aufstrebende Unruhe sich endlich leise wie eine Wolke, die gegen Abend hinzieht, verliert. Die wilde Zärtlichkeit, die wie ein Krampf ihn durchschütterte, das Liebesbedürfnis, das elementar im »feurigen Dornbusch« auflodderte und seine ganze Existenz zu vernichten drohte, hier ist es geklärt in der »übersinnlichen Ehe« mit Grazia, der »unsterblichen Geliebten«; irgendein Glanz griechischer Welt zerteilt die Nebel seines deutschen Wesens. An Olivier wird Johann Christof klar, an Grazia milde: Olivier hat ihn mit der Welt versöhnt, Grazia mit sich selbst, Olivier war Virgil, der ihn geleitete durch die Fegefeuer des Irdischen, sie wird die Beatrice, aufdeutend in die Himmel der großen Harmonie: Nie ward der europäische Dreiklang in edleren Symbolen erfaßt, die deutsche dumpfe Wildheit, die französische Klarheit, die milde Schönheit italischen Geistes. In diesem Dreiklang löst sich seine Lebensmelodie. Johann Christof ist nun Bürger der ganzen Welt, heimisch in allen Gefühlen, Ländern und Sprachen, und er kann eingehen in die letzte Einheit alles Lebens: in den Tod.

Es ist eine der stillsten Gestalten des Buches: Grazia, *la linda*; kaum fühlt man sie durch die erregten Welten schreiten, aber ihr Lächeln, ihr sanftes Mona Lisa-Lächeln strömt wie ein transparentes Licht in den beseelten Raum. Ohne sie fehlte dem Werke wie dem Menschen jene große Magie des »Ewig Weiblichen«, die Einkehr zum letzten Geheimnis. Und wie sie schwindet, bleibt noch ein Glanz von ihr zurück, dies Buch des Überschwanges und des Kampfes mit leiser lyrischer Wehmut süß erfüllend und auflösend in eine neue Schönheit: in den Frieden.

Johann Christof und die Menschen

Trotz aller innigen Beziehungen aber ist Johann Christofs, ist des Künstlers Weg unter den Menschen im letzten Einsamkeit. Er geht nur auf sich selbst zu, immer auf sich selbst, immer tiefer in das Labyrinth seines Wesens hinein; das Blut von Ahnen und Urahnen treibt ihn fort aus einer Unendlichkeit verworrenen Ursprungs der anderen Unendlichkeit der Schöpfung entgegen. Die Menschen auf seinem Wege sind im letzten Sinne bloß Schatten und Winke, Meilensteine des Erlebens, Stufen des Anstieges, Stufen des Abstiegs, Episoden, Erfahrungen. Aber was ist Erkenntnis denn anders als eine Summe von Erfahrungen, ein Leben denn anders als eine Summe von Begegnungen? Die Menschen sind nicht Johann Christofs Schicksal, aber sie sind Material, das er in Schöpfung verwandelt. Sie sind Element des Unendlichen, dem er sich verschwistert fühlt, und da er das Ganze des Lebens will, muß er auch sein bitteres Teil mitnehmen, die Menschheit.

So helfen ihm alle: seine Freunde viel und seine Feinde noch mehr, denn sie mehren seine Vitalität, sie reizen seine Kraft. Sie fördern das Werk (und was ist der wahre Künstler anders als das werdende Werk?), gerade wenn sie ihn hemmen wollen, und in der großen Symphonie seiner Leidenschaft sind sie die hellen und dunklen Stimmen, die unlösbar verwoben sind in den rauschenden Rhythmus. Manches einzelne Thema läßt er lässig fallen, manches nimmt er auf. Da ist inmitten der Kindheit Gottfried, der gütige Alte, der irgendwo herkommt aus dem Geiste Tolstois. Flüchtig taucht er auf, immer nur für eine Nacht, das Bündel auf den Schultern, ewiger Ahasver, aber gütig froh, nie sich auflehnend, nie klagend, der Mensch, der gebückt, aber in edler Beharrlichkeit seinen Weg zu Gott geht. Er rührt Christofs Leben nur an: aber die flüchtige Berührung genügt schon, um den Schöpferischen in Schwingung zu setzen. Oder da ist Hassler, der Komponist. Nur ein Blitzbild zeigt Johann Christof sein Antlitz im Beginne seines Werkes, aber in dieser Sekunde erkennt er die ganze Gefahr ihm gleich zu werden durch Lässigkeit des Herzens, und er strafft sich auf. Winke, Rufe, Zeichen, Stimmgabeln des Gefühls sind ihm die Menschen. Jeder treibt ihn, der eine mit Liebe, der andere mit Haß, der alte Schulz hilft ihm durch sein Verständnis in einer Sekunde der Verzweiflung, der Hochmut der Frau von Kerich, die Torheit der Kleinstädter, jagt ihn in andere Verzweiflung, in die Flucht, die seine Rettung wird. Gift und Arznei sind einander furchtbar ähnlich. Aber nichts bleibt für den schöpferischen Menschen sinnlos, weil er allem den Sinn für sich aufprägt, im Werke strömend lebendig macht, was sein Leben rücksteuernd hemmen will. Das Leiden ist ihm nötig für das Wissen. Immer holt er aus der Trauer, aus der tiefsten Erschütterung seine tiefste Kraft: und mit Absicht stellt Rolland die schönsten der imaginären Werke Johann Christofs in die Zeit seiner tiefsten seelischen Erschütterung, in die Tage nach dem Tode Oliviers, und jene anderen nach dem Hingang der »unsterblichen Geliebten«. Widerstand und Qual, die Feinde des Menschen, sind die Freunde des Künstlers: so ist ihm jeder, der ihm begegnet, Förderung, Nahrung, Erkenntnis. Gerade für seine tiefste schöpferische Einsamkeit braucht er die Menschen.

Freilich, er weiß es lange nicht, und beurteilt die Menschen anfangs falsch, weil er sie durch sein Temperament sieht, nicht durch Erkenntnis. Erst fühlt Johann Christof alle Menschen mit seinem überströmenden Enthusiasmus: er meint, daß sie alle aufrichtig seien und gutmütig wie er, der sein Wort achtlos auf der Lippe trägt. Und sofort nach den ersten Enttäuschungen sieht er sie wieder falsch durch Erbitterung und verschanzt sich in Mißtrauen. Aber zwischen Überschätzung und Mißachtung bildet sich allmählich das richtige Maß. Von Olivier zur Gerechtigkeit erhoben, von Grazia zur Milde gelenkt, weise werdend am gelebten Leben, versteht er nicht bloß sich selbst mehr, sondern auch seine Feinde. Ganz am Ende des Werkes steht eine kleine Szene, eine unbedeutsame wie es scheint: Johann Christof begegnet seinem ältesten Feinde Lévy-Coeur und reicht ihm spontan die Hand. In dieser Versöhnung ist mehr als das Mitleid eines Augenblicks: hier ist der Sinn der langen Wanderung, die große Erkenntnis, die – in leichter Veränderung seines alten Spruches vom wahren Heldentum – sein letztes Bekenntnis wird: »Die Menschen kennen und sie dennoch lieben«.

Johann Christof und die Nationen

Mit Leidenschaft und Vorgefühl sieht der junge Ungestüme die Menschen und versteht darum ihre Wesenheit nicht: mit Leidenschaft und Vorgefühl sieht er auch erst die Menschenfamilien, die Völker. Es bleibt ja notwendiges Verhängnis, daß wir zuerst – und viele ihr Leben lang – das eigene Land nur von innen kennen, das fremde nur von außen: erst wenn wir das eigene auch von außen kennen, das fremde von innen, in der Brust seiner eingeborenen Kinder, dann erst können wir europäisch sehen, können die verschiedenen Länder begreifen als ein notwendiges Nebeneinander, als eine Ergänzung. Johann Christof ist nun der Kämpfer um das Ganze des Lebens: deshalb ist sein Weg auch der des Nationalmenschen zum Weltbürger, zur »europäischen Seele«.

Johann Christofs Anbeginn ist freilich wie immer Vorurteil. Erst überschätzt er Frankreich: er hat seine eingelernte Vorstellung von den künstlerisch frohen, freien Franzosen und faßt sein Deutschland als Beschränktheit. Der erste Blick in Paris wieder enttäuscht ihn: er findet nur Lüge, Lärm und Betrug. Erst allmählich entdeckt er, daß die Seele einer Nation nicht außen liegt wie ein Pflasterstein am Wege, sondern daß man sie aufgraben muß in ihren Menschen unter einer tiefen Schicht von Schein und Lüge. Bald gewöhnt er sich ab, zu sagen »die« Franzosen, »die« Italiener, »die« Juden, »die« Deutschen und ihre Eigenschaft wie Etiketten auf ein vorgestanztes Urteil zu kleben. Jedes Volk hat sein eigenes Maß, mit dem es gemessen sein will, jedes seine Form, seine Sitte, seine Fehler, seine Lüge, wie sein Klima hat, seine Geschichte, seinen Himmel, seine Rasse, und es läßt sich nicht durch Begriff und Wort fassen. Ein Land muß wie jedes Erlebnis von innen aufgebaut werden, Worte bilden nur ein Kartenhaus. »Die Wahrheit ist bei allen Völkern gleich, aber jedes Volk hat seine Lüge, die es seinen Idealismus nennt. Jedes Wesen atmet ihn ein von der Wiege bis zum Tod, er wird ihm zur Lebensnotwendigkeit. Nur einige Genies können sich in heroischen Kämpfen befreien, während derer sie allein sind im freien Weltall ihrer Gedanken.« Erst muß man sich frei machen von jedem Vorurteil, um frei urteilen zu können. Es gibt keine andere Formel, gibt keine psychologischen Rezepte: man muß einströmen wie bei jeder Schöpfung in die Materie, sich hingeben in Vertrauen. Es gibt nur eine Wissenschaft, von den Völkern sowohl wie von den Menschen: die des Herzens und nicht die der Bücher. Nur solches Erkennen von Seele zu Seele bindet die Völker: was sie trennt ist das ewige Mißverstehen, daß sie einzig ihren Glauben für richtig halten, ihr Wesen für das einzig gemäße, daß sie den Hochmut haben, die einzig richtigen zu sein. Einzig der Nationalismus, das kollektive Selbstgefühl, die »große europäische Hochmutspest«, die schon Nietzsche »die Krankheit des Jahrhunderts« nennt, entfremdet gewaltsam die Nationen von den Nationen. Wie Bäume im Walde, Stamm an Stamm, wollen sie jeder für sich stehen, indes sich in der Tiefe die Wurzeln und in der Höhe die Kronen berühren. Das Volk, die Tiefe, das Proletariat, fühlt keinen Gegensatz, weil es allmenschlich fühlt – erstaunt erkennt Johann Christof an Sidonie, dem bretonischen Dienstmädchen, »wie sehr sich die anständigen Menschen in Frankreich und Deutschland gleichen«. Und die besten wieder, die Höhe, die Elite, Olivier, Grazia, sie leben längst in jener reinen Sphäre Goethes, »wo man das Schicksal fremder Nationen wie sein eigenes empfindet«. Die Gemeinsamkeit ist eine Wahrheit, der Haß eine Lüge der Völker, Gerechtigkeit ist die einzig wahre Bindung zwischen Menschen und Nationen: »Wir sind alle, alle Völker, Schuldner einer des andern. Tun wir also Schuld und Pflicht zusammen.« Von allen Nationen hat Johann Christof gelitten, von allen ward er beschenkt, von allen ward er enttäuscht, von allen gesegnet. Immer reiner erkennt er ihr Bildnis. Am Ende der Wanderschaft sind sie dem Weltbürger nur Heimat der Seele, und der Musiker in ihm träumt von erhabenem Werk, von der großen europäischen Symphonie, wo alle Stimmen der Völker sich aus Dissonanzen lösen und steigern in die letzte, die höchste Harmonie der Menschheit.

Das Bildnis Frankreichs

Das Bildnis Frankreichs in dem großen Roman ist deshalb bedeutungsvoll, weil hier ein Land in doppelter Optik gesehen ist: von außen und von innen, aus der Perspektive eines Deutschen und mit den Augen eines Franzosen, und weil Christofs Urteil nicht nur ein Sehen, sondern ein Sehen-Lernen bedeutet.

In allem und jedem ist der Gedankenweg des Deutschen absichtlich typisch gedacht. In seiner kleinen Heimatstadt hat er noch keine Franzosen gesehen, und sein nur von Begriffen genährtes Gefühl ist das einer jovialen, ein wenig herablassenden Sympathie. »Die Franzosen sind gute Kerle, aber schlapp«, das ist ungefähr sein deutsches Vorgefühl: marklose Künstler, schlechte Soldaten, verlogene Politiker, kokottenhafte Weiber, aber gescheit, amüsant und freigeistig. Etwas in ihm sehnt sich dumpf aus der deutschen Ordnung und Nüchternheit dieser demokratischen Freiheit entgegen. Die erste Begegnung mit einer französischen Schauspielerin, Corinna, irgend einer Wahlverwandten von Goethes Philine, scheint das leichtfertige Urteil zu bestätigen, aber schon bei der zweiten Begegnung mit Antoinette spürt er ein anderes Frankreich. »Sie sind so ernst«, staunt er das stille, schweigsame Mädchen an, das sich hier in der Fremde mit Stundengeben in protzigen Parvenüfamilien plagt. Ihr Wesen will sich durchaus nicht reimen mit dem althergebrachten Vorurteil, eine Französin müsse unbedingt leichtfertig, übermütig und erotisch sein. Zum erstenmal stellt ihm Frankreich das »Rätsel seiner doppelten Natur« dar, und dieser erste Anruf aus der Ferne wird geheimnisvolle Lockung; er spürt die unendliche Vielfalt fremden Wesens, und wie Gluck, wie Wagner, wie Meyerbeer, wie Offenbach flüchtet er hinüber aus der Enge der deutschen Provinz in die Traumheimat der wahren Weltkunst, nach Paris.

Das erste Gefühl bei der Ankunft ist Unordnung, und dieser Eindruck verläßt ihn nicht mehr. Er ist der erste und letzte, der stärkste, gegen den sich der Deutsche in ihm immer wieder wehrt, daß hier eine starke Kraft durch Mangel an Disziplin zersplittert wird. Sein erster Führer auf dem Jahrmarkt ist einer jener falschen »echten Pariser«, also einer jener Leute, die sich pariserischer gebärden als alle Pariser, ein eingewanderter deutscher Jude, Sylvain Kohn, der sich hier Hamilton nennt, und in dessen Händen alle Fäden des Kunstbetriebes zusammenlaufen. Er zeigt ihm die Maler, die Musiker, die Politiker, die Journalisten – enttäuscht wendet sich Johann Christof ab. Er spürt in ihren Werken nur einen unangenehmen »*Odor di femina*«, eine parfümierte, überladene, stickige Luft. Er sieht das Lob, die Pomade über die Stirnen der Einfältigen triefen, hört nur Geschrei und Anpreisung und Lärm, ohne ein wirkliches Werk zu sehen. Einiges freilich scheint ihm Kunst, aber es ist eine zarte, überfeinerte, dekadente Kunst, einzig aus Geschmack, nie aus Kraft gestaltet, innerlich brüchig durch Ironie, überklug, überfeinert, eine hellenistische, eine alexandrinische Literatur und Musik, Atem eines schon sterbenden Volkes, schwüle Blüte einer welkenden Kultur. Nur ein Ende sieht er und keinen Anfang, und der Deutsche in ihm hört schon das »Rollen der Kanonen, das dieses schwache Griechenland zerschmettern wird«.

Er lernt gute, er lernt schlechte Menschen kennen, eitle und dumme, stumpfe und beseelte, aber nicht einen einzigen in diesen Gesellschaften und Salons von Paris, der ihm Zutrauen zu Frankreich gibt. Der erste Bote kommt aus einer Ferne: es ist Sidonie, das bäurische Dienstmädchen, das ihn während seiner Krankheit pflegt. Hier erkennt er mit einem Male, wie ruhig und unerschütterlich, wie fruchtbar und stark die Erde ist, der Humus, aus dem alle diese fremden eingepflanzten Pariser Blumen ihre Kraft saugen: das Volk, das starke knochige, ernste, französische Volk, das seine Erde bebaut und sich um den Jahrmarktsbudenlärm nicht kümmert, das die Revolutionen gemacht hat mit seinem Zorn und die Napoleonischen Kriege mit seiner Begeisterung. Von diesem Augenblick an fühlt er, daß es ein wirkliches Frankreich geben müsse, das er nicht kennt, und einmal in einem Gespräch fragt er Sylvain Kohn: »Wo ist denn Frankreich hier?« Stolz antwortet Sylvain Kohn: »Frankreich, das sind wir!« Johann Christof lächelt bitter, er weiß, daß er es lange suchen muß, denn sie haben es gut versteckt.

Da endlich kommt jene Begegnung, die für ihn Schicksalswende und Erkenntnis ist, er lernt Olivier, den Bruder Antoinettes kennen, den wahren Franzosen. Und wie Dante, von Virgil belehrt, durch immer neue Kreise des Erkennens wandert, so entdeckt er, geführt von seiner »seelenkundigen Intelligenz«, mit Staunen, daß hinter diesem Vorhang von Lärm, hinter diesen schreienden Fassaden eine Elite in der Stille arbeitet. Er sieht das Werk von Dichtern, deren Namen nie genannt werden in den Tageszeitungen, sieht das Volk, die vielen stillen, anständigen Menschen, die abgesondert von dem Getümmel ihr Werk tun, jeder für sich. Er erkennt den neuen Idealismus eines Frankreich, das an der Niederlage seelisch stark geworden ist. Zorn und Erbitterung ist sein erstes Gefühl bei dieser Entdeckung. »Ich verstehe euch nicht,« schreit er den sanften Olivier an, »ihr lebt in dem schönsten Land, seid wundervoll begabt, habt den menschlichsten Sinn und wißt damit nichts anzufangen. Ihr laßt euch von einer Handvoll Lumpen beherrschen und mit Füßen treten. Steht doch auf, tut euch zusammen, fegt euer Haus rein!« Der erste, der natürlichste Gedanke des Deutschen ist Organisation, der Zusammenschluß der guten Elemente, der erste Gedanke des Starken der Kampf. Aber gerade die Besten in Frankreich beharren darauf, abseits zu bleiben: irgendeine geheimnisvolle Klarheit einerseits, eine leichte Resignation andererseits, jener Tropfen Pessimismus in der Klugheit, den Renan am sinnfälligsten ausdrückt, schreckt sie vom Kampf zurück. Sie wollen nicht handeln, und das allerschwerste ist, sie zu veranlassen, gemeinsam zu handeln: »sie sind zu klug, sie sehen den Rückschlag vor dem Kampf«, sie haben nicht den deutschen Optimismus, und darum bleiben sie alle isoliert und einsam, die einen aus Vorsicht, die anderen aus Stolz. Irgend etwas von einem »Stubenhockergeist« ist in ihnen, und Johann Christof sieht es am besten im eigenen Haus. In jedem Stockwerk wohnen anständige Leute, die sich wundervoll miteinander verständigen könnten, aber sie schließen sich gegeneinander ab. Zwanzig Jahre gehen sie auf den Treppen aneinander vorüber, ohne sich zu kennen oder sich umeinander zu kümmern und so ahnen sich die besten unter den Künstlern nicht.

Da erkennt nun plötzlich Johann Christof in Vorteil und Gefahr den wesentlichen Gedanken des französischen Volkes: die Freiheit. Jeder will frei sein, keiner sich binden. Sie verschwenden unerhörte Quantitäten von Kraft, indem sie, jeder für sich, den ganzen Zeitkampf auskämpfen, aber sie lassen sich nicht organisieren, nicht zusammenspannen. Wird ihre Tatkraft auch von ihrer Vernunft gelähmt, so bleibt sie doch frei in ihren Gedanken, und so bleiben sie einerseits befähigt, alles Revolutionäre mit der religiösen Inbrunst des Einsamen zu durchdringen, andererseits ihren Glauben immer wieder revolutionär zu erneuern. Diese ihre Konsequenz ist ihre Rettung, denn sie bewahrt sie vor der Ordnung, die sie starr macht, vor der Mechanisierung, die vereinheitlicht. Johann Christof begreift, daß die lärmende Jahrmarktsbude nur da ist, um die Gleichgültigen anzulocken und den wahrhaft Tätigen ihre schöpferische Einsamkeit zu lassen. Er sieht, daß dieser Lärm als Anfeuerung zur Arbeit für das französische Temperament Bedürfnis ist, daß die scheinbare Inkonsequenz in den Gedanken eine rhythmische Form beständiger Erneuerung ist. Sein erster Eindruck war, wie der so vieler Deutscher, die Franzosen seien fertig. Nach zwanzig Jahren erkennt er, daß er richtig gesehen und sie immer fertig waren, um immer neu anzufangen, daß in diesem scheinbar widerspruchsvollen Geist eine geheimnisvolle Ordnung waltet, eine andere wie im deutschen Wesen, und eine andere Freiheit. Und der Weltbürger, der keiner Nation mehr die Prägung seiner eigenen aufzwingen möchte, sieht lächelnd und froh die ewige Verschiedenheit der Rassen, aus denen sich, wie aus den sieben Farben des Spektrums, das Licht der Welt, die wundervolle Vielfalt des ewig Gemeinsamen, der ganzen Menschheit zusammenfügt.

Das Bildnis Deutschlands

Auch Deutschlands Bild ist in diesem Romane doppelt gesehen: und umgekehrt wie Frankreich mit den Augen eines Deutschen und aus der Perspektive eines Franzosen, zuerst von innen aus der Heimat, dann von außen aus der Ferne. Und ebenso wie in Frankreich sind hier zwei Welten unsichtbar übereinander geschichtet, eine laute und eine leise, eine falsche und eine wahre Kultur, das alte Deutschland, das sein Heldentum im Geistigen, seine Tiefe in der Wahrheit suchte, und das Neue, das berauscht ist von seiner Kraft und die große Vernunft, die in philosophischer Formung einst die Welt verändert, nun mißbraucht zu einer praktischen und geschäftlichen Tüchtigkeit. Nicht, daß der deutsche Idealismus erloschen wäre, der Glaube an eine reinere, schönere, von den Mischformen des Irdischen befreite Welt – im Gegenteil, seine Gefahr ist, daß er sich zu sehr verbreitet hat, allgemein und flach geworden ist. Das große deutsche Gottvertrauen hat sich praktisch gemacht und verirdischt in nationalen Zukunftsgedanken, sentimental in der Kunst und veräußerlicht im billigen Optimismus Kaiser Wilhelms. Dieselbe Niederlage, die Frankreichs Idealismus vergeistigte, hat als Sieg den deutschen materialisiert. »Was hat das siegreiche Deutschland der Welt gebracht?« fragt Christof einmal und entgegnet sich selber: »Das Blitzen der Bajonette, eine Tatkraft ohne Großherzigkeit, einen brutalen Wirklichkeitssinn, Gewalt mit Gier nach Vorteil vereinigt: Mars als Geschäftsreisenden.« Mit Schmerz erkennt Christof, daß Deutschland an seinem Siege verdorben ist, mit wahrhaftem Schmerz – denn »man steht seinem eigenen Lande anspruchsvoller gegenüber als einem anderen und leidet tiefer unter seiner Schwäche« – und der ewige Revolutionär haßt das Lärmende dieses Selbstgefühls, den militärischen Hochmut, den brutalen Kastengeist. Und im Zusammenstoß mit dem militärischen Deutschland, im Konflikt mit dem Sergeanten auf dem Tanzplatz des elsässischen Dorfes, bricht elementar der Haß des Künstlers, des Freiheitsmenschen gegen die Disziplin, gegen die Brutalisierung des Gedankens heraus. Er muß fliehen aus Deutschland, weil er hier nicht genug Freiheit fühlt.

Aber gerade von Frankreich aus beginnt er wieder die Größe Deutschlands zu erkennen – »in einer fremden Umgebung war er freieren Geistes«, dieses Wort gilt von ihm und von jedem – gerade an der Unordnung der Franzosen, an ihrer skeptischen Resignation lernt er die deutsche Tatkraft schätzen und das Lebenskräftige seines Optimismus, den hier das alte Volk der Träumer dem Volk des Geistes entgegensetzt. Freilich, er täuscht sich nicht darüber, daß dieser neudeutsche Optimismus nicht immer echt ist, und der Idealismus entartet zu einem gewaltsamen Willen, zu idealisieren. Er sieht es an seiner Jugendgeliebten, der banalen Provinzfrau, die in ihrem Mann einen Übermenschen vergöttert und von ihm als Inbegriff der Tugend gefeiert wird, sieht es in dem reinsten Deutschen, dem er begegnet, dem alten Musikprofessor Peter Schulz, diesem zärtlichen Symbol der musikalischen Vergangenheit, sieht selbst in den großen Meistern, daß – Curtius zitiert ausgezeichnet das wundervolle Goethewort – »in den Deutschen das Ideelle gleich sentimental wird«. Und seine leidenschaftliche Wahrhaftigkeit, die unerbittlich geworden ist an der französischen Klarheit, wehrt sich gegen diesen unklaren Idealismus, der Kompromisse schließt zwischen dem Wahren und dem Gewollten, der die Macht rechtfertigt mit Kultur, den Sieg mit der Kraft, und er setzt ihm stolz den eigenen Optimismus entgegen, der das Leben »erkennt und dennoch liebt« und zur Tragödie sein brausendes Hurra ruft. In Frankreich fühlt er die Fehler Frankreichs, in Deutschland die Deutschlands, und er liebt beide Länder eben um ihres Gegensatzes willen. Jedes leidet an schlechter Verteilung seiner Werte: in Frankreich ist die Freiheit zu allgemein, zu sehr verbreitet und schafft das Chaos, indes die Einzelnen, die Elite, ihren Idealismus rein bewahren; in Deutschland wiederum ist der Idealismus zu breit in die Masse gedrungen, hat sich versüßlicht zu Sentimentalität, verwässert zu einem merkantilen Optimismus, während nur eine ganz kleine Elite in Einsamkeit sich ihre volle Freiheit erhalten hat. Beide leiden sie an der Überspannung des Gegensatzes, des Nationalismus, der, wie Nietzsche sagt, »in Frankreich den Charakter, in Deutschland den Geist und Geschmack verdorben hat«. Könnten die beiden Völker in Annäherung und Durchdringung einander finden, so würden sie beglückt Christofs eigenes Erlebnis erfahren, der, »je reicher er war an germanischen Träumen, um so mehr der lateinischen Klarheit bedurfte«. Olivier und Christof, der Bund der Freundschaft, träumen von einer Verewigung ihres Gefühls im heimatlichen Volke, und über eine finstere Stunde des Bruderzwistes der Nationen ruft der Franzose dem Deutschen das heute noch unerfüllte Wort entgegen: »Hier unsere Hände! Trotz aller Lügen und allem Haß wird man uns nicht trennen. Wir haben einander zur Größe unseres Geistes, unserer Rasse nötig. Wir sind die beiden Schwingen des Okzidents. Wenn die eine zerbricht, ist auch der Flug der anderen zerstört. Möge der Krieg kommen. Er wird unsere verschlungenen Hände nicht lösen, wird den Aufschwung unserer Bruderseelen nicht hemmen.«

Das Bildnis Italiens

Als ein Alternder, ein Müdgewordener, lernt Christof dann das dritte Land der zukünftigen europäischen Einheit kennen, Italien. Nie hat es ihn gelockt. Auch hier hält ihn, wie seinerzeit von Frankreich, jene verhängnisvolle, vorurteilhafte Formulierung zurück, mit der sich die Nationen so gerne gegenseitig herabsetzen, um ihr eigenes Wesen durch Herabminderung der andern als einzig richtiges zu empfinden. Aber nur eine Stunde in Italien, und schon sind seine Vorurteile hingeschwunden in einer dämonischen Trunkenheit: das Feuer jenes nie gekannten Lichtes der italienischen Landschaft fällt über ihn hin, durchdringt und formt seinen Körper und befähigt ihn gleichsam atmosphärisch zum Genießen. Einen neuen Rhythmus des Lebens spürt er mit einemmal, nicht soviel stürmische Kraft wie in Deutschland, nicht soviel nervöse Beweglichkeit wie in Frankreich, aber diese »Jahrhunderte alte Kultur und Zivilisation« betäubt mit ihrer Süße den Barbaren. Der bisher aus der Gegenwart immer nur in die Zukunft blickte, er spürt mit einemmal den ungeheuren Reiz der Vergangenheit. Während die Deutschen ihre Form noch suchen, die Franzosen die ihre in ununterbrochenem Wechsel wiederholen und erneuern, lockt ihn hier ein Volk, das seine Tradition schon klar und gebildet in sich trägt und das nur seiner Vergangenheit, seiner Landschaft treu sein muß, um die subtilste Blüte seines Wesens zu erfüllen: die Schönheit.

Freilich sein Lebenselement vermißt Christof hier: den Kampf. Über allem Leben hegt hier ein leiser Schlaf, eine süße Müdigkeit, die verweichlicht und gefährdet. »Rom atmet den Tod, es hat zu viele Gräber.« Das Feuer, das Mazzini und Garibaldi entfachten und in dessen Glut das einige Italien gehämmert wurde, lodert zwar noch in einzelnen Seelen, auch hier gibt es einen Idealismus, aber er ist anders wie der deutsche, anders wie der französische, er ist noch nicht auf das Weltbürgerliche bezogen, sondern ganz im Nationalen befangen, »der italienische Idealismus bezieht alles auf sich, auf seine Wünsche, auf seine Rasse und ihren Ruhm«. In der windstillen phäakischen Luft lodert seine Flamme nicht so hoch, um Europa zu erhellen, aber sie brennt rein und schön in diesen jungen Seelen, die bereit sind für jede Leidenschaft, aber nur noch nicht den Augenblick gefunden haben, sie zu entflammen.

Und wie Johann Christof Italien zu lieben beginnt, beginnt er auch schon sich vor dieser Liebe zu fürchten. Er spürt, daß auch dieses Land ihm notwendig war, um in seiner Musik wie in seinem Leben das Ungestüm der Sinnlichkeit zu einer reinen Harmonie zu verklären, er begreift wie notwendig diese südliche Welt für die nordische ist, und sieht erst im Dreiklang das Wesen jeder Stimme erfüllt. Es ist hier weniger Wahn und mehr Wirklichkeit, aber sie ist zu schön: sie lockt zum Genuß, sie tötet die Tat. Wie für Deutschland sein eigener Idealismus Gefahr wird, weil er sich allzusehr verbreitet und im Mittelmenschen zur Lüge wird, wie Frankreich seine Freiheit verhängnisvoll wird, weil sie den einzelnen absperrt in seine Idee von Unabhängigkeit und ihn der Gemeinschaft entfremdet, so ist für Italien die eigene Schönheit Gefahr, weil sie allzu lässig macht, allzu nachgiebig und allzu zufrieden. Jeder Nation ist (wie jedem Menschen) immer das Persönlichste ihres Wesens, gerade also das, was die andern am meisten belebt und fördert, verhängnisvoll, und darum scheint es im Sinne der Rettung eines jeden Volkes und eines jeden Menschen, sich möglichst viel Gegensätzlichem zu verbinden, um sich dem höchsten Ideale nahe zu bringen: das Volk der europäischen Einheit, der Mensch der Universalität. Und so träumt auch hier in Italien wie in Frankreich und in Deutschland der alternde Johann Christof denselben Traum, den der zweiundzwanzigjährige Rolland zum ersten Male von der Höhe des Janikulus in sich gestaltet fühlte: den Traum der europäischen Symphonie, den bisher nur der Dichter in seinem Werke für alle Nationen erfüllte, den die Nationen aber selbst noch nicht verwirklicht haben.

Die Vaterlandslosen

Inmitten der drei gegensätzlichen Nationen, von denen sich Christof bald angezogen, bald abgestoßen fühlt, begegnet er überall einem einheitlichen Element, den Nationen angepaßt und doch nicht ganz darin verloren: den Juden. »Merkst du,« sagt er einmal zu Olivier, »daß wir es immer mit Juden zu tun haben, einzig und allein mit Juden? Man könnte meinen, wir zögen sie an, überall sind sie auf unserem Wege, als Feinde und als Verbündete.« Wirklich, überall begegnet er ihnen. In seiner Heimatstadt sind die reichen jüdischen Snobs um den »Dionysos« (freilich zu eigensüchtigen Zwecken) seine ersten Förderer, der kleine Sylvain Kohn sein Pariser Mentor, Lévy-Coeur sein erbittertster Feind, Weill und Mooch seine hilfreichsten Freunde: ebenso stoßen Olivier und Antoinette in Freundschaft und Feindschaft immer auf Juden. An jedem Kreuzweg des Künstlers sind sie als Wegzeiger zum Rechten wie zum Schlechten gestellt.

Christofs erstes Gefühl ist Widerstand. Ohne daß sich seine freie Natur in irgendein Gemeinschaftsgefühl des Hasses einengen ließe, hat er doch die von seiner frommen Mutter schon übernommene Abneigung und persönlich ein Mißtrauen, daß die allzu Nüchternen wirklich um sein Werk und Wesen wüßten. Aber immer muß er es wieder erfahren, daß sie die einzigen sind, die sich um sein Werk, um das Neuartige wenigstens bemühen.

Olivier, der Klarere von beiden, gibt ihm die Erklärung: er zeigt ihm, daß hier die Traditionslosen unbewußt die Wegmacher jedes Neuen sind, die Vaterlandslosen die besten Helfer gegen den Nationalismus. »Die Juden sind bei uns fast die einzigen, mit denen ein freier Mann etwas Neuartiges, etwas Lebendiges besprechen kann. Die anderen sitzen in der Vergangenheit, in toten Dingen fest. Verhängnisvollerweise besteht diese Vergangenheit für die Juden überhaupt nicht oder sie ist zumindest nicht die gleiche wie für uns. Mit ihnen können wir über das Heute sprechen, mit unseren Stammesgenossen nur von gestern ... Ich sage nicht, daß mir immer sympathisch ist, was sie machen, oft ist es mir sogar widerwärtig. Aber zumindest leben sie und wissen die Lebendigen zu verstehen ... Die Juden sind im heutigen Europa die zähesten Agenten alles Guten und alles Bösen. Sie befördern unbewußt das Samenkorn des Gedankens. Hast du unter ihnen nicht deine schlimmsten Feinde und deine ersten Freunde gefunden?«

Und Christof gibt ihm recht. »Es ist wahr, sie haben mich ermutigt, unterstützt, mir Worte gesagt, die den Kämpfenden belebten, weil sie mir zeigten, daß ich verstanden war. Allerdings sind mir von jenen Freunden wenige verblieben: ihre Freundschaft ist nur ein Strohfeuer gewesen. Gleichviel! Solch vorüberwehender Schein ist viel wert in der Nacht. Du hast recht: seien wir nicht undankbar.«

Und er ordnet sie ein, die Vaterlandslosen, in sein Bild der Vaterländer. Nicht, daß er die Fehler der Juden verkennt: er sieht wohl, daß sie kein produktives Element im höchsten Sinne für die europäische Kultur bedeuten, daß ihr tiefstes Wesen Analyse und Zersetzung ist. Aber eben das Zersetzende erscheint ihm wichtig, weil sie die Traditionen – den Erbfeind alles Neuen – unterminieren, weil ihre Vaterlandslosigkeit die Stechfliege ist, die den »ruppigen Hornviehnationalismus« aus seinen geistigen Grenzen treibt: ihre Zersetzung ist Sprengmittel des schon Abgestorbenen, des »ewig Gestrigen« und befördert neuen Geist, den sie selbst nicht zu schaffen vermögen. Die Vaterlandslosen sind die besten Helfer des zukünftigen »guten Europäers«. In vielem fühlt sich Christof von ihnen abgestoßen, der Lebensgläubige von ihrer Skepsis, der Heitere von ihrer Ironie, der Mann der unsichtbaren Ziele von ihrem Materialismus, aber der Starke spürt in ihnen den starken Willen, der Lebendige die Lebendigen, den »Gärungsstoff der Tat, den Sauerteig des Lebens«. Der Heimatlose sieht sich von den Vaterlandslosen in manchem am tiefsten, immer aber am raschesten verstanden, der freie Weltbürger versteht wiederum ihre letzte Tragik, das Losgelöstsein von allem, selbst von sich selbst. Er sieht, daß sie als Mittel wertvoll sind, obwohl sie selbst kein Ziel bedeuten, daß sie, wie alle Nationen und Rassen, gebunden werden müssen durch einen Gegensatz, daß diese »hypernervösen, aufgeregten Wesen eines Gesetzes bedürfen, das sie bindet. Die Juden sind wie die Weiber, ausgezeichnet, wenn man sie am Zügel hält, aber beider Herrschaft wäre unerträglich«. So wenig wie der französische, der deutsche Geist dürfte der ihre zum Gesetz werden: aber er will die Juden nicht anders, als sie sind. Jede Rasse ist notwendig durch das Prononzierte ihres Wesens zur Bereicherung irdischer Vielfalt und damit zur Steigerung des Lebens. Alles hat – der alternde Christof schließt ja Frieden mit der Welt – seinen bestimmten Sinn im Ganzen und in der großen Harmonie jeder einzelne starke Ton seinen Wert. Was einzeln sich befeindet, hilft das Ganze binden, auch das Niederreißende ist notwendig für den neuen Bau, der analytische Geist die Vorbedingung des synthetischen. Und so grüßt er die Vaterlandslosen in den Vaterländern als Helfer zum Werke des neuen allmenschlichen Vaterlandes, er nimmt sie auf in den europäischen Traum, dessen fernem rauschendem Rhythmus sein freies Blut sehnsüchtig entgegenschwingt.

Die Generationen

Hürde und Hürde also um die ganze Menschenherde, und sie alle muß der wirklich Lebendige zerbrechen, um frei zu sein; Hürde des Vaterlands, das ihn abschließt von den anderen Völkern, Hürde der Sprache, die sein Denken einzwängt. Hürde der Religion, die ihn unverstehend macht für anderen Glauben, Hürde des eigenen Wesens, das mit Vorurteil und falsch Gelerntem den Weg in die Wirklichkeit sperrt. Furchtbare Absonderung: die Völker verstehen einander nicht, die Rassen, die Konfessionen, die einzelnen Menschen verstehen einander nicht, weil sie alle abgesondert sind, jeder erlebt nur Teil des Lebens, Teil der Wahrheit, Teil der Wirklichkeit, und jeder hält sein Stück für die Wahrheit.

Der freie Mensch aber – »frei vom Wahn des Vaterlandes, des Glaubens und der Rasse« – selbst er, der allen Kerkern entronnen zu sein meint, entflieht einem letzten Kreise nicht: er ist in seine Zeit gebunden, an seine Generation gefesselt, denn Generationen sind die Stufen des Aufstiegs der Menschheit, jedes Geschlecht baut die ihren an die früheren an, es gibt da kein Voraus und Zurück, jede hat ihre Gesetze, ihre Form, ihre Sitten, ihren inneren Gehalt. Und das Tragische dieser unentrinnbaren Gemeinschaft ist, daß nicht eine Generation an die andere friedlich anschließt, ihre Resultate ausbaut, sondern daß sie – ganz wie die Menschen, ganz wie die Nationen – von feindlichen Vorurteilen gegen die nachbarlichen erfüllt ist. Auch hier ist Kampf und Mißtrauen ewiges Gesetz; immer verwirft die nächste Generation, was die gegenwärtige getan, erst die dritte oder vierte findet wieder zu den anderen zurück; alle Entwicklung ist eben im Sinne Goethes Spirale, gesteigerte Wiederkehr, die in immer engeren Kreisen aufwärts steigend an die gleichen Punkte zurückläuft. Und darum ist der Kampf ein ewiger zwischen Geschlecht und Geschlecht.

Jede Generation ist notwendigerweise ungerecht gegen die frühere. »Die Generationen, die einander folgen, empfinden immer lebhafter das, was sie trennt, als das, was sie eint. Sie fühlen die Notwendigkeit, die Wichtigkeit ihrer Existenz zu betonen, sei es auch um den Preis einer Ungerechtigkeit oder einer Lüge gegen sich selbst.« So wie die Menschen haben sie »ein Alter, wo man ungerecht sein muß, um leben zu können«, sie müssen ihren Inhalt an Ideen, Formen und Kultur gewaltsam ausleben und können ebensowenig schonungsvoll sein gegen die späteren, wie die früheren gegen sie. Hier waltet das ewige Naturgesetz des Waldes, wo die jungen Bäume den alten die Erde wegtrinken und sie entwurzeln, die Lebenden über die Leichen der Toten schreiten: die Generationen kämpfen, und jeder einzelne Mensch kämpft unbewußt (so sehr er sich auch im Gegensatz zu ihr empfinden möge) für seine Zeit.

Der junge Johann Christof, selbst er der Einsame, war, ohne es zu wissen, mit seiner Revolte gegen seine Zeit Repräsentant einer Gemeinsamkeit gewesen: in ihm hatte seine Generation gekämpft gegen die absterbende, war ungerecht gewesen in seiner Ungerechtigkeit, jung mit seiner Jugend, leidenschaftlich mit seiner Leidenschaft. Und er ist gealtert mit ihr: unabwendbar sieht er schon neue Wellen sich über ihn heben und sein Werk stürzen. Rings um ihn sind, die mit ihm Revolutionäre waren, Konservative geworden und kämpfen gegen die neue Jugend, wie sie als Jugend gegen die Alten gekämpft hatten: nur die Kämpfer wechseln, der Kampf bleibt derselbe. Johann Christof aber lächelt und blickt freundlich auf die Neuen; denn er liebt das Leben mehr als sich selbst. Vergebens sucht sein Freund Emanuel ihn zu bewegen, sich zu verteidigen und moralisch eine Generation zu verurteilen, die alles für nichtig erklärt, was sie mit der Aufopferung einer ganzen Existenz als wahr erkannten. Christof aber fragt: »Was ist wahr? Es geht nicht an, die Sittlichkeit einer Generation mit dem Maßstab der früheren zu messen«; und als der andere ihn mit dem gefährlichen Argumente drängt: »Wozu haben wir dann ein Maß für das Leben gesucht, wenn wir es nicht zum Gesetz erheben sollen?«, deutet er groß auf das Ewige des Ablaufs: »Sie haben von uns gelernt, sie sind undankbar: das ist die Ordnung der Dinge. Aber durch unsere Anstrengung bereichert, gehen sie weiter als wir, sie verwirklichen, was wir versucht haben. Falls noch etwas von Jugend in uns steckt, laß uns von ihnen lernen und uns zu verjüngen suchen. Und können wir's nicht mehr, sind wir zu alt, so laß uns wenigstens uns noch daran erfreuen.«

Generationen müssen wachsen und absterben wie die Menschen: alles Irdische ist an Natur gebunden, und der große Gläubige, der freie Fromme beugt sich dem Gesetz. Aber er verkennt nicht (und das ist eine der tiefsten kulturhistorischen Erkenntnisse dieses Buches), daß auch dieser Ablauf, dieser Wechsel der Werte seine eigene zeitliche Rhythmik hat. Früher umfaßte eine Epoche, ein Stil, ein Glaube, eine Weltanschauung ein Jahrhundert, jetzt nicht einmal mehr ein Menschenleben, kaum eine Dekade. Der Kampf ist hitziger, ungeduldiger, nervöser geworden, die Menschheit verbraucht mehr und verdaut rascher Ideen. »Die Entwicklung des europäischen Gedankens ging mit immer hastigerem Schritt vorwärts, man hätte meinen können, daß sie mit den technischen Motoren immer geschwinder würde... Der Vorrat an Vorurteil und Hoffnung, der einst genügt hatte, zwanzig Jahre die Menschheit zu ernähren, ist in fünf Jahren verbraucht, die geistigen Generationen galoppieren eine hinter der anderen und oft übereinander fort.« Und die Rhythmik dieser geistigen Verwandlung ist die eigentliche Epopöe dieses Romans. Wie Johann Christof von Paris nach Deutschland zurückkehrt, erkennt er Deutschland kaum wieder, wie er von Italien Paris aufsucht, nicht mehr Paris: es ist da und dort noch die alte »foire sur la place«, der alte Jahrmarkt, aber man handelt andere Werte darauf, andere Glauben und andere Ideen mit dem gleichen Geschrei. Zwischen Olivier und seinem Sohn Georg liegt eine geistige Welt: was jenem das Teuerste war, ist seines Sohnes Verachtung. Zwanzig Jahre sind eine Kluft.

Das fühlt Christof, und das fühlt sein Dichter mit ihm. Das Leben will ewig neue Formen, es läßt sich nicht dämmen in Gedanken, nicht einschließen in Philosophien und Religionen: immer sprengt es eigenwillig den Begriff. Jede Generation versteht nur sich selbst, ihr Wort ist immer nur ein Vermächtnis an unbekannte Erben, die es dann auslegen und erfüllen in ihrem eigenen Sinne. Die Wahrheit gehört einzig bloß dem, der sie für sich erobert, jedem Menschen, jedem Geschlecht. »*Vérité! Il n'y a pas de vérité. Il n'y a que des hommes, qui peinent pour la chercher. Respectez-vous les uns les autres.*« »Es gibt keine Wahrheit, es gibt nur Menschen, die sie mühevoll suchen. Es gibt kein freies Volk und keine Freiheit: es gibt nur freie Menschen.« Ihr Leben ist die einzige Lehre für die andern. Und als ein Vermächtnis seiner tragischen und einsamen Generation gibt Rolland darum sein großes Bild einer freien Seele, »den freien Seelen aller Zeiten und Völker, die leiden, die kämpfen und die siegen werden«, mit den Worten: »Ich habe die Tragödie einer Generation geschrieben, die im Schwinden begriffen ist. Ich habe nichts von ihren Lastern und ihren Tugenden zu verheimlichen gesucht, nichts von der auf ihr lastenden Traurigkeit, ihrem wirren Hochmut, ihrem heldenhaften Bestreben im Ertragen des Leides, das eine übermenschliche Aufgabe ihnen erdrückend aufgebürdet hat, ein ganzes Stück Welt neu zu schaffen: eine Moral, eine Ästhetik, einen Glauben, eine neue Menschheit. – So sind wir gewesen.

Ihr Menschen von heute, ihr jungen Menschen, nun ist die Reihe an euch! Schreitet über unsere Leiber hinweg und tretet in die vorderste Reihe. Seid größer und glücklicher als wir. Ich selbst nehme Abschied von dem, was meine Seele war; ich werfe sie hinter mich wie eine leere Hülle. Das Leben ist eine Folge von Toden und Auferstehungen. Laß uns sterben, Christof, auf daß wir wieder geboren werden.«

Der letzte Blick

Johann Christof ist am anderen Ufer, er hat den Strom des Lebens durchschritten, umrauscht von großer Musik. Schon scheint das Erbe geborgen, der Sinn der Welt, den er auf den Schultern durch Sturm und Flut getragen: der Glaube an das Leben.

Noch einmal sieht er hinüber zu den Menschen, hinüber in das verlassene Land. Fremd ist ihm alles geworden, er versteht die Neuen nicht mehr, die dort sich mühen und quälen in leidenschaftlichem Wahn. Er sieht ein neues Geschlecht, anders jung als das seine, kraftvoller, brutaler, unduldsamer, von anderem Heroismus beseelt als die früheren. Sie haben am Sport ihren Körper gekräftigt, in Flügen ihre Kühnheit gereift, »sie sind stolz auf ihre Muskeln und ihre breite Brust«, sie sind stolz auf ihr Vaterland, stolz auf ihre Religion, auf ihre Kultur, auf alles Gemeinsame, das sie selbst zu sein scheinen, und aus jedem Stolz schmieden sie eine Waffe. Sie haben »mehr Verlangen, zu handeln als zu verstehen«, sie wollen ihre Kraft zeigen und versuchen. Mit Schrecken erkennt der Sterbende: diese Generation, die selbst den Krieg nicht mehr gekannt, will den Krieg.

Schauernd blickt er um sich: »Die Feuersbrunst, die im Walde Europas glomm, begann aufzuflammen. Wenn man sie auch hier unterdrückte, etwas weiter fort entzündete sie sich wieder; mit Rauchwirbeln und Funkenregen sprang sie von einem Punkt zum anderen und brannte das dürre Buschwerk nieder. Im Orient fanden als Vorspiel zu dem großen Kriege der Nationen bereits Vorpostengefechte statt. Europa, das gestern noch zweiflerisch und apathisch wie ein toter Wald dalag, wurde eine Beute des Feuers. Die Sehnsucht nach Kampf brannte in allen Seelen. In jedem Augenblick konnte der Krieg ausbrechen. Man erstickte ihn. Er lebte wieder auf. Der geringste Vorwand bot ihm Nahrung. Die Welt fühlte sich von einem Zufall abhängig, der das Gemetzel entfesseln würde. Sie wartete. Auf den Friedliebenden lastete das Gefühl der Notwendigkeit. Und die Ideologen, die sich hinter dem massigen Schatten Proudhons verschanzten, feierten im Kriege den höchsten Adelstitel des Menschen...

Damit also mußte die körperliche und seelische Wiederauferstehung der Rassen des Okzidents enden! Zu solchen Schlächtereien rissen die Strömungen leidenschaftlichen Tatendranges und Glaubens sie hin! Nur ein napoleonisches Genie hätte diesem blinden Dahinrasen ein vorgefaßtes und erwähltes Ziel setzen können. Aber ein Genie der Tat gab es in Europa nirgends. Man hätte meinen können, die Welt habe unter den Unbedeutendsten die Auswahl getroffen, damit sie sie regieren. Die Kraft des menschlichen Geistes lag anderwärts.«

Und da gedenkt Christof der einsamen Nachtwache in vergangener Zeit, da das angstvolle Antlitz Oliviers neben ihm war. Damals hatte sich nur eine Gewitterwolke am Himmel gezeigt, jetzt bedeckten ihre Schatten ganz Europa. Vergebens also der Ruf nach Einheit, vergebens der Weg durch das Dunkel. Mit tragischer Gebärde blickt der Seher in die Zeit zurück und sieht in der Ferne die apokalyptischen Reiter, die Boten des Bruderkrieges.

Aber neben dem Sterbenden lächelt wissend das Kind: das ewige Leben.

Intermezzo scherzoso (»Meister Breugnon«)

»Breugnon, mauvais garçon, tu ris,
n'as tu pas honte? – Que veux tu,
mon ami, je suis, ce que je suis.
Rire ne m'empèche pas de souffrir;
mais souffrir n'empèchera jamais un
bon Français de rire. Et qu'il rie
ou larmoie, il faut d'abord, qu'il

voie«.

Rolland, Colas Breugnon

Die Überraschung

Zum erstenmal hat dieses bewegte Leben Rast. Der große zehnbändige Johann-Christof-Roman ist vollendet, das europäische Werk getan: zum erstenmal lebt Romain Rolland außerhalb seines Werkes, frei für neues Wort, neue Gestalten, neues Werk. Sein Schüler Johann Christof ist in die Welt gegangen – als »der lebendigste Mensch, den wir kannten«, wie Ellen Key sagte –, er sammelt Freunde um sich, eine stille und immer wachsende Gemeinde, aber was er verkündet, ist für Rolland schon Vergangenheit. Und er sucht einen neuen Boten für neue Botschaft.

Wieder ist Romain Rolland in der Schweiz, dem geliebten Land zwischen den drei geliebten Ländern, das so vielen seinen Werken günstig gewesen und wo das Werk seiner Werke, der Johann Christof, begonnen und an dessen Grenze es beendet war. Heiterer, stiller Sommer schenkt ihm gute Rast: sein Wille ist ein wenig entspannt; das Wesentliche ist ja getan, lässig spielt er mit verschiedenen Plänen, schon häufen sich die Notizen für einen neuen Roman, für ein Drama aus der geistigen und kulturellen Sphäre Johann Christofs.

Wie so oft bei Romain Rolland, zögert die Hand zwischen den Plänen. Da plötzlich, wie einst vor fünfundzwanzig Jahren auf der Terrasse des Janikulus die Vision des Johann Christof, überfällt ihn jetzt inmitten einiger schlaflosen Nächte eine fremde und doch vertraute Gestalt, ein Landsmann aus Vorväterzeit und stößt alle Pläne mit seiner breiten Gegenwart um. Kurz vorher war Rolland nach Jahren wieder in seiner Heimat, in Clamecy gewesen, seine eigene Kindheit war im Anblick der alten Stadt aufgewacht, unbewußt hat das Gefühl der Heimat in ihm zu wirken begonnen und fordert von ihrem Kinde, das die Ferne geschildert, nun selbst Gestaltung. Er, der mit aller Kraft und Leidenschaft sich aus dem Franzosen zum Europäer emporgerungen und dieses Bekenntnis abgelegt vor der Welt, fühlt nun wieder rechte Lust, für sich selbst auf eine schöpferische Stunde ganz Franzose, ganz Burgunder und Niverneser zu sein. Der Musiker, der in seiner Symphonie alle Stimmen vereinigt, die stärksten Spannungen des Gefühls, sehnt sich nach einem ganz neuen Rhythmus, nach einer Entspannung in die Heiterkeit. Ein Scherzo zu schreiben, ein leichtes freies Werk nach den verantwortungsvollen zehn Jahren, wo er »die Rüstung des Johann Christof um die Seele getragen«, die immer enger ihm gegen das Herz drückt, scheint ihm nun Wollust; ein Werk ganz jenseits von Politik, von Moral, von Zeitgeschichte, göttlich verantwortungslos, eine Flucht aus der Zeit.

Über Nacht fällt der neue Gedanke über ihn her; am nächsten Tage hat er schon in froher Flucht die alten Pläne verlassen, der Rhythmus perlt in tänzerischem Fluß. Und so schreibt zu seinem eigenen freudigen Erstaunen in den wenigen Monaten des Sommers 1913 Romain Rolland seinen heiteren Roman »Colas Breugnon« (»Meister Breugnon«), das französische Intermezzo der europäischen Symphonie.

Der Bruder aus Burgund

Ein ganz fremder Geselle aus seiner Heimat und dem eigenen Blut, so glaubt zuerst Rolland, habe ihn da überfallen; wie ein Meteor sei dies Buch aus dem heitern französischen Himmel plötzlich in seine geistige Welt gestürzt. Tatsächlich: die Melodie ist anders, anders die Rhythmik, die Tonart, die Zeit. Aber hört man genauer in diesen Menschen hinein, so bedeutet im letzten auch dies ergötzliche Buch keine Abweichung, sondern nur eine archaisierende Variation von Romain Rollands Leitmotiv des Lebensglaubens; Colas Breugnon der Biedermann aus Burgund, der tapfere Holzschneider, Trinker, Lustigmacher, Farceur, dieser schnurrige Bohnenkönig ist trotz Stulpenstiefel und Halskrause ein ferner Bruder Johann Christofs über Jahrhunderte hinweg, so wie Prinz Aërt und König Ludwig zarte Vorahnen und Brüder Oliviers gewesen waren.

Hier wie immer ist das gleiche Motiv unterstes Fundament des Romans: wie ein Mensch, wie ein schöpferischer Mensch (andere zählen bei Rolland nicht im höchsten Sinn) mit dem Leben und vor allem mit der Tragik des eigenen Lebens fertig wird. Auch das Buch von Colas Breugnon ist ein Künstlerroman wie der Johann Christof, nur ist hier ein neuer Typus des Künstlers gestaltet, der im Johann Christof nicht mehr möglich war, weil er schon unserer Zeit entschwunden ist. Colas Breugnon soll den undämonischen Künstler darstellen, der nur Künstler ist durch Treue, Fleiß und Leidenschaft, der aus dem Handwerk, aus dem täglichen bürgerlichen Beruf erwächst und den nur seine Menschlichkeit, sein Ernst und seine biedere Reinheit zur hohen Kunst erheben. In ihm hat Rolland an alle namenlosen Künstler gedacht, die in den Kathedralen Frankreichs anonym die Steinfiguren schufen und die Portale, die kostbaren Schlösser, die schmiedeeisernen Gewinde, an all die Unbekannten und Namenlosen, die nicht ihre Eitelkeit und ihren Namen mit in den Stein hämmerten, aber irgend etwas anderes in ihr Werk fügten, das heute selten geworden ist: die reine Freude am Schaffen. Schon einmal, im Johann Christof, hatte Romain Rolland zu einem kleinen Hymnus auf das bürgerliche Leben der alten Meister angesetzt, die ganz aufgingen in ihrer Kunst und einem stillen Bürgerberufe, und von fern auf die bescheidene Gestalt, das enge Leben Sebastian Bachs und der Seinen gedeutet. Schon dort hatte er auf die »humbles vies héroïques« hingewiesen, auf die unscheinbaren Helden des Alltags, die namenlos und ungekannt Sieger bleiben über das unendliche Schicksal. Und einen solchen will er hier erschaffen, damit in den vielen Bildern des Künstlers, Michelangelo, Beethoven, Tolstoi und Händel und all den ersonnenen Gestalten nicht auch jener fehle, der in Freude schafft; der nicht den Dämon in sich trägt, aber einen Genius der Rechtlichkeit und sinnlicher Harmonie, der nicht daran denkt, die Welt zu erlösen, sich tief in die Probleme der Leidenschaft und des Geistes einzuwühlen, sondern der einzig nur seinem Handwerk jenes Höchste an Reinheit entringt, das Vollendung ist und damit das Ewige. Dem modernen Nervenkünstler ist der sinnlich-natürliche Handwerkskünstler entgegengesetzt, Hephaistos, der göttliche Schmied, dem pythischen Apollo und Dionysos. Der Kreis solch eines Zweckkünstlers bleibt naturgemäß ein enger, aber wesenhaft ist immer nur: daß ein Mensch seine Sphäre ausfüllt.

Doch Colas Breugnon wäre kein Künstler Rollands, wenn nicht auch er mitten in den Kampf des Lebens gestellt wäre und nicht auch an ihm gezeigt würde, wie der wahrhaft freie Mensch immer stärker ist als sein Schicksal. Auch dieser kleine muntere Bürger hat sein gerüttelt Maß an menschlicher Tragik. Sein Haus verbrennt mit allen seinen Werken, die er in dreißig Jahren geschaffen, seine Frau stirbt, der Krieg verheert das Land, Neid und Bosheit verstümmeln seine letzten Kunstwerke, und schließlich wirft ihn noch Krankheit in irgendeinen Winkel. Nichts bleibt ihm als »die Seelen, die er geschaffen«, seine Kinder, sein Lehrjunge und ein Freund gegen seine Peiniger, das Alter, die Armut, die Gicht. Aber dieser burgundische Bauernsohn hat eine Kraft gegen das Schicksal, die nicht geringer ist als der elementare deutsche Optimismus Johann Christofs und der unerschütterliche geistige Glaube Oliviers: er hat seine freie Heiterkeit. »Leiden hindert mich niemals zu lachen und Lachen hindert mich nie, gleichzeitig zu weinen«, sagt er einmal; ein Epikuräer, ein Schlemmer, ein

Trinker, ein Faulenzer im Genuß, wird dieser heimliche Held ein Stoiker, ein Bedürfnisloser im Unglück. »Je weniger ich habe, desto mehr bin ich«, scherzt er hinter seinem verbrannten Haus. Hat der burgundische Handwerker auch kürzeren Wuchs als sein Bruder von jenseits des Rheins, so steht er doch ebenso fest wie jener auf der geliebten Erde, und während sich Christofs Dämon austobt in Gewittern des Zorns und der Ekstase, hat Breugnon seinen gallischen Spott, seine helle gesunde Klarheit gegen das Schicksal. Über Tod und Unglück hilft ihm die Laune hinweg, die wissende große Heiterkeit, die ja auch eine – und nicht geringe – andere Form der seelischen Freiheit ist.

Freiheit aber ist immer der letzte Sinn von Rollands Helden. Er will immer nur als Beispiel den Menschen zeigen, der sich wehrt gegen das Schicksal, gegen Gott, der sich nicht unterkriegen läßt, von keiner Gewalt des Lebens. Hier hat es ihn gelüstet, diesen Kampf sich nicht in der dämonischen dramatischen Sphäre abspielen zu lassen, sondern im Bürgerlichen, das Rolland in seinem Gerechtigkeitssinn ebenso hoch stellt wie die Welt der Genies oder der Straße. Gerade im kleinen Bild zeigt er die Größe. Mag es komisch wirken, wie der verlassene Alte sich wehrt, ins Haus seiner eigenen Tochter zu ziehen, oder wie er prahlerisch den Gleichgültigen spielt beim Brand seines Hauses, um nicht das Mitleid der Menschen annehmen zu müssen – auch in diesen tragikomischen Szenen ist ein Beispiel gegeben und kaum geringer als im Johann Christof, daß der innerlich unerschütterliche Mensch Herr seines Schicksals und damit Herr des ganzen Lebens bleibt.

Colas Breugnon ist vor allem der freie Mensch, dann erst Franzose, dann Bürger; er liebt seinen König, aber nur solange, als er ihm seine Freiheit läßt; er liebt seine Frau, aber tut doch was er will; er sitzt bei einem Priester und geht doch nicht in die Kirche, er vergöttert seine Kinder, aber wehrt sich doch aus Leibeskräften, bei ihnen zu wohnen. Er ist gut Freund mit allen und keinem Untertan, freier als der König selbst, und das gibt ihm jenen Humor, den nur eben der freie Mensch findet, dem die ganze Erde gehört. Bei allen Völkern und zu allen Zeiten ist der nur lebendig, der stärker ist als sein Schicksal, der frei durch das Netz der Menschen und Dinge im großen Strom des Lebens schwimmt. »Was ist das Leben? eine Tragödie! Hurra!« sagt der ernste Rheinländer Christof, und sein Bruder Colas aus Burgund, dem Weinland, antwortet: »Das Schwere ist der Kampf, aber der Kampf ist das Vergnügen.« Über die Jahrhunderte und Sprachen blicken sich die beiden mit wissenden Augen an: man spürt, freie Menschen verstehen einander zu allen Zeiten und in allen Nationen.

Gauloiserie

Als Intermezzo hatte sich Rolland den Colas Breugnon gedacht, als behagliche Arbeit, um gewissermaßen einmal das Vergnügen auszukosten, unverantwortlich zu schaffen. Aber es gibt kein Unverantwortliches in der Kunst. Was man schwer anfaßt, wird oft schlecht, und das Leichteste das Schönste.

Künstlerisch ist Colas Breugnon vielleicht Rollands gelungenstes Werk. Eben weil es aus einem Gusse ist und, hinfließend in einem einzigen Rhythmus, sich nirgends an Problemen staut. Der Johann Cristof war ein Buch der Verantwortung und des Gleichgewichtes. Jede Erscheinung der Zeit wollte darin besprochen werden, forderte von allen Seiten gesehen zu sein in Spiel und Widerspiel, jedes Land machte seinen Anspruch auf Gerechtigkeit. Das Enzyklopädische, das gewollt Vollständige des Weltbildes zwang notwendig manches gewaltsam hinein, was nicht musikalisch zu bewältigen war. Dieser Roman aber ist ganz auf einen Ton gestimmt, ganz aus einem einzigen Rhythmus gestaltet, wie eine Stimmgabel schwingt der erste Satz, und von ihm aus geht es durch das ganze Buch in der gleichen heiteren Melodie, für die der Dichter hier eine besonders glückliche Form gefunden hat, eine Prosa, die Dichtung ist, ohne zum Vers zu werden, die reimend ineinandergleitet ohne sich in Zeilen zu teilen. Von Paul Fort hat Rolland vielleicht den Grundton übernommen, aber was dort in den »französischen Balladen« rundreimhaft sich zu Kanzonen formt, ist hier durch ein ganzes Buch taktiert und sprachlich auf das glücklichste mit Altfranzösischem im Geiste Rabelais' durchwürzt.

Hier, wo Rolland Franzose sein will, geht er gleich auf den Kern des Franzosentums, auf den gallischen Geist, auf die »Gauloiserie« und gewinnt ihr musikalisch diese neue Nuance ab, die unvergleichbar ist mit allen bekannten Formen. Zum erstenmal ist hier ein ganzer Roman so wie Balzacs »Contes drôlatiques« archaisierend erzählt, aber das Schnörkelige, Krause der Diktion immer musikalisch durchwebt: Der »Tod der Alten« oder »Das abgebrannte Haus« sind wie Balladen, so geschlossen und bildhaft. Ihre innige und beseelte Rhythmik löst die Heiterkeit der anderen Bilder ab, ohne sie aber innerlich zu brechen: leicht wie Wolken gleiten die Stimmungen vorüber, und der Horizont der Zeit lächelt selbst unter den finstersten dieser Wolken fruchtbar hell herein. Nie war Rolland dem reinen Dichter in sich näher als in diesem Werke, wo er ganz Franzose ist, und was ihm Spiel und Laune schien, zeigt am sinnlichsten den lebendigen Quell seiner Kraft: seinen französischen Geist gelöst in ewiges Element, in die Musik.

Das Gewissen Europas

»Wer über sich Werte fühlt, die er
hundertmal höher nimmt als das
Wohl des ›Vaterlands‹, der Gesellschaft,
der Bluts- und Rassenverwandtschaft
– Werte, die jenseits
der Vaterländer und Rassen stehen,
also internationale Werte –, der
würde zum Heuchler, wenn er den
Patrioten spielen wollte. Es ist eine
Niederung von Mensch zu Mensch,
welche den nationalen Haß aushält
(oder gar bewundert und verherrlicht).«
Nietzsche, Vorreden-Material im Nachlaß

»La vocation ne peut être connue et
prouvée que par le sacrifice que fait
le savant et l'artiste de son repos,
de son bien-être pour suivre sa vocation.«
Brief Leo Tolstois an Rolland
4. Oktober 1887

Die vergebliche Botschaft

Johann Christof war der wissende Abschied von einer Generation. Colas Breugnon ist ein anderer Abschied, ein unbewußter: von dem alten, sorglosen, heiteren Frankreich. Den Späteren seines Blutes wollte dieser *»bourguignon salé«* zeigen, wie man das Leben mit dem Salz des Spottes durchwürzen und doch freudig genießen kann: allen Reichtum seiner geliebten Heimat hatte er darin ausgebreitet und seinen schönsten: die Freude am Leben.

Sorglose Welt: sie wollte auch der Dichter für eine erwecken, die sich in Not und unseliger Feindschaft verzehrte. Ein Ruf zum Leben über Jahrhunderte hinweg, sollte aus Frankreich dem Deutschen Johann Christof antworten, auch hier zwei Stimmen sich lösend in die hohe Harmonie Beethovens, den Ruf an die Freude. Im Herbst 1913 waren die Blätter wie goldene Garben geschichtet. Bald war das Buch gedruckt, im nahen Sommer 1914 sollte es erscheinen.

Aber der Sommer 1914 hatte blutige Saat. Die Kanonen, die Johann Christofs Warnungsruf überdonnerten, zerschmetterten auch den Ruf zur Freude, das Lachen Meister Breugnons.

Der Hüter des Erbes

Der zweite August 1914 reißt Europa in Stücke. Und mit der Welt bricht auch der Glaube, den die Brüder im Geiste, Johann Christof und Olivier, mit ihrem Leben erbaut, zusammen. Ein großes Erbe liegt verwaist. Voll Haß scharren in allen Ländern die Kärrner des Krieges mit zornigen Spatenschlägen den einst heiligen Gedanken der menschlichen Brüderschaft wie einen Leichnam zu den Millionen Toten.

Romain Rolland ist in dieser Stunde vor eine Verantwortung ohnegleichen gestellt. Er hat die Probleme geistig gestaltet: nun kehrt das Ersonnene zurück als furchtbare Wirklichkeit. Der Glaube an Europa, den er Johann Christof zu hüten gegeben, ist unbeschützt: er hat keinen Sprecher mehr, und nie war es notwendiger, seine Fahne gegen den Sturm zu tragen. Und der Dichter weiß, jede Wahrheit ist nur eine halbe Wahrheit, solange sie im Wort gefangen bleibt. Der wahre Gedanke lebt erst in der Tat, ein Glaube erst als Bekenntnis.

In Johann Christof hatte Romain Rolland alles im voraus gesagt zu dieser unvermeidlichen Stunde; aber doch, um das Bekenntnis wahr zu machen, muß er jetzt noch etwas hinzufügen: sich selbst. Er muß tun, was sein Johann Christof für Oliviers Sohn tat: die heilige Flamme hüten; er muß, was sein Held prophetisch verkündigte, lebendig erstehen lassen durch die Tat. Wie er es getan hat, ist uns allen unvergeßliches Beispiel geistigen Heldentums geworden, ein Erlebnis, noch hinreißender als das geschriebene Werk. Christof und Oliviers Gerechtigkeitswillen sahen wir in seiner Gestalt restlos gelebte Überzeugung geworden, mit dem ganzen Gewicht seines Namens, seines Ruhmes, seiner künstlerischen Kraft einen Menschen aufrecht stehen wider Vaterland und Ferne, den Blick geradeaus erhoben in den Himmel des überzeitlichen Glaubens.

Daß dieses Beharren auf der Überzeugung, dieses scheinbar Selbstverständliche für eine Zeit des Wahns das Schwerste war, hat Rolland nie verkannt. Aber – wie er an einen französischen Freund in den Septembertagen 1914 schrieb: »Man sucht sich nicht seine Pflicht aus, sie zwingt sich einem auf, und die meine ist (mit Hilfe jener, die meine Gedanken teilen), aus der Sintflut die letzten Überreste des europäischen Geistes zu retten.« Er weiß, »die Menschheit verlangt, daß gerade die, die sie lieben, ihr standhalten müssen und sogar gegen sie kämpfen, wenn es not tut«.

Diesen Kampf im Kampfe der Völker haben wir durch fünf Jahre heroisch gesteigert erlebt, das Wunder eines Nüchternen gegen den Wahn der Millionen, des Freien gegen die Knechtschaft der öffentlichen Meinung, des Liebenden gegen den Haß, des Europäers gegen die Vaterländer, des Gewissens gegen die Welt. Und es war in dieser langen blutigen Nacht, da wir manchmal in Verzweiflung über das Sinnlose der Natur zu vergehen meinten, einzige Tröstung und Erhebung, zu erkennen, daß die stärksten Gewalten, die Städte zermalmen und Reiche vernichten, doch ohnmächtig bleiben gegen einen einzigen Menschen, wenn er den Willen und die seelische Unerschrockenheit hat, frei zu sein; denn die sich Sieger über Millionen dünkten, konnten eines nicht meistern: das freie Gewissen.

Vergebens darum ihr Triumph, sie hätten den gekreuzigten Gedanken Europas begraben. Der wahre Glaube schafft immer das Wunder. Johann Christof hatte seinen Sarg gesprengt und war auferstanden in der Gestalt seines Dichters.

Der Vorbereitete

Es mindert nicht das moralische Verdienst Romain Rollands, es entschuldigt nur vielleicht ein wenig die anderen, wenn man feststellt, daß Rolland wie kein anderer Dichter der Zeit innerlich auf den Krieg und seine Probleme vorbereitet war. Blickt man rückläufig heute in sein Werk, so wird man erstaunt gewahr, daß es von allem Anbeginn wie eine ungeheure Pyramide in vielen Jahren der Arbeit der einzigen Spitze entgegengebaut ist – jener Spitze, in die dann der Blitz, vom Polaren angezogen, einschlägt: der Krieg. Seit zwanzig Jahren kreist das Denken, das Schaffen dieses Künstlers unablässig um das Problem des Widerspruchs von Geist und Gewalt, Freiheit und Vaterland, Sieg und Niederlage: in hundertfachen Variationen, dramatisch, episch, dialogisch, programmatisch, durch Dutzende von Figuren hat er das Grundthema abgewandelt; kaum bietet die Wirklichkeit ein Problem, das Christof und Olivier, Aërt und die Girondisten nicht in ihren Diskussionen zumindest gestreift und gestaltet hätten. Geistig ist sein Werk das wahre Manövrierfeld aller Motive des Krieges. Darum war Rolland innerlich schon fertig, als die anderen anfingen, sich mit den Geschehnissen auseinanderzusetzen. Der Historiker hatte die ewige Wiederholung der typischen Begleiterscheinungen, der Psychologe die Massensuggestion und die Wirkung auf das Individuum festgestellt, der moralische Mensch, der Weltbürger, längst sein Credo geschaffen: so war Rollands geistiger Organismus gegen die Infektion des Massenwahns und die Ansteckung der Lüge gewissermaßen immunisiert.

Aber es ist eben kein Zufall, welche Probleme sich der Künstler stellt: es gibt keine »glückliche Stoffwahl« beim Dramatiker, der Musiker »findet« nicht eine reine Melodie, sondern er hat sie in sich. Die Problematik erschafft den Künstler, nicht der Künstler die Probleme, die Ahnung den Propheten, und nicht der Prophet die Ahnung. Wahl ist beim Künstler immer Bestimmung. Und der Mann, der das wesentliche Problem einer ganzen Kultur, einer tragischen Epoche im voraus erkannt hatte, mußte naturgemäß in entscheidender Stunde (obzwar sie es nicht ahnte) der Wesentliche für sie sein. Es war sinnbildlich, daß gerade die Lehrer der Weisheit, die systematischen Deuter, die Philosophen hüben und drüben, Bergson ebenso wie Eucken und Ostwald versagten, weil sie ihre ganze geistige Leidenschaft jahrzehntelang einzig an die abstrakten Wahrheiten, die »*verités mortes*« gewandt hatten, indes Rolland – als Systematiker ihnen unendlich unterlegen – mit seiner »*intelligence du coeur*«, seiner Herzensklugheit, die Erkenntnis der »*verités vivantes*«, der lebendigen Wahrheiten, antizipierte. Jene hatten für die Wissenschaft gelebt und waren darum kindlich oder knabenhaft vor den Wirklichkeiten, indes Rolland, der immer nur für die atmende Menschheit gedacht, in Bereitschaft war. Nur wer den europäischen Krieg wissend als den Abgrund gesehen, dem die wilde Jagd der letzten Jahrzehnte, jede Warnung überrasend, zustürmte, nur der konnte seine Seele gewaltsam zurückreißen, im Chor der Bacchanten mitzustürmen und trunken vom Chor und den betäubenden Paukenschlägen, sich das blutige Tigerfell umzuwerfen. Nur der konnte aufrecht stehen im größten Sturm des Wahns, den die Weltgeschichte kennt.

So steht Rolland nicht erst in der Stunde des Krieges, sondern von allem Anbeginn im Gegensatz zu den anderen Dichtern und Künstlern der Zeit – daher auch die Einsamkeit seiner ersten zwanzig Schaffensjahre. Daß dieser Gegensatz seiner Problematik sich aber nicht offen kundtat, sondern erst im Kriege zur Kluft wurde, lag darin, daß die tiefe Distanz, die Rolland von seinen geistigen Zeitgenossen scheidet, viel weniger eine der Gesinnung als des Charakters war. Fast alle Künstler erkannten ebenso wie er vor dem apokalyptischen Jahr den europäischen Bruderkrieg als ein Verbrechen, eine Schmach unserer Kultur, mit ganz wenigen Ausnahmen waren sie Pazifisten oder meinten es zu sein. Denn Pazifismus heißt nicht nur Friedensfreund sein, sondern Friedenstäter, »εἰΩηνοποιός« wie es im Evangelium heißt; Pazifismus meint Aktivität, wirkenden Willen zum Frieden, nicht bloß Neigung zur Ruhe und Behaglichkeit. Er meint Kampf und fordert wie jeder Kampf in der Stunde der Gefahr Aufopferung, Heroismus. Jene aber kannten nur einen sentimentalen Pazifismus, Friedensliebe im Frieden, sie waren Friedensfreunde, wie sie wohl auch Freunde des sozialen Ausgleichs, der Menschenliebe, der Abschaffung der Todesstrafe waren – Gläubige ohne Leidenschaft, die ihre Meinung lose trugen wie ein Kleid, um es in der

Stunde der Entscheidung dann gegen eine Kriegsmoral auszutauschen und irgendeine nationale Uniform der Meinung anzuziehen. Im tiefsten wußten sie ebenso wie Rolland das Rechte, sie brachten es nur nicht bis zum Mut ihrer Meinung, Goethes Wort an Eckermann verhängnisvoll bestätigend: »Mangel an Charakteren der einzelnen forschenden und schreibenden Individuen ist die Quelle alles Übels unserer neueren Literatur«.

Das Wissen um die Dinge hat also Rolland nicht allein gehabt – das teilte er mit manchem Intellektuellen, manchem Politiker –, aber bei ihm verwandelt sich jede Erkenntnis in religiöse Leidenschaft, jeder Glaube in Bekenntnis, jeder Gedanke in Tat. Daß er seiner Idee gerade dann treu geblieben, als die Zeit sie verleugnete, daß er den europäischen Geist verteidigte gegen alle die rasenden Heerhaufen der einstmals europäischen und nun vaterländischen Intellektuellen, ist ein Ruhm, der ihn einsam macht unter den anderen Dichtern. Kämpfend wie immer seit seiner Jugend für das Unsichtbare gegen die ganze wirkliche Welt, hat er neben das Heldentum der Reiterattacken und der Schützengräben ein anderes, uns höheres gestellt: den Heroismus des Geistes neben den Heroismus des Blutes, und uns das wunderbare Erlebnis geschenkt, inmitten des Wahns der trunken getriebenen Massen einen freien wachen menschlichen Menschen zu sehen.

Das Asyl

Die Nachricht vom Kriegsausbruch trifft Romain Rolland in Vevey, der kleinen altertümlichen Stadt am Genfer See. Wie fast jeden Sommer, so hat er auch diesen in der Schweiz verbracht, der Wahlheimat seiner wichtigsten und schönsten Werke; hier, wo die Nationen einander brüderlich in einem Staat umfassen, wo sein Johann Christof zum erstenmal den Hymnus der europäischen Einheit verkündet, erfährt er die Nachricht von der Weltkatastrophe.

Sein ganzes Leben erscheint ihm mit einemmal sinnlos: umsonst also die Mahnung, umsonst die zwanzig Jahre leidenschaftlicher unbelohnter Arbeit. Was er seit frühester Kindheit gefürchtet, was er den Helden seiner Seele, Olivier, 1898 aufschreien ließ als innerste Qual seines Lebens: »Ich fürchte so sehr den Krieg, ich fürchte ihn schon lange. Er ist ein Alpdruck für mich gewesen und hat meine Kindheit vergiftet,« das ist plötzlich aus dem prophetischen Angsttraum eines Einzigen Wahrheit für hundert entsetzte Millionen Menschen geworden. Daß er um die Unvermeidlichkeit dieser Stunde prophetisch gewußt hat, mindert nicht seine Qual. Im Gegenteil, indes die anderen sich eilig betäuben mit dem Opium der Pflichtmoral und den Haschischträumen des Sieges, blickt er mit grausamer Nüchternheit in die Tiefe der Zukunft. Sinnlos scheint ihm seine Vergangenheit, sinnlos das ganze Leben. Er schreibt am 3. August 1914 in sein Tagebuch: »Ich kann nicht weiter. Ich möchte tot sein. Denn es ist entsetzlich, inmitten einer wahnwitzigen Menschheit zu leben und ohnmächtig dem Zusammenbruch der Zivilisation zuzusehen. Dieser europäische Krieg ist die größte Katastrophe seit Jahrhunderten, der Einsturz unserer teuersten Hoffnungen auf eine menschliche Brüderschaft.« Und einige Tage später, in nur noch gesteigerter Verzweiflung: »Meine Qual ist eine so aufgehäufte und gepreßte Summe von Qualen, daß ich nicht mehr zu atmen vermag. Die Zerschmetterung Frankreichs, das Schicksal meiner Freunde, ihr Tod, ihre Wunden. Das Grauen vor all diesen Leiden, die herzzerreißende Anteilnahme an den Millionen Unglücklichen. Ich fühle einen moralischen Todeskampf beim Schauspiel dieser tollen Menschheit, die ihre teuersten Schätze, ihre Kräfte, ihr Genie, die Glut heroischer Aufopferung dem mörderischen und stupiden Götzen des Krieges opfert. Oh, diese Leere von jedem göttlichen Wort, jedem göttlichen Geist, jeder moralischen Führung, die jenseits des Gemetzels die Gottesstadt aufrichten könnte. Die Sinnlosigkeit meines ganzen Lebens vollendet sich jetzt. Ich möchte einschlafen, um nicht wieder aufzuwachen.«

Manchmal in dieser Qual will er hinüber nach Frankreich, aber er weiß, daß er dort nutzlos wäre; für militärischen Dienst hat schon der schmale zarte Jüngling nie gezählt, der Fünfzigjährige noch viel weniger. Und einen Schein auch nur der Kriegshilfe zu erwecken, widerstrebt seinem Gewissen, das, erzogen in den Ideen Tolstois, sich gefestigt hat zu eigenen klaren Überzeugungen. Er weiß, daß auch er Frankreich zu verteidigen hat, aber in einem andern Sinn der Ehre als die Kanoniere und die haßschreienden Intellektuellen. »Ein großes Volk«, sagt er später in der Einleitung seines Kriegsbuches, »hat nicht nur seine Grenzen zu verteidigen, sondern auch seine Vernunft, die es bewahren muß vor all den Halluzinationen, Ungerechtigkeiten und Torheiten, die der Krieg mit sich bringt. Jedem sein Posten: den Soldaten die Erde zu verteidigen, den Männern des Gedankens den Gedanken... Der Geist ist nicht der geringste Teil eines Volksbesitzes.« Noch ist er sich in diesen ersten Tagen der Qual und des Entsetzens nicht klar, ob und bei welchem Anlaß ihm das Wort notwendig sein wird: aber er weiß schon, daß er es nur in einem Sinne gebrauchen wird, im Sinne der geistigen Freiheit und übernationalen Gerechtigkeit.

Gerechtigkeit aber braucht selber Freiheit des Blickes. Nur hier, in neutralem Land konnte der Historiker der Zeit alle Stimmen hören, alle Meinungen empfangen – nur hier war Ausblick über den Pulverdampf, den Qualm der Lüge, die Giftgase des Hasses: hier war Freiheit des Urteils und Freiheit der Aussprache. Vor einem Jahre hatte er in Johann Christof die gefährliche Macht der Massensuggestion gezeigt, unter der in jedem Vaterland »die gefestigten Intelligenzen ihre sichersten Überzeugungen hinschmelzen fühlten« –, keiner wie er kannte so gut »die seelische Epidemie, den erhabenen Wahnsinn des Kollektivgedankens«. Eben deshalb wollte er frei bleiben, sich nicht berauschen lassen von der heiligen Trunkenheit der Massen und sich von niemand führen lassen als von dem eigenen Gewissen. Er brauchte nur seine Bücher aufzuschlagen, um darin die warnenden Worte seines Olivier zu lesen: »Ich liebe mein teures Frankreich; aber kann ich um seinetwillen meine Seele töten, mein Gewissen verraten? Das hieße mein Vaterland selbst verraten. Wie könnte ich ohne Haß hassen? Oder ohne Lüge die Komödie des Hasses spielen?« Und jenes andre unvergeßliche Bekenntnis: »Ich will nicht hassen. Ich will selbst meinen Feinden Gerechtigkeit widerfahren lassen. Inmitten aller Leidenschaften will ich mir die Klarheit des Blickes bewahren, um alles verstehen und alles heben zu können.« Nur in der Freiheit, nur in der Unabhängigkeit des Geistes dient der Künstler seinem Volke, nur so seiner Zeit, nur so der Menschheit: nur Treue gegen die Wahrheit ist Treue gegen das Vaterland.

Was der Zufall gewollt, bestätigt nun der bewußte Wille: Romain Rolland bleibt in der Schweiz, im Herzpunkt Europas fünf Jahre des Krieges, um seine Aufgabe zu erfüllen, »*de dire ce qui est juste et humain,*« zu sagen »was gerecht und menschlich ist«. Hier, wo der Wind aus allen Ländern hinweht, die Stimme selbst wieder frei die Grenzen überfliegt, keine Fessel das Wort bindet, dient er seiner unsichtbaren Pflicht. Ganz nahe schäumt in unendlichen Blutwellen und schmutzigen Wogen von Haß der Wahnsinn des Krieges an die kleinen Kantone heran; doch auch im Sturme deutet unerschütterlich die Magnetnadel eines menschlichen Gewissens zum ewigen Pol alles Lebens zurück: zur Liebe.

Menschheitsdienst

Dem Vaterlande dienen, indem man der ganzen Menschheit mit seinem Gewissen dient, den Kampf aufnehmen, indem man das Leiden und seine tausendfältige Qual bekämpft, das fühlt Rolland als Pflicht des Künstlers. Auch er verwirft das Abseitsstehen. »Ein Künstler hat nicht das Recht, sich abseits zu halten, solange er den andern noch helfen kann.« Aber diese Hilfe, dieser Anteil darf nicht darin bestehen, die Millionen noch zu bestärken in ihrem mörderischen Hasse, sondern sie zu verbinden, wo sie unsichtbar verbunden sind, in ihrem unendlichen Leiden. Und so tritt auch er in die Reihen der Mitwirkenden, aber nicht die Waffe in der Hand, sondern dem Beispiel des großen Walt Whitman getreu, der im Kriege als Pfleger dem Dienst der Unglücklichen sich hingegeben.

Kaum daß die ersten Schlachten geschlagen sind, gellen schon die Schreie der Angst aus allen Ländern in die Schweiz hinüber. Die Tausende, denen Botschaft von ihren Gatten, Vätern und Söhnen auf den Schlachtfeldern fehlt, breiten verzweifelt die Arme ins Leere: Hunderte, Tausende, Zehntausende von Briefen und Telegrammen prasseln nieder in das kleine Haus des Roten Kreuzes in Genf, die einzige internationale Bindungsstätte der Nationen. Wie Sturmvögel kamen die ersten Anfragen nach Vermißten, dann wurde es selbst ein Sturm, ein Meer: in dicken Säcken schleppten die Boten die Tausende und Abertausende geschriebener Angstrufe herein. Und nichts war solchem Dammbruch des irdischen Elends bereitet: das Rote Kreuz hatte keine Räume, keine Organisation, kein System und vor allem keine Helfer.

Einer der ersten, die damals sich gemeldet haben, Hilfe zu bieten, war Romain Rolland. In dem kleinen hölzernen Verschlag, mitten in dem rasch ausgeräumten Musée Rath, zwischen hundert Mädchen, Studenten, Frauen, ist er, achtlos für seine Zeit und seine eigene Arbeit, durch mehr als anderthalb Jahre täglich sechs bis acht Stunden gesessen an der Seite des Leiters, des wundervollen Dr. Ferrière – dessen hilfreiche Güte namenlosen Tausenden und Abertausenden die Qual des Wartens verkürzt hat – hat Briefe registriert, Briefe geschrieben, eine scheinbar geringfügige Kleinarbeit getan. Aber wie wichtig war jedes Wort jedem einzelnen, der im ungeheuren Weltall des Unglücks doch nur sein Staubkorn Elend fühlte. Ungezählte bewahren heute, ohne es zu wissen, Mitteilungen über ihre Brüder, Väter und Gatten von der Hand des großen Dichters. Ein kleiner ungehobelter Schreibtisch mit einem nackten Holzsessel mitten im Gedränge einer schmucklosen, mit Brettern auf gezimmerten Kajüte, neben hämmernden Schreibmaschinen, drängenden, rufenden, eiligen, fragenden Menschen –, das war Romain Rollands Kampfplatz gegen das Elend des Krieges. Hier hat er versucht, was die andern Dichter und Intellektuellen durch Haß gegeneinanderhetzten, durch gütige Sorge zu versöhnen, wenigstens einen Bruchteil der millionenfachen Qual zu lindern durch gelegentliche Beruhigung und menschliche Tröstung. Er hat eine führende Stellung im Roten Kreuz weder begehrt noch innegehabt, sondern ganz wie die andern Namenlosen dort die tägliche Arbeit der Nachrichten Vermittlung besorgt: unsichtbar war diese seine Tat und darum doppelt unvergeßbar.

Und als ihm dann der Nobelfriedenspreis zufiel, behielt er davon keinen Franken, sondern gab ihn ganz hin zur Linderung des europäischen Elends, damit das Wort die Tat und die Tat das Wort bezeuge.

Ecce homo! ecce poeta!

Das Tribunal des Geistes

Der Vorbereitetste aller war Romain Rolland gewesen: prophetisch schildern die letzten Kapitel des Johann Christof schon den zukünftigen Massenwahn. Nicht einen Augenblick hatte er sich der eitel-idealischen Hoffnung hingegeben, die Tatsache (oder der Schein) unserer Kultur, unserer Humanität, unserer durch zweitausend Jahre Christentum erhobenen Menschlichkeit würde einen zukünftigen Krieg humaner machen. Der Historiker wußte zu gut, daß schon in der ersten Hitze der Kriegsleidenschaft der ganze dünne Firnis von Kultur und Christentum bei allen Nationen abspringen und die nackte Bestialität des Menschen erscheinen würde, den vergossenes Blut immer wieder zum Tiere macht. Er verhehlte sich nicht, daß dieser geheimnisvolle Blutdunst auch die zartesten, die gütigsten, die wissendsten Seelen betäuben und verwirren kann: all dies, der Verrat der Freundschaft zwischen Freunden, die plötzliche Solidarität zwischen den entgegengesetzten Charakteren vor dem Idol des Vaterlandes, das Hinschwinden der Gewissensüberzeugung vor dem ersten Anhauch der Tat, stand schon im Johann Christof mit Feuerlettern als ein Menetekel hingeschrieben.

Aber doch: auch dieser Wissendste aller hat die Wirklichkeit unterschätzt. Mit Grauen sieht Rolland schon nach den ersten Tagen, um ein wie Unendliches dieser Krieg mit seinen Kampfmitteln, seiner materiellen und geistigen Bestialität, seinen Dimensionen und seinen Leidenschaften alles Gewesene und jede Ahnung übertrifft. Und vor allem, daß noch nie so sinnlos der Haß der europäischen Völker (die doch seit tausend Jahren miteinander unablässig zusammen oder gegeneinander Krieg führen) aufeinander in Wort und Tat getobt hat wie in diesem zwanzigsten Jahrhundert nach Christi Geburt. Nie zuvor in der Geschichte der Menschheit hatte die Gehässigkeit so breite Schichten ergriffen, nie hatte sie bestialischer unter den Intellektuellen gewütet, nie war aus so vielen Brunnen und Röhren des Geistes, aus den Kanälen der Zeitungen, den Retorten der Gelehrten so viel Öl ins Feuer gegossen worden. Alle schlechten Instinkte haben sich gleichsam gesteigert an den Millionenmassen: auch die freien Empfindungen, die Ideen militarisieren sich, die gräßliche maschinelle Organisation der weithintreffenden Mordwaffen findet widerliches Widerspiel in den Organisationen der nationalen Telegraphenbureaus, die Lügen über alle Länder und Meere in Funken hinspritzen. Zum erstenmal wird die Wissenschaft, die Dichtung, die Kunst, die Philosophie dem Krieg ebenso hörig gemacht wie die Technik; auf den Kanzeln und Kathedern, in den Forschungssälen und Laboratorien, in den Redaktionen und Dichterstuben wird nach einem einzigen unsichtbaren System nur Haß erzeugt und verbreitet. Die apokalyptische Ahnung des Sehers ist übertroffen.

Eine Sintflut von Haß und Blut, wie sie selbst diese alte, mit Blut bis in die untersten Tiefen getränkte Erde Europas nie gekannt hat, überschwemmt ein Land nach dem andern. Und Romain Rolland gedenkt des tausendjährigen Mythus: er weiß, man kann eine verlorene Welt, eine verworfene Generation nicht von ihrem eigenen Wahn erretten. Man kann nicht mit einem Hauch menschlichen Mundes, mit nackten irdischen Händen einen Weltbrand auslöschen. Man kann nur zu hindern suchen, daß andre Öl in diese Flammen schütten, diese Frevler zurückpeitschen mit Hohn und Verachtung. Und man kann eine Arche bauen, um aus der Sintflut das geistig Kostbarste der selbstmörderischen Generation einer späteren zu übermitteln, sobald die Wogen des Hasses wieder gesunken sind. Man kann ein Zeichen aufrichten über die Zeit, an dem sich die Gläubigen erkennen, einen Tempel der Eintracht inmitten der blutigen Felder der Völker und doch hoch über ihnen.

Innerhalb der entsetzlichen Organisationen der Generalstäbe, der Technik, der Lüge, des Hasses träumt Rolland von einer andern Organisation: von einer Gemeinschaft der freien Geister Europas. Die führenden Dichter, Gelehrten, sie sollen die Arche sein, die Bewahrer der Gerechtigkeit in diesen Tagen des Unrechts und der Lüge. Während die Massen, betrogen von den Worten, in blindem Hasse gegeneinander wüten, sie, die einander nicht kennen, könnten die Künstler, die Dichter, die Gelehrten Deutschlands, Frankreichs, Englands, sie, die doch seit Jahrzehnten an gemeinsamen Entdeckungen, Fortschritten, Ideen schaffen, sich zusammentun zu einem Tribunal des Geistes, das mit wissenschaftlichem Ernste alle Lügen zwischen ihren

Völkern ausroden und über ihre Nationen miteinander hohe Zwiesprache führen würde. Denn daß sich die großen Künstler, die Forscher, mit den Verbrechen des Krieges nicht identifizieren würden, nicht ihre Gewissensfreiheit verschanzen hinter einem bequemen »*right or wrong – my country*«, war Rollands tiefste Hoffnung. Seit hunderten von Jahren schon hatten – mit wenigen Ausnahmen – die geistigen Menschen das Widrige des Krieges erkannt. Aus dem mit mongolischer Herrschgier ringenden China ruft vor fast tausend Jahren schon Li Tai Pe sein stolzes

»Verflucht der Krieg! Verflucht das Werk der Waffen!
Es hat der Weise nichts mit ihrem Wahn zu schaffen.«

Und dieses »Es hat der Weise nichts mit ihrem Wahn zu schaffen« schwingt als unsichtbarer Kehrreim durch alle Äußerungen der geistigen Menschen des europäischen Zeitalters. In lateinisch geschriebenen Briefen – der Sprache, die ihre übernationale Gemeinschaft symbolisch bekundet – tauschen die großen humanistischen Gelehrten mitten im Kriege ihrer Länder Kümmernis und philosophische Tröstung über den Mordwahn der Menschen aus; für die Deutschen des 18. Jahrhunderts spricht Herder am deutlichsten, als er sagt: »Vaterländer gegen Vaterländer im Blutkampf ist der ärgste Barbarismus«; Goethe, Byron, Voltaire, Rousseau begegnen einander in einer Verachtung der sinnlosen Schlächtereien. So müßten auch heute, meint Rolland, die führenden Intellektuellen, die großen unbeirrbaren Forscher, die menschlichsten unter den Dichtern, alle in einem gemeinsamen Jenseits vom einzelnen Irrtum ihrer Nationen stehen. Auf allzu viele, die sich so ganz von der Leidenschaft der Zeit loszulösen vermöchten, wagt er freilich nicht zu hoffen, aber geistige Dinge erhalten ihr Gewicht nicht von der Zahl: ihr Gesetz ist nicht das der Armeen. Auch hier gilt Goethes Wort: »Alles Große und Gescheite existiert nur in der Minorität. Es ist nie daran zu denken, daß die Vernunft populär werde. Leidenschaften und Gefühle mögen populär werden, aber die Vernunft wird immer nur ein Besitz einiger Vorzüglicher sein.« Diese Minorität kann aber durch Autorität zur spirituellen Macht werden. Und vor allem, sie kann ein Bollwerk gegen die Lüge sein. Kämen – etwa in der Schweiz – führende freie Menschen aller Nationen zusammen, und kämpften sie gemeinsam gegen jede Ungerechtigkeit, auch die ihres eigenen Vaterlandes, so wäre endlich der in allen Ländern gleich geknechteten und geknebelten Wahrheit ein Asyl, eine Freiheit geschaffen, Europa hätte einen Fußbreit Heimat, die Menschheit einen Funken Hoffnung. In Rede und Gegenrede könnten hier die Besten einer den andern aufklären, und diese wechselseitige Erhellung vorurteilsfreier Männer wäre Licht über der Welt.

In diesem Sinn greift Rolland zum erstenmal zur Feder. Er schreibt an den Dichter, den er in Deutschland um seiner Güte und Menschlichkeit willen am meisten verehrt, ein offenes Wort. Und zur gleichen Stunde an Deutschlands gehässigsten Feind, an Emile Verhaeren. Beide Arme streckt er aus, zur Rechten und zur Linken, um das Entfernteste zu vereinen und wenigstens in dieser reinsten Sphäre des Geistes einen ersten Versuch geistiger Auseinandersetzung zu schaffen, indessen auf den Schlachtfeldern heiße Maschinengewehre die Jugend Frankreichs, Deutschlands, Belgiens, Englands, Österreichs und Rußlands in gleichem, knatterndem Takte hinmähen.

Die Zwiesprache mit Gerhart Hauptmann

Romain Rolland war Gerhart Hauptmann nie persönlich begegnet. Er kannte seine Werke und liebte darin die leidenschaftliche Teilnahme an allem Menschlichen, die tiefe Güte, die jede einzelne Gestalt wissend durchdringt. Einmal in Berlin hatte er versucht ihn in seiner Wohnung aufzusuchen: Gerhart Hauptmann war damals abwesend. Auch im geschriebenen Wort waren sie einander fremd.

Doch wählt Rolland gerade Hauptmann zur Aussprache als den repräsentativen Dichter Deutschlands, als den Schöpfer der »Weber« und weil Hauptmann sich in einem Aufsatz mit seiner Verantwortung vor das kämpfende Deutschland gestellt hatte. Er schreibt ihm am 29. August 1914, dem Tage, da das stupide Telegramm des Wolff-Bureaus, eine tragische Wirklichkeit in lächerlicher Abschreckungsabsicht übertreibend, meldete: »Die an Kunstschätzen reiche Stadt Löwen ist vom Erdboden vernichtet.« Der Anlaß zu einem Ausbruch der Entrüstung war gewiß gegeben, aber Rolland sucht sich zu bezwingen; »Ich gehöre nicht, Gerhart Hauptmann«, hebt er an, »zu jenen Franzosen, die Deutschland als das Land der Barbaren betrachten. Ich kenne die geistige und moralische Größe Eurer kraftvollen Rasse. Ich weiß, was ich den Denkern des alten Deutschland schulde, und gedenke auch zu dieser Stunde des Wortes und Beispiels unseres Goethe – denn er gehört der ganzen Menschheit zu –, der allen Völkerhaß verabscheute und seine Seele in jenen Höhen hielt, wo man das Glück und Unglück anderer Völker wie sein eigenes empfindet.« Und er fährt fort mit einem Pathos des Selbstbewußtseins, das zum erstenmal nun aus dem Werk dieses Bescheidensten klingt und, seine Mission erkennend, die Stimme über die Zeit erhebt: »Ich habe mein ganzes Leben daran gearbeitet, den Geist unserer beiden Nationen einander nahe zu bringen und alle Gräuel dieses verruchten Krieges, der sie gegeneinander wirft, werden mich nie dazu bringen, meinen Geist von Haß beflecken zu lassen.«

Aber nun wird Rolland leidenschaftlicher. Er klagt nicht Deutschland des Krieges an – »der Krieg ist die Frucht der Schwachheit und Dummheit der Völker« –, er läßt die Politik beiseite, aber er protestiert gegen die Zerstörung der Kunstwerke. Vehement ruft er Hauptmann entgegen: »Seid Ihr die Enkel Goethes oder Attilas?«, um ihn dann wieder ruhiger zu beschwören, diesen Dingen keine geistige Rechtfertigung zu geben. »Im Namen unseres Europa, zu dessen erlauchtesten Streitern Sie bis zu dieser Stunde gezählt haben, im Namen der Zivilisation, im Namen der Ehre des deutschen Volkes beschwöre ich Sie, Hauptmann, ich fordere Sie auf, Sie und die geistige Elite Deutschlands, unter der ich manchen Freund besitze, mit der äußersten Energie gegen ein Verbrechen zu protestieren, das sonst auf Euch zurückfiele.« Rolland will, daß, so wie er selbst, sich die Deutschen nicht mit den militärischen Tatsachen solidarisieren, nicht »den Krieg als ein Fatum hinnehmen«. Er hofft auf einen Protest der Deutschen – freilich ohne zu wissen, daß damals in Deutschland niemand eine Ahnung von den politischen Vorgängen hatte oder haben konnte, und daß ein solcher öffentlicher Protest öffentlich nicht möglich war.

Noch leidenschaftlicher aber antwortet Gerhart Hauptmann. Statt, wie Rolland ihn beschworen, der deutschen militärischen Abschreckungspolitik die Zustimmung zu verweigern, versucht er begeistert, sie moralisch zu rechtfertigen, und übersteigert sich gefährlich in diesem Enthusiasmus. Für ihn gilt die Maxime »Krieg ist Krieg« und, etwas voreilig, verteidigt er das Recht des Siegers. »Der zur Ohnmacht Verurteilte greift zu Beschimpfungen.« Damit weist er die Zerstörung Löwens als Unterstellung zurück und begründet »den friedlichen Durchzug« deutscher Truppen durch Belgien als eine Lebensfrage Deutschlands, verweist auf die Erklärungen des Generalstabes und als höchste Autorität der Wahrheit auf »den Kaiser selbst«.

Damit ist die Zwiesprache aus dem Geistigen ins Politische geglitten. Rolland weist nun seinerseits erbittert diese Auffassung Hauptmanns zurück, der die aggressiven Theorien Schlieffens moralisch mit seiner Autorität stützt, und wirft ihm vor, sich »mit den Verbrechen der Machthaber zu solidarisieren«. Statt sie zu einigen, entzweit die Zwiesprache sie noch mehr. In Wirklichkeit sprechen sie beide aneinander vorbei, denn »le difficile est d'agir sans passion«, »es ist schwer ohne Leidenschaft zu handeln«. Die Stunde ist noch zu früh, in beiden noch die Leidenschaft zu groß, der Nerv des Zeitlichen zu überreizt, als daß sie sich zueinander finden könnten. Noch ist die Lüge stark in der Welt, zuviel Nebel zwischen den Grenzen. Noch steigt die Flut, die unendliche des Hasses und des Irrtums. Noch erkennen sich die Brüder im Dunkel nicht.

Der Briefwechsel mit Verhaeren

Beinahe zur gleichen Stunde wie zu Gerhart Hauptmann, dem Deutschen, spricht Rolland zu Emile Verhaeren, dem Belgier, der aus einem begeisterten Europäer der erbittertste Feind Deutschlands geworden ist. Daß er es nicht immer gewesen, darf vielleicht keiner berufener bezeugen als ich selbst: nie hatte Verhaeren im Frieden ein anderes Ideal gekannt als das der Brüderlichkeit und des einigen Europas, nichts mehr verabscheut als den Völkerhaß, und in der kurz vor dem Kriege geschriebenen Vorrede zur Anthologie deutscher Dichter von Henri Guilbeaux hat er von »der Glut der Völker« gesprochen, die trotz jener, »die sie in den Kampf gegeneinander treiben wollen, sich suchen und lieben«. Erst der Einbruch Deutschlands in seine Heimat lehrt ihn zum ersten Male das Gefühl des Hasses, und seine Dichtung, bisher Hymnus der schöpferischen Kräfte, dient nun mit aller bewußten Leidenschaft der Feindseligkeit.

Rolland hatte an Verhaeren seinen Protest gegen die Zerstörung von Löwen und die Beschießung der Kathedrale von Reims gesandt. Verhaeren stimmt zu und schreibt »Traurigkeit und Haß erfüllen mich. Dieses letzte Gefühl war mir bislang fremd: nun lernte ich es kennen. Ich kann es nicht aus mir treiben und glaube doch ein anständiger Mensch zu sein, für den der Haß früher ein niedriges Gefühl war. Wie liebe ich in dieser Stunde mein Vaterland oder vielmehr den Aschenhaufen, zu dem es geworden ist«. Rolland antwortet ihm sogleich: »Nein, hassen Sie nicht! Weder für Sie noch für uns darf es den Haß geben. Wehren wir uns gegen den Haß noch mehr als gegen unsere Feinde! Später werden Sie sehen, daß diese Tragödie noch furchtbarer war als man es wußte, solange wir noch in ihr befangen waren. Auf allen Seiten ist eine düstere Größe und über den Massen der Menschen ein heiliges Delirium... Das europäische Drama hat einen solchen Gipfel erreicht, daß es ungerecht wäre, dafür die Menschen anzuklagen. Es ist ein Krampf der Natur... Bilden wir eine Arche wie jene, die die Sintflut sahen, und retten wir den Rest der Menschheit.«

Verhaeren aber weicht mit Respekt dieser Aufforderung aus. Er bleibt bewußt bei seinem Haß, obzwar er ihn nicht liebt, und in der Widmung an sich selbst in seinem bedauerlichen Kriegsbuche, worin er sagt, da sein Gewissen durch den Haß, in dem er lebe, sich gewissermaßen gemindert empfinde, widme er dies Buch dem Manne, der er einst gewesen, sehnt er sich nach jenem alten Gefühl des Allumfangens der Welt. Vergebens wendet sich Rolland noch einmal an ihn in einem wundervollen Brief: »Wie sehr müssen Sie, mein Gütiger und Großer, gelitten haben, um dermaßen zu hassen. Aber ich weiß, lange werden Sie es nicht vermögen, mein Freund, nein, denn Seelen wie die Ihre würden in einer solchen Atmosphäre umkommen. Der Gerechtigkeit muß Genüge geleistet werden, aber die Gerechtigkeit fordert nicht, daß man alle Menschen eines Volkes für die Verbrechen einiger hundert Individuen verantwortlich macht. Und gebe es nur einen Gerechten in ganz Israel, so sage ich Ihnen, daß Sie nicht das Recht hätten, ganz Israel zu verurteilen. Denn auch Sie zweifeln nicht daran, daß viele Seelen in Deutschland und Österreich, die unterdrückt und geknebelt sind, leiden und ringen... Tausende Unschuldiger werden überall den Verbrechen der Politik geopfert! Napoleon hatte nicht so unrecht, als er sagte: »Die Politik ist das moderne Fatum! Niemals war das antike Schicksal grausamer. Verbinden wir uns nicht mit dem Schicksal, Verhaeren! Seien wir mit den Unterdrückten, mit allen Unterdrückten. Sie gibt es überall. Ich kenne nur zwei Völker auf Erden: jene die leiden, und jene, die das Leiden verursachen.«

Aber Verhaeren bleibt starr in seinem Haß. Er antwortet: »Wenn ich hasse, so ist dies darum, weil, was ich sah, fühlte, hörte, fürchterlich ist... Ich gestehe, daß ich nicht gerecht sein kann, da ich vor Traurigkeit und Zorn brenne. Ich stehe nicht neben den Flammen, sondern inmitten der Glut und leide und weine. Ich kann nicht anders.« Er bleibt dem Hasse treu, freilich auch Romain Rolland Oliviers »Haß gegen den Haß«. Menschlich werden ihre Beziehungen weiterhin noch durch Achtung gebunden, trotz des inneren Widerstreits, und selbst als Verhaeren zu einem Hetzbuche die Vorrede schreibt, trennt Rolland die Person von der Sache. Verhaeren weigert sich, »an die Seite seines Irrtums zu treten«, aber verleugnet nicht seine Freundschaft für Rolland und betont sie um so mehr, als es damals in Frankreich schon »als Gefahr galt, ihn zu lieben«.

Auch hier sprechen zwei große Leidenschaften aneinander vorbei. Auch hier war der Aufruf vergebens. Der Haß hat die ganze Welt, selbst ihre edelsten Schöpfer und Gestalter.

Das europäische Gewissen

Wieder wie so oft im Laufe bewegten Lebens hat der unerschütterliche Gläubige einen Brief zur Gemeinsamkeit in die Welt geworfen, wiederum vergebens. Die Dichter, die Gelehrten, die Philosophen, die Künstler, alle stehen sie zu ihren Vaterländern, die Deutschen sprechen für Deutschland, die Franzosen für Frankreich, die Engländer für England, alle für sich, keiner für alle. »Right or wrong – my country« ist ihr einziger Wahlspruch. Jedes Land, jedes Volk hat begeisterte Sprecher, die auch die unsinnigste seiner Taten blindlings zu rechtfertigen bereit sind, die seine Irrtümer, seine Verbrechen hinter rasch konstruierten moralischen und metaphysischen Notwendigkeiten gehorsam verbergen – nur ein Land, das allen Gemeinsame, das Mutterland aller Vaterländer, das heilige Europa hat keinen Sprecher, keinen Vertreter. Nur eine Idee, die selbstverständlichste einer christlichen Welt, bleibt ohne Anwalt, die Idee der Ideen, die der Menschlichkeit.

In diesen Tagen mag Rolland aus vergangener Zeit die Stunde wieder heilig bewußt geworden sein, da er wie eine Botschaft für sein ganzes Leben jenen Brief Leo Tolstois empfing. Tolstoi war der einzige gewesen, der in dem berühmten Aufschrei »Ich kann nicht länger schweigen« inmitten eines Krieges in seinem Vaterlande aufgestanden war und die Rechte des Menschen gegen die Menschheit verteidigte, der Protest erhoben hatte gegen ein Gebot, das Brüdern den Mord der Brüder befahl. Nun war seine reine Stimme verklungen, die Stelle war leer, das Gewissen der Menschheit stumm. Und Rolland empfindet das Schweigen, das entsetzliche Schweigen des freien Geistes im Getümmel der Knechte furchtbarer als den Donner der Kanonen. Die er zu Hilfe rief haben ihn verlassen. Die letzte Wahrheit, die des Gewissens, hat keine Gemeinsamkeit, niemand hilft ihm, für die Freiheit des europäischen Geistes zu kämpfen, für die Wahrheit inmitten der Lüge, für die Menschlichkeit gegen den wahnwitzigen Haß. Er ist wieder allein mit seinem Glauben, mehr allein als in den bittersten Jahren seiner Einsamkeit.

Aber Alleinsein hat für Rolland nie Resignation bedeutet. Zuschauen, wie ein Unrecht tätig wirkt, ohne Einspruch zu erheben, hat schon dem jungen Dichter so verbrecherisch geschienen wie das Unrecht selbst. »Ceux qui subissent le mal sont aussi criminels que ceux qui le font.« Und keiner so sehr wie der Dichter scheint ihm die Verantwortung zu haben, dem Gedanken das Wort zu geben und das Wort durch die Tat zu verlebendigen. Die bloße Arabeske zur Zeitgeschichte zu schreiben ist zu wenig: erlebt der Dichter die Zeit vom Mittelpunkt seines Seins, dann ist es seine Verpflichtung, für die Idee seines Seins zu wirken, die Idee lebendig zu machen. »Die Elite des Geistes stellt eine Aristokratie dar, die vorgibt, jene des Blutes zu ersetzen. Aber sie vergißt, daß jene damit begann, ihre Privilegien mit dem Blute zu bezahlen. Seit Jahrhunderten hören die Menschen viele Worte der Weisheit, aber selten sehen sie die Weisen sich aufopfern. Um die anderen gläubig zu machen, muß man beweisen, daß man selbst glaubt. Es genügt nicht, bloß Worte zu sprechen.« Der Ruhm ist nicht nur ein sanfter Lorbeerkranz, er ist auch ein Schwert. Glaube verpflichtet: wer einen Johann Christof das Evangelium eines freien Gewissens sprechen ließ, darf sich nicht verleugnen, wenn die Welt ihm das Kreuz bereitet hat, er muß das Apostolat auf sich nehmen und gegebenenfalls das Märtyrertum. Und während fast alle Künstler der Zeit in ihrer überreizten »passion d'abdiquer«, in ihrer Leidenschaft, die eigene Meinung wegzuwerfen und sich ganz in der Massenmeinung willenlos aufzulösen, die Gewalt, die Macht, den Sieg nicht nur als den Herrn der Stunde bejubeln, sondern sogar als Sinn der Kultur, als Lebenskraft der Welt, stellt sich hier das unbestechliche Gewissen schroff gegen alle.

»Jede Gewalt ist mir verhaßt,« schreibt Rolland in jenen entscheidenden Zeiten an Jouve, »kann die Welt nicht ohne Gewalt auskommen, so ist es meine Pflicht, nicht mit ihr zu paktieren, sondern ein anderes, entgegengesetztes Prinzip darzustellen, das jenes aufhebt. Jedem seine Rolle, jeder gehorche seinem Gott.« Nicht einen Augenblick ist er sich im unklaren, wie groß der Kampf ist, den er aufnimmt, aber das Jugendwort klingt noch in seiner Brust: »Unsere erste Pflicht ist, groß zu sein und die Größe auf Erden zu verteidigen.«

Wieder wie damals, als er mit seinen Dramen einem Volke den Glauben wiedergeben wollte, als er die Bilder der Heroen über eine kleine Zeit erhob, als er in dem Werk eines schweigenden

Jahrzehnts die Völker zur Liebe und zur Freiheit aufrief, wieder beginnt er allein. Keine Partei ist um ihn, keine Zeitung, keine Macht zu seiner Verfügung. Er hat nichts als seine Leidenschaft und jenen wunderbaren Mut, dem das Aussichtslose nicht Abschreckung, sondern Anreiz ist. Allein beginnt er den Kampf gegen den Wahnwitz von Millionen. Und in diesem Augenblick lebt das europäische Gewissen – mit Haß und Hohn verjagt aus allen Ländern und Herzen – einzig in seiner Brust.

Die Manifeste

Zeitungsaufsätze sind die Form seines Kampfes: um der Lüge und ihrem öffentlichen Ausdruck, der Phrase, entgegenzutreten, muß Rolland sie auf ihrem eigenen Kampfplatz aufsuchen. Aber die Intensität der Ideen, die Freiheit ihrer Meinung, die Autorität seines Namens macht diese Aufsätze zu Manifesten, die Europa überfliegen und einen geistigen Waldbrand entzünden. Wie elektrische Funken an unsichtbaren Drähten laufen sie weiter, hier furchtbare Explosionen des Hasses herbeiführend, dort hell hinableuchtend in die Tiefen freier Gewissen, immer aber Wärme, Erregung in den polarsten Formen der Entrüstung und Begeisterung erzeugend. Niemals vielleicht haben Zeitungsaufsätze eine so gewitterhafte, zündende und reinigende Wirkung gehabt wie diese zwei Dutzend Aufrufe und Manifeste eines einzelnen freien, klaren Menschen in einer geknechteten und verwirrten Zeit.

Künstlerisch zählen diese Aufsätze selbstverständlich nicht gleich den überlegten, ausgefeilten, komponierten Werken. Auf weiteste Kreise berechnet, eingeengt durch den Gedanken an die Zensur (denn es war Rolland vor allem wichtig, daß die Aufsätze, die er im »*Journal de Genève*« veröffentlichte, auch in der Heimat gelesen würden), müssen sie die Gedanken zugleich mit Bedacht und mit Eile entwickeln. Sie enthalten wunderbare, unvergeßliche Schreie, sublime Stellen der Empörung und Beschwörung, aber sie sind Produkte der Leidenschaft, ungleich darum im Sprachlichen, oft auch gebunden an das gelegentliche Geschehnis. Ihr Wert liegt weitaus im Moralischen: hierin sind sie eine einzige und unvergleichliche Leistung. Künstlerisch fügten sie dem Werke Rollands kaum mehr als einen neuen Rhythmus an: ein gewisses Pathos des öffentlichen Sprechers, eine heroisch gehobene Rede, die bewußt zu Tausenden und Millionen spricht. Denn in diesen Aufsätzen redet nicht ein einzelner, sondern das unsichtbare Europa, als dessen Kronzeuge und öffentlichen Verteidiger Romain Rolland sich zum ersten Male fühlt.

Was sie in unsrer Welt damals bedeutet haben, wird das eine spätere Generation, die sie nun gesammelt in den Bänden »*Au-dessus de la Mêlée*« und »*Les Précurseurs*«, liest, überhaupt noch ermessen können? Man vermag eine Kraft nie zu berechnen, ohne ihren Widerstand, eine Tat nie ohne ihr Opfer. Um die moralische Bedeutung, den heroischen Charakter dieser Manifeste würdigen zu können, muß man den (heute kaum mehr faßlichen) Irrsinn des ersten Kriegsjahres, die geistige Epidemie ganz Europas, das intellektuelle Narrenhaus sich vergegenwärtigen. Muß sich erinnern, daß Maximen, die uns heute das Banalste scheinen, wie zum Beispiel, daß nicht alle Menschen einer Nation für den Ausbruch eines Krieges verantwortlich seien, als strafwürdige politische Verbrechen galten, muß sich vergegenwärtigen, daß ein Buch wie dieses heute uns selbstverständliche »*Au-dessus de la Mêlée*« vom Staatsanwalt ein »niederträchtiges« genannt wurde, daß der Autor verfemt war, die Aufsätze lange verboten gewesen sind, während eine Schar von Pamphleten gegen dieses freie Wort ungehindert ihren Weg nahm. Man muß sich zu diesen Aufsätzen immer die Atmosphäre, das Schweigen der anderen hinzudenken, um zu verstehen, daß sie so laut hallten, weil sie in eine ungeheure geistige Leere hineingesprochen waren, und wenn heute ihre Wahrheiten leicht als selbstverständlich abgetan werden können, sich an das wundervolle Wort Schopenhauers erinnern, »der Wahrheit ist auf Erden nur ein kurzes Siegesfest verstattet zwischen zwei langen Zeiträumen, in denen sie als paradox verspottet oder als banal mißachtet wird«. Heute mag (für einen flüchtigen Augenblick) der Zeitpunkt gekommen sein, wo viele dieser Worte als banal gelten werden, weil sie inzwischen von tausenden Nachschreibern kleingemünzt wurden. Wir aber haben sie zu einer Zeit gekannt, da jedes dieser Worte wie ein Peitschenschlag wirkte, und die Empörung, die sie damals verursachten, bezeugt das historische Maß ihrer Notwendigkeit. Nur die Wut der Gegner (heute noch erkenntlich in einer Flut von Broschüren) gibt Ahnung von dem Heroismus dieses Mannes, der sich zum erstenmal mit seiner freien Seele »über das Getümmel« erhob. Vergessen wir es nicht: »*Dire ce qui est juste et humain*«, zu sagen, »was gerecht und menschlich ist«, galt damals als das Verbrechen der Verbrechen. Denn damals war die Menschheit so toll vom ersten Blute, daß sie, wie Rolland einmal so wundervoll sagte: »Jesum Christum, wenn er auferstanden wäre, noch einmal gekreuzigt hätte, weil er sagte: Liebet einander.«

Über dem Getümmel

Am 22. September 1914 erscheint im »*Journal de Genève*« jener Aufsatz »*Au-dessus de la Mêlée*«, nach dem flüchtigen Vorpostengeplänkel mit Gerhart Hauptmann die Kriegsansage an den Haß, der entscheidende Hammerschlag zum Bau der unsichtbaren europäischen Kirche inmitten des Krieges. Das Titelwort ist seitdem Kampfruf und Hohnwort geworden: aber mit diesem Aufsatz erhebt sich zum erstenmal im mißtönenden Gezänke der Parteien die klare Stimme der unbeirrbaren Gerechtigkeit, Tausenden und immer neuen Tausenden zum Trost.

Ein merkwürdiges verwölktes tragisches Pathos beseelt diesen Aufsatz: geheimnisvolle Resonanz der Stunde, da Unzählige und darunter nächste Freunde verbluten. Das Erschütterte und Erschütternde eines gewaltsamen Aufbruchs des Herzens ist darin, ein losgerungener heroischer Entschluß, mit dem Ganzen einer wirr gewordenen Welt sich auseinanderzusetzen. In einem Hymnus an die kämpfende Jugend erhebt sich der Rhythmus: »O, heroische Jugend der Welt! Mit wie verschwenderischer Freude schüttet sie ihr Blut in die hungrige Erde! Wie wundervolle Opfergarben mäht die Sonne dieses herrlichen Sommers sie hin. Ihr alle, Jünglinge aller Völker, die ein gemeinsames Ideal gegeneinander stellt ... wie teuer seid ihr mir, die ihr hingeht, um zu sterben. Ihr rächt die Jahre des Skeptizismus, der genießerischen Schwächlichkeit, in der wir aufwuchsen ... Sieger oder Besiegte, Tote oder Lebende, seid glücklich!«

Aber nach diesem Hymnus an die Gläubigen, die höchster Pflicht zu dienen meinen, richtet Rolland die Frage an die geistigen Führer aller Nationen: »Ihr, die ihr solche lebendigen Schätze an Helden in Händen hattet, wofür verausgabt ihr sie? Welches Ziel habt ihr der großherzigen Hingabe ihres Opfermutes gegeben? Den gegenseitigen Mord, den europäischen Krieg.« Und er erhebt die Anklage, daß sich die Führer nun mit ihrer Verantwortung feige hinter einem Götzen – dem »Schicksal!« – verstecken und, nicht genug, diesen Krieg nicht verhindert zu haben, ihn noch anfachen und vergiften. Entsetzliches Bild! Alles stürzt hin in diesem Strome, in allen Ländern, allen Nationen gleicher Jubel für das, was sie zermalmt. »Nicht nur die Leidenschaft der Rasse schleudert in blinder Wut die Millionen Menschen gegeneinander ... Die Vernunft, die Religion, die Dichtung, die Wissenschaft, alle Formen des Geistes haben sich mobilisiert und folgen in jedem Staate den Armeen. Ohne Ausnahme verkündet mit voller Überzeugung die Elite jedes Landes, daß die Sache gerade ihres Volkes die Gottes, die der Freiheit und des menschlichen Fortschrittes sei.« Mit leichtem Spott schildert er dann die grotesken Zweikämpfe der Philosophen und Gelehrten, das Versagen der beiden großen Kollektivmächte, des Christentums und des Sozialismus, um sich selbst entschlossen von diesem Getümmel abzuwenden: »Die Vorstellung, daß die Vaterlandsliebe notwendigerweise den Haß der andern Vaterländer und das Massaker jener bedinge, die sie verteidigen, diese Vorstellung hat für mich eine absurde Wildheit, einen neronischen Dilettantismus, der mir widerstrebt bis in die letzten Tiefen meines Wesens. Nein, die Liebe zu meinem Vaterlande fordert nicht, daß ich die gläubigen und treuen Seelen, die das ihrige lieben, hasse und hinmorde. Sie fordert, daß ich sie ehre und mich mit ihnen zu unserem gemeinsamen Wohle vereine.« Und er fährt fort: »Zwischen uns Völkern des Abendlandes gab es keinen Grund zum Kriege. Abgesehen von einer Minderheit vergifteter Presse, die ein Interesse an der Aufzüchtung dieses Hasses hat, hassen wir Brüder in Frankreich, England und Deutschland einander nicht. Ich kenne sie und kenne uns. Unsere Völker verlangen nichts als den Frieden und ihre Freiheit.« Deshalb bedeutet es eine Schande für die Geistigen, wenn sie bei Kriegsausbruch die Reinheit ihres Denkens beschmutzen. Es ist schändlich, den freien Geist als Knecht der Leidenschaft einer kindlichen und absurden Rassenpolitik zu sehen. Denn nie dürfen wir die Einheit in diesem Zwiste vergessen, unser aller Vaterland. »Die Menschheit ist eine Symphonie großer gemeinsamer Seelen. Wer nur imstande ist, sie zu begreifen und sie zu lieben, wenn er zuvor einen Teil ihrer Elemente zerstört, zeigt, daß er ein Barbar ist ... Wir, die europäische Elite, haben zwei Heimstätten, unser irdisches Vaterland und die Stadt Gottes. In der einen sind wir zu Gast, die andere müssen wir uns selbst erbauen ... Es ist unsere Pflicht, den Wall um diese Stadt so weit und so hoch zu erbauen, daß sie die

Ungerechtigkeit und den Haß der Nationen überhöht und die brüderlichen und freien Seelen der ganzen Welt in sich versammeln kann.«

Zu so hohen Idealen schwebt hier der Glaube auf wie eine Möwe über die blutige Flut. Freilich, Rolland weiß selbst, wie wenig diese Worte Hoffnung haben, das Getöse von dreißig Millionen waffenklirrender Menschen zu übertönen. »Ich weiß, daß diese Worte wenig Aussicht haben, gehört zu werden... Aber ich spreche nicht, um zu überzeugen, sondern um mein Gewissen zu erleichtern. Und ich weiß, daß ich zugleich das von Tausenden andern erleichtere, die in allen Ländern nicht zu sprechen wagen, oder zu sprechen verhindert sind.« Wie immer, ist er bei den Schwächeren, bei der Minderheit. Und seine Stimme wird immer stärker, weil sie fühlt, daß sie für unzählige Schweigende spricht.

Der Kampf gegen den Haß

Dieser Aufsatz »*Au-dessus de la Mêlée*« war der erste Axtschlag im wild aufgewucherten Walde des Hasses: dröhnendes Echo donnert von allen Seiten, es braust unwillig in den Blättern. Aber der Entschlossene läßt nicht ab: er will in das ungeheure und gefährliche Dunkel eine Lichtung roden, durch die ein paar Sonnenstrahlen der Vernunft in die stickige Atmosphäre hereinschimmern können. Seine nächsten Aufsätze wollen Klarheit schaffen, einen hellen, reinen, fruchtbaren Raum; und vor allem wollen die schönen Aufsätze »*Inter arma Caritas*« (30. Oktober 1914), »*Les Idoles*« (4. Dezember 1914), »*Notre prochain, l'ennemi*« (15. Mai 1915), »*Le meurtre des élites*« (14. Juni 1915) den Schweigenden eine Stimme geben: »Helfen wir den Opfern! Freilich, viel vermögen wir nicht. Im ewigen Kampfe zwischen dem Guten und dem Bösen sind die Aussichten ungleich: man braucht ein Jahrhundert, um das aufzubauen, was ein Tag zerstört. Jedoch, die tolle Wut dauert nur einen Tag und die geduldige Arbeit ist das tägliche Brot aller Tage. Sie unterbricht sich selbst nicht in einer Stunde des Weltunterganges.«

Nun hat der Dichter klar seine Aufgabe erkannt: den Krieg zu bekämpfen wäre sinnlos. Vernunft bleibt machtlos gegen Elemente. Aber im Kriege das zu bekämpfen, was die Leidenschaften der Menschen wissend dem Entsetzlichen hinzutun, die geistige Vergiftung der Waffen, scheint ihm seine vorbestimmte Pflicht. Das Furchtbarste gerade dieses Krieges, das, was ihn so von allen früheren unterscheidet, ist seine bewußte Vergeistigung, der Versuch, ein Geschehnis, das vergangene Zeiten einfach als naturhaftes Verhängnis wie Pest und Seuche hinnehmen, heroisch in eine »große Zeit« zu verklären, der Gewalt eine Moral, der Vernichtung eine Ethik zu unterstellen, einen Massenkampf der Völker gleichzeitig in einen Massenhaß der Individuen zu steigern. Nicht den Krieg also bekämpft Rolland (wie vielfach vermeint wurde), er bekämpft die Ideologie des Krieges, die künstliche Vergöttlichung des ewig Bestialischen; und er bekämpft im einzelnen die träge, leichtfertige Hingabe an eine kollektive und bloß für Kriegsdauer konstruierte Ethik, die Flucht vor dem Gewissen in die Massenlüge, die Suspendierung der inneren Freiheit auf Kriegsdauer.

Nicht gegen die Massen, gegen die Völker wendet sich also sein Wort. Sie sind Unwissende, Belogene, arme Getriebene, denen man durch Lüge den Haß verständlich gemacht hat – »*il est si commode de haïr sans comprendre*« – »es ist so bequem zu hassen, wenn man nicht versteht«. Alle Schuld liegt bei den Treibern und bei den Fabrikanten der Lüge, bei den Intellektuellen. Sie sind schuldig, und siebenfach schuldig, weil sie, dank ihrer Bildung und ihrer Erfahrung, die Wahrheit wissen mußten und sie verleugnen, weil sie aus Schwäche und vielfach aus Berechnung sich der banalen Meinung angeschlossen haben, statt kraft der ihnen gegebenen Autorität die Meinung zu führen. Bewußt haben sie statt des einst vertretenen Ideals der Menschlichkeit und Völkereintracht spartanische und homerische Heldenidole rekonstruiert, die in unsere Zeit so wenig passen, wie Lanzen und Rüstungen zwischen Maschinengewehre. Und vor allem, sie haben den Haß, der allen Großen aller Zeiten eine verächtliche und niedere Begleiterscheinung des Krieges war, den die Geistigen durch Ekel, die Kämpfenden durch Ritterlichkeit von sich wiesen, diesen Haß haben sie nicht nur mit allen Argumenten der Logik, der Wissenschaft, der Dichtung verteidigt, sie haben ihn sogar (mit Suspendierung der christlichen Evangelienworte) zur sittlichen Pflicht erhoben und jeden, der sich gegen die kollektive Gehässigkeit wehrte, zum Verräter am Vaterland gestempelt. Gegen diese Feinde des freien Geistes hebt Rolland sein Wort: »Nicht nur, daß sie nichts taten, um das wechselseitige Mißverstehen zu vermindern und den Haß zu begrenzen, im Gegenteil: mit wenigen Ausnahmen haben sie alles getan, ihn auszubreiten und zu vergiften. Zum großen Teil war dieser Krieg ihr Krieg. Mit ihren mörderischen Ideologien haben sie Tausende von Gehirnen verführt und in frevelhafter Sicherheit ihrer Wahrheit, unbelehrbar in ihrem Stolze, Millionen fremder Existenzen für die Phantome ihres Geistes in den Tod getrieben.« Schuldig ist nur der Wissende oder der, dem die Möglichkeit gegeben war, wissend zu sein, der aber aus Trägheit der Vernunft und des Herzens, aus falscher Ruhmsucht oder Feigheit, aus Vorteilsgründen oder aus Schwäche sich einer Lüge hingegeben hat.

Denn der Haß der Intellektuellen war eine Lüge. Wäre er eine Wahrheit, eine Leidenschaft gewesen, so hätte er die Schwätzer das Wort wegwerfen und eine Waffe ergreifen lassen müssen. Haß und Liebe kann nur Menschen gelten, nicht Begriffen, nicht Ideen, deshalb war der Versuch, Haß zwischen Millionen unbekannter Individuen zu säen und ihn »verewigen« zu wollen, ein Verbrechen gegen den Geist so sehr, wie gegen das Blut. Deutschland zu verallgemeinern in einen einzigen Gegenstand des Hasses, Treibende und Getriebene in eine seelische Verfassung, war bewußte Fälschung. Es gab nur eine Gemeinsamkeit: die der Wahrhaftigkeit und die der Lügner, die der Menschen des Gewissens und die der Phrase. Und so wie Rolland im Johann Christof das wahre Frankreich vom falschen, das alte Deutschland vom neuen sonderte, um die allmenschliche Gemeinsamkeit zu zeigen, so unternimmt er mitten im Kriege den Versuch, die erschreckende Ähnlichkeit der Kriegsvergifter in beiden Lagern an den Pranger zu stellen und die heroische Einsamkeit der freien Naturen in beiden Ländern zu feiern, um – gemäß jenem Worte Tolstois – der Pflicht des Dichters gerecht zu werden, der »Bindende zwischen den Menschen« zu sein. Die »cerveaux enchaînés«, die »gefesselten Gehirne« seiner Komödie *Liluli*, tanzen in verschiedenen Uniformen hüben und drüben unter der Peitsche des Negers Patriotismus den gleichen indianischen Kriegstanz: die deutschen Professoren und die der Sorbonne haben eine erschreckende Ähnlichkeit in ihren logischen Sprüngen und die Haßgesänge eine groteske Gleichheit des Rhythmus und der Konstruktion.

Das Gemeinsame aber, das Rolland zeigen will, soll zugleich eine Tröstung sein. Die Worte der menschlichen Erhebung sind freilich schwerer zu erspähen, als jene des Hasses, denn die freie Meinung muß durch einen Knebel sprechen, während die Lüge durch die Megaphone der Zeitungen dröhnt. Mühsam muß man die Wahrheit und die Wahrhaftigen suchen, weil der Staat sie versteckt, aber die beharrlich spürende Seele findet sie bei allen Völkern und Nationen. An Beispielen, Büchern und Menschen, deutschen wie französischen, beweist Rolland in diesen Aufsätzen, daß hüben und drüben, sogar oder gerade in den Schützengräben, ganz brüderliches Empfinden bei Tausenden und Abertausenden herrscht. Er veröffentlicht Briefe deutscher Soldaten neben denen französischer: sie sind in der gleichen menschlichen Sprache geschrieben. Er erzählt von der Feindeshilfe der Frauen und siehe: es ist die gleiche Organisation des Herzens inmitten der grausamen der Waffen. Er publiziert Gedichte von hüben und drüben: sie vereinen sich im Gefühl. Wie er einst in seinen »Biographien der Helden« den Leidenden der Welt zeigen wollte, daß sie »nicht allein seien, sondern die Größten aller Zeiten mit ihnen«, so sucht er denen, die inmitten der Tollheit sich in manchen Stunden selbst für Ausgestoßene halten, weil sie nichts von den gehässigen Empfindungen der Zeitungen und Professoren in sich fühlen, ihre unbekannten Brüder im Schweigen bekannt zu machen – wieder bemüht, die unsichtbare Gemeinde der freien Seelen zu vereinen. »Das gleiche Glück,« schreibt er, »das wir in diesen zitternden Märztagen beim Anblick der ersten aufschießenden Blumen empfinden, ich fühle es auch, wenn ich die zarten und kraftvollen Blüten menschlichen Mitleids die Eiskruste des Hasses Europas durchdringen fühle. Sie bezeugen, daß die Lebenswärme fortdauert und nichts sie zerstören kann.« Unerschütterlich setzt er »l'humble pèlerinage«, die »demütige Pilgerschaft« fort, bemüht, »unter den Ruinen die letzten Herzen zu entdecken, die dem alten Ideal der menschlichen Brüderschaft getreu blieben. Welche melancholische Freude, sie zu entdecken und ihnen zu Hilfe zu kommen.« Und um dieses Trostes, um dieser Hoffnung willen gibt er sogar dem Krieg, dem seit seiner frühesten Kindheit gefürchteten und gehaßten, einen neuen Sinn: »Der Krieg hat den schmerzvollen Vorteil gehabt, die Geister, die sich dem nationalen Hasse verweigern, auf der ganzen Welt zu vereinigen. Er hat ihre Kraft gestählt, zu einem ehernen Block, ihre Willen zusammengeschlossen. Wie doch jene sich täuschen, die meinen, die Ideen der Brüderlichkeit seien erstickt... Ich zweifle nicht im mindesten an der zukünftigen Einheit der europäischen Gemeinschaft. Sie wird wahr werden. Und der Krieg von heute ist nur ihre blutige Taufe.«

Samariter der Seelen, sucht er so die Verzagten mit Hoffnung, dem Brot des Lebens, zu trösten. Vielleicht über seine eigenste innerste Meinung hinaus kündet er seine Zuversicht: und nur wer den Hunger der Zahllosen, in den Kerker eines Vaterlandes, hinter die Gitter der Zensur Gesperrten kannte, wird ermessen, was ihnen diese Manifeste des Glaubens, dies endlich vernommene Wort ohne Haß, diese Botschaft der Brüderlichkeit damals bedeutet haben.

Die Gegner

Daß in einer Zeit der Parteien keine Bestrebung undankbarer sein werde, als die zur Unparteilichkeit, darüber gab sich Rolland von allem Anbeginn keinem Zweifel hin. »Die Kämpfer sind heute nur in einem einig: alle jene zu hassen, die sich weigern, mitzuhassen. Wer nicht delirieren will wie die andern, wird verdächtig. Und in diesen Zeiten, da die Justiz sich nicht Zeit nimmt, Prozesse gründlich zu verfolgen, ist jeder Verdächtige schon ein Verräter. Wer darauf besteht, inmitten des Krieges den Frieden zwischen den Menschen zu verteidigen, der muß wissen, daß er seinen Glauben, seinen Namen, seine Ruhe, sein Ansehen und selbst seine Freundschaften aufs Spiel setzt. Aber was wäre eine Überzeugung wert, für die man nichts wagen wollte?« Rolland weiß also, daß der Platz zwischen den Fronten der gefährlichste ist, er weiß, was ihn erwartet, aber gerade die Gefahr stählt sein Gewissen. »Ist es tatsächlich nötig, wie die Volksweisheit sagt, den Krieg im Frieden vorzubereiten, so ist es nicht minder nötig, den Frieden im Krieg vorzubereiten. Diese Aufgabe scheint mir jenen zugeteilt, die sich selbst außerhalb des Gefechtes befinden und die durch ihr geistiges Leben nähere Verbindung mit dem Weltganzen haben – diese kleine Laienkirche, die heute besser als die andere ihren Glauben an die Einheit des menschlichen Gedankens bewahrt hat und für die alle Menschen Söhne des selben Vaters sind. Bringt es diese Überzeugung mit sich, daß wir beschimpft werden, so sind die Beschimpfungen eine Ehre für uns, die wir vor der Zukunft rechtfertigen werden.«

Man sieht: Rolland war sich des Widerspruches im voraus bewußt. Aber die Wut der Angriffe gegen ihn übertrifft in erschreckender Weise alle Erwartungen. Die erste Welle kommt aus Deutschland. Die Stelle im Briefe an Gerhart Hauptmann: »Seid ihr Enkel Goethes oder Attilas?« und einige andere finden zorniges Echo. Ein Dutzend Professoren und literarische Schwätzer fühlen sich sofort bemüßigt, die französische Anmaßung zu »züchtigen«, und in der »Deutschen Rundschau« enthüllt ein engstirniger Alldeutscher das große Geheimnis, daß der Johann Christof unter der Heimtücke von Neutralität der gefährlichste Angriff Frankreichs auf den deutschen Geist gewesen sei.

Aber diesen Wutausbrüchen geben die französischen nichts nach, sobald der Aufsatz »*Audessus de la Mêlée*« oder eigentlich bloß die Kunde davon bekannt geworden war. Denn französische Blätter durften zunächst – wer versteht dies heute noch? – dieses Manifest gar nicht abdrucken; die ersten Fragmente lernte man aus den Angriffen kennen, die Rolland als einen Verderber des Patriotismus an den Pranger stellten, eine Aufgabe, vor der Professoren der Sorbonne und Historiker von Ruf nicht zurückschreckten. Aus den einzelnen Angriffen wurde bald eine systematische Kampagne, statt Zeitungsartikel erschienen Broschüren und schließlich sogar das dicke Buch eines Hinterlandshelden mit tausend Beweisen, Photographien, Zitaten – ein ganzes Dossier, das seine Absicht gar nicht verhehlte, Material für einen Prozeß zusammenzustellen. Die niedrigsten Verleumdungen werden nicht gespart, wie die, Rolland sei während des Krieges dem deutschen Verein »Neues Vaterland« beigetreten, er sei Mitarbeiter deutscher Zeitungen, sein amerikanischer Verleger ein Agent des Kaisers, eine Broschüre beschuldigt ihn der bewußten Fälschung von Daten: und zwischen diesen offen ausgesprochenen Verleumdungen schimmern zwischen den Zeilen noch gefährlichere. Alle Zeitungen, mit Ausnahme einiger kleiner radikaler Blätter, schließen sich zusammen zu einem Boykott, keine Pariser Zeitung wagt eine Berichtigung zu bringen, triumphierend verkündet ein Professor: »*Cet auteur ne se lit plus en France*«, »dieser Autor wird in Frankreich nicht mehr gelesen«. Ängstlich rücken die Kameraden von dem Verfemten ab, einer seiner ältesten Jugendfreunde, der »ami de la première heure«, jener »Freund von der ersten Stunde«, dem Rolland eines seiner Werke gewidmet hatte, versagt in diesem entscheidenden Zeitpunkt und läßt ein schon vorbereitetes, schon gedrucktes Buch über Rolland ängstlich einstampfen. Auch der Staat zielt immer schärfer auf den Unerschrockenen hin: vergeblich sendet er seine Agenten um »Material«, und in einer Reihe von »Defaitistenprozessen« visiert er deutlich Rolland, dessen Buch der Tiger der Anklageprozesse, Leutnant Mornet, öffentlich »abominable« nennt. Nur die Autorität seines Namens, die Unantastbarkeit seines offenen Lebens, die Einsamkeit seines Kampfes, die sich nie in unreine

Gemeinschaft verstrickt, machen den Angebern und Hetzern den wohlbereiteten Plan zunichte, Rolland neben Abenteurern und kleinen Spionen auf der Anklagebank zu sehen.

Mit einer gewissen Mühe – all dieser Irrsinn war ja nur in der überreizten Atmosphäre einer Katastrophenpolitik verständlich – vermag man heute aus jenen Broschüren, Büchern und Pamphleten zu rekonstruieren, was das patriotische Verbrechen Rollands in der Mentalität jener Menschen damals gewesen ist. Aus den eigenen Werken vermöchte auch das phantasievollste Gehirn sich einen »*Cas Rolland*«, eine »Affäre« nicht mehr zu erklären und am wenigsten den Fanatismus der ganzen französischen Geistigkeit gegen diesen Einzigen, der ruhig und verantwortungsvoll seine Gedanken entwickelte.

Aber dies war schon das erste Vergehen im Sinn jener Patrioten, daß Rolland überhaupt öffentlich über die moralischen Probleme des Krieges nachdachte. »*On ne discute pas la patrie*«, »man spricht nicht über Dinge, die das Vaterland angehen.« Man schweigt, wenn man nicht mit der Masse reden kann oder will, war ja das erste Axiom der Kriegsethik. Pflicht ist, die Soldaten zur Leidenschaft, zum Haß anzufeuern, nicht zum Nachdenken. Eine Lüge, die Begeisterung erzeugt, taugt im Kriege besser als die beste Wahrheit. Nachdenkender Zweifel ist – ganz im Sinne der katholischen Kirche – ein Verbrechen am unfehlbaren Dogma des Vaterlandes. Die Tatsache allein also schon, daß Rolland über diese Dinge der Zeit nachdenken will, statt die Thesen der Politik zu bejahen, ist keine »*attitude française*«, keine patriotisch-französische Haltung und stempelt ihn zum »*neutre*«, zum Neutralen. Und »*neutre*« war damals Reimwort auf »*traître*«.

Das zweite Vergehen war, daß Rolland gerecht sein wollte gegen alle Menschen der Menschheit, daß er nicht aufhörte, auch in den Feinden noch Menschen zu sehen, daß er auch bei ihnen zwischen Schuldigen und Unschuldigen unterschied, für die deutschen Leidenden das gleiche Mitleid hatte wie für die französischen und ihnen das Wort »Brüder« nicht versagte. Das patriotische Dogma aber verlangte, daß man auf Kriegsdauer das Humanitätsgefühl abkurble wie einen Motor, die Gerechtigkeit bis zum Sieg suspendiere wie die Worte des Evangeliums: »Du sollst nicht töten«, und pathetisch trägt eine Broschüre gegen Rolland das Motto: »*Pendant une guerre tout ce qu'on donne de l'amour à l'humanité, on le vole à la patrie*«, »Alles, was man an Liebe während eines Krieges der Menschheit gibt, stiehlt man dem Vaterlande«, – ein Motto, das man freilich auch umdrehen könnte im Hinblick auf die Menschheit.

Das dritte Vergehen – das staatsgefährlichste – für jene Mentalität aber war, daß Rolland im militärischen Siege nicht das Wunderelixier der Moral, des Geistes, der Gerechtigkeit erblicken wollte, daß ihm ein nachgiebiger, ein unblutiger Friede, der eine völlige Versöhnung, eine brüderliche Bindung der europäischen Völker brächte, segensreicher schien als eine blutige Bezwingung, die nur wieder Drachensaaten von Haß und neuen Kriegen zeugte. Nun war in Frankreich – in wunderbarem Parallelismus zum deutschen Wort von den »Flaumachern« und dem »Schmachfrieden« – bei den Parteien, die den Krieg bis zur Vernichtung führen wollten, das Schimpfwort »*défaitiste*«, »Freund der Niederlage«, für jeden erfunden worden, der einer vernünftigen Verständigung das Wort redete. Und Rolland, der ein ganzes geistiges Leben damit verbracht hatte, der rohen Gewalt höhere sittliche Gewalt entgegenzusetzen, wurde als Vergifter der Kampfmoral, als der »*initiateur du défaitisme*«, »der Erfinder des Defaitismus«, gebrandmarkt. Als den letzten Vertreter des »sterbenden Renanismus«, als das Zentrum einer sittlichen Macht fühlte ihn der Militarismus und suchte darum seinen Ideen gewaltsam den Sinn zu unterstellen, als wünsche ein Franzose hier Frankreich die Niederlage. Doch sein Wort stand unbeirrt: »Ich will, daß Frankreich geliebt werde, ich will, daß es siegreich sei, aber nicht durch die Macht, nicht bloß durch das Recht (auch das wäre noch zu hart), sondern durch die Überlegenheit seines großdenkenden Herzens. Ich wünschte, daß es stark genug sei, um ohne Haß zu kämpfen und selbst in jenen, die es niederschlagen muß, noch seine Brüder zu sehen, die im Irrtum sind und denen man, sobald sie unschädlich gemacht sind, sein Mitleid bieten muß.«

Auch auf die verleumderischsten dieser Angriffe hat Rolland nie geantwortet. Ruhig läßt er sich schmähen und verunglimpfen, er weiß, daß der Gedanke unantastbar und unverlierbar ist, als dessen Bote er sich fühlt. Menschen hat er nie bekämpft, nur Ideen. Und den feindlichen

Ideen hatten längst die eigenen Gestalten geantwortet: sein Olivier, der freie Franzose, der nur den Haß haßte, sein Girondist Faber, der sein Gewissen höher stellte als die Argumente des Patrioten, sein Adam Lux, der seinen Gegner, den Fanatiker, mitleidig fragt: »*N'est-tu pas fatigué de ta haine?*« »Bist du nicht deinen Haß schon müde?«, sein Teulier – alle die großen Gestalten, in denen sein Gewissen den Kampf der Zeit um zwei Jahrzehnte vorausgekämpft hat. Daß er allein steht gegen fast die ganze Nation, macht ihn nicht irre, er kennt Chamforts Wort: »Es gibt Zeiten, da die öffentliche Meinung die schlechteste aller Meinungen ist.« Und gerade der maßlose Zorn, die hysterische, schreiende und geifernde Wut seiner Gegner bestärkt das Gefühl seiner Sicherheit, weil er in diesem Geschrei nach der Gewalt die innere Unsicherheit ihrer Argumente fühlt. Lächelnd sieht er herab auf ihren künstlich überhitzten Zorn und fragt mit seinem Clerambault: »Euer Weg ist, sagt ihr, der bessere, der einzig gute? Nun, so geht ihn und laßt mir den meinen. Ich zwinge euch nicht, mir Gefolgschaft zu leisten, ich zeige nur, wohin ich gehe. Was regt euch daran so auf? Solltet ihr am Ende fürchten, daß ich recht habe?«

Die Freunde

Eine Leere war nach den ersten Worten um den Mutigen entstanden. Es bestand – wie Verhaeren so schön sagte – »Gefahr, ihn zu heben«, und die meisten scheuen die Gefahr. Älteste Freunde, die von Jugend auf sein Werk und seinen Charakter kannten, ließen ihn im Stich, leise rückten die Vorsichtigen von ihm ab, die Zeitungen, die Verleger versagten ihm die Gastlichkeit – keiner, oder fast keiner gerade der ältesten Freunde wagte ihm offen zur Seite zu stehen. So schien Rolland einen Augenblick allein. Aber – wie er im Johann Christof sagt – »eine große Seele ist niemals allein. So verlassen sie von allen Freunden sein mag, schließlich schafft sie sich sie selbst und strahlt um sich einen Kreis jener Liebe, deren sie selber voll ist«.

Die Not, die Goldprobe der Gewissen, hat ihm Freunde genommen, aber auch Freunde gegeben. Freilich, man hört ihre Stimmen kaum im Gelärm der Gegner. Denn die Kriegstreiber haben alle öffentliche Macht in ihren Händen, sie brüllen ihren Haß durch die Megaphone der Tageszeitungen, die Freunde können nur behutsam ein paar abgedämpfte Worte in kleinen Blättchen der Zensur abringen. Die Feinde sind eine kompakte Masse, wie ein Schwall stürzen sie nieder (um ebenso auch wieder in den Morast des Vergessens zu versickern), die Freunde kristallisieren sich langsam und verborgen um seine Idee, aber sie dauern und werden immer klarer an seinem Element. Die Feinde sind ein Rudel, ein Regiment, blind hinstürmend auf eine Parole, die Freunde eine Gemeinschaft, still wirkend und nur gebunden durch Liebe.

Die Freunde in Paris haben das schwerste Los. Sie können nur unsichtbar, gleichsam durch magische Zeichen sich ihm verbinden: die Hälfte ihrer Worte und die Hälfte der seinen an sie verliert sich an der Grenze. Aus belagerter Festung grüßen sie den Befreier, der ihre Ideen, ihre verschlossenen und verbotenen, frei vor der Welt sagt, und sie können die Ideen nur verteidigen, indem sie ihn selbst verteidigen. Amedé Dunois, Fernand Deprès, Georges Pioch, Renaitour, Rouanet, Jacques Mesnil, Gaston Thiesson, Marcel Martinet, Severine haben mutig dem Verleumdeten in seinem Vaterlande zur Seite gestanden, eine tapfere Frau, Marcelle Capy, hob die Fahne und nannte ihr Buch »*Une voix de femme dans la mêlée*«. Durch die unendlichen Wogen des Blutmeeres getrennt, blickten sie zu ihm wie zu einem fernen Leuchtfeuer auf sicherem Felsen und deuteten ihren Brüdern das verheißungsvolle Licht.

In Genf aber bildete sich eine kleine Gruppe junger Dichter um ihn, die seine Schüler waren und seine Freunde wurden, die Kraft gewannen aus seiner Kraft. Der erste unter ihnen, P. I. Jouve, der Dichter der pathetischen Versbände »*Vous êtes des hommes*« und »*Danse des morts*«, glühend vor Zorn und vor Ekstase der Güte, leidend bis in den letzten Nerv an der Ungerechtigkeit der Welt, ein auferstandener Olivier, paraphrasiert in Gedichten den Haß gegen die Gewalt. René Arcos, der gleich ihm den Krieg gesehen in seinem Schauer und ihn haßte gleich seinem Freunde, klarer in seiner Umfassung des dramatischen Augenblicks, besonnener, aber rein und gütig wie Jouve, erhebt das Bildnis Europas; Charles Baudouin die ewige Güte; Frans Masereel, der belgische Holzschneider, gräbt in Platten seine allmenschliche Klage, grandioser Bildner der Zeit, menschlicher in seinen gezeichneten Protesten als alle Bücher und Bilder; Guilbeaux, der Fanatiker des sozialen Umschwungs, Kampfhahn gegen jede Macht, gründet eine Monatsschrift »*Demain*«, die einzig wahre europäische, ehe sie ganz im russischen Gedanken unterging; Jean Debrit, in seiner »*Feuille*«, kämpft gegen die Parteilichkeit der romanischen Presse und gegen den Krieg. Claude de Maguet begründet die »*Tablettes*«, die durch kühne Beiträge und die Zeichnungen Masereels das lebendigste Blatt werden, das die Schweiz gesehen. Eine kleine Insel der Unabhängigkeit entsteht, der alle Windrichtungen der Welt manchmal Grüße zuwehen aus der Ferne: hier allein spürte man europäische Luft inmitten des Blutdunstes.

Das Wunderbarste dieser Sphäre aber war, daß dank Rolland auch die feindlichen Brüder von dieser geistigen Gemeinschaft nicht ausgeschlossen waren. Während sonst jeder, angesteckt von der Hysterie des Massenhasses oder aus Furcht vor Verdächtigungen, selbst seinen vormals brüderlichen Freunden aus Feindesland wie Pestkranken auswich, wenn er ihnen zufällig auf der Gasse in neutralem Lande begegnete, während Verwandte nicht wagten, einander brieflich nach Leben und Sterben des eigenen Blutes zu fragen, hat Rolland nicht einen Augenblick seine deutschen Freunde verleugnet. Im Gegenteil, er hat die Treuen unter ihnen nie mehr geliebt als in der Zeit, da es gefährlich war, sie zu lieben. Öffentlich hat er sich zu ihnen bekannt, ihnen Hand und Brief geboten; seine Worte des Bekenntnisses zu ihnen werden dauern: »Ja, ich habe deutsche Freunde wie ich französische, englische, italienische Freunde aus allen Rassen habe. Sie sind mein Reichtum, ich bin darauf stolz und ich bewahre ihn mir. Hat man das Glück, in der Welt loyalen Seelen begegnet zu sein, mit denen man seine intimsten Gedanken teilt, mit denen einen ein brüderliches Band verknüpft, so ist dieses Band heilig und gerade die Stunde der Probe darf es nicht zerreißen. Wie feige wäre der, der sich nicht zu ihnen bekennen würde, gehorsam dem frechen Verlangen einer öffentlichen Meinung, die kein Recht hat über unser Herz... Wie schmerzvoll, ja wie tragisch solche Freundschaften in solchen Augenblicken sind, werden später einmal Briefe zeigen. Aber gerade dank ihrer konnten wir uns gegen den Haß verteidigen, der noch mörderischer ist als der Krieg, denn er ist eine Vergiftung seiner Wunden und schädigt ebenso den Getroffenen wie jenen, der ihn entsendet.«

Unendlich ist, was Rolland seinen Freunden und den zahllosen unsichtbaren Gefährten im Dunkel mit dieser seiner mutigen und freien Haltung gegeben hat. Ein Beispiel all jenen vorerst, die zwar gleicher Gesinnung waren, aber verstreut irgendwo im Dunkel, die erst jenen Kristallisationspunkt brauchten, um ihre Seelen zu formen und rein zu bilden. Gerade für die noch nicht Selbstsichern bedeutete diese vorbildliche Existenz eine wunderbare Befeuerung durch die aufrechte Haltung, die jeden Jüngeren beschämte; alle waren wir stärker, freier, wahrer, vorurteilsloser in seiner Nähe; das Menschliche, geläutert von seiner Glut, schlug als Flamme empor, und was uns band, war mehr als der Zufall gleicher Gesinnung, es war eine leidenschaftliche Erhobenheit, manchmal gesteigert zu einem Fanatismus der Verbrüderung. Daß wir gegen die Meinung, gegen das Gesetz aller Staaten an einem Tisch saßen, Wort und Vertrauen arglos tauschten, daß unsere Kameradschaft aufgetan war aller Verdächtigung, machte sie nur glühender, und in manchen – unvergeßlichen – Stunden empfanden wir in einer reinen Trunkenheit das unerhört Einzige unserer Freundschaft. Wir zwei Dutzend Menschen in der Schweiz, Franzosen, Deutsche, Russen, Österreicher, Italiener, gehörten zu den ganz wenigen unter den hundert Millionen, die sich hell und ohne Haß ins Auge sahen, die innersten Gedanken tauschten, – wir, die kleine Schar in seinem Schatten, waren damals Europa, unsere Einheit – ein Staubkorn im Weltsturm – vielleicht das Samenkorn künftiger Verbrüderungen. Wie stark, wie beglückt haben wir das in manchen Stunden empfunden und wie dankbar vor allem! Denn ohne ihn, ohne das Genie seiner Freundschaft, das Bindende seiner Natur, das mit zarter, wissender und gütiger Hand uns verknüpfte, hätten wir nie die Freiheit, die Sicherheit unseres Wesens gefunden. Jeder hebe ihn anders, und alle verehrten ihn gleich: die Franzosen den reinsten geistigen Ausdruck ihrer Heimat, wir den wunderbaren Gegenpol unserer besten Welt. In diesem Kreise der Menschen um ihn war ein Gefühl der Gemeinschaft wie in jeder Gemeinde einer beginnenden Religion; gerade die Feindschaft unserer Nationen, das Bewußtsein der Gefahr, drängte uns in einen Überschwang der Freundschaft, und das Vorbild des mutigsten und freiesten Menschen befeuerte das Beste unserer Menschlichkeit. In seiner Nähe fühlte man sich im Herzen des wahren Europa: und wer ihm nahte und den Kern seines Wesens berührte, hatte wie in der alten Sage neue Kraft für das Ringen mit Herkules, dem antiken Symbol der brutalen Gewalt.

Die Briefe

Das Viele, das Rollands lebendige Nähe in jenen Tagen seinen Freunden und weiterwirkend der europäischen Gemeinschaft gab, war aber doch nur ein Teil seines Wesens: weit über die persönliche Grenze hinaus wirkte seine verbindende, fördernde, hilfstätige Leidenschaft. Wo immer eine Frage, eine Angst, eine Not, eine Anregung an ihn sich wandte, fand sie Antwort: in Hunderten und aber Hunderten von Briefen hat Rolland in jener Zeit die Botschaft der Brüderlichkeit verbreitet und jenes Gelöbnis, das ihm die seelische Rettung durch den Brief Leo Tolstois vor fünfundzwanzig Jahren entrang, wundervoll erfüllt. Nicht nur Johann Christof, der Gläubige, auch Leo Tolstoi, der große Tröster, ersteht in seiner Gestalt.

Eine unendliche Last hat – unsichtbar für die Welt – in diesen fünf Kriegsjahren der Einzelne auf sich genommen. Denn wo immer in der Welt einer sich wehrte gegen die Zeit, sich auflehnte gegen die Lüge, wo einer Rat brauchte in einer Sache des Gewissens, wo er Hilfe wollte, an wen wandte er sich? Wer war noch in Europa, dem das Vertrauen so entgegenschwoll? Die unbekannten Freunde Johann Christofs, die namenlosen Brüder Oliviers, irgendwo versteckt in einer Provinz, niemanden zur Seite, dem sie ihre Zweifel zuflüstern durften, wem konnten sie sich anvertrauen als dem, der diese Botschaft der Güte zuerst ihnen gebracht! Und sie brachten ihre Bitten, Vorschläge, den Aufruhr ihres Gewissens: aus den Schützengräben schrieben ihm die Soldaten, heimlich die Mütter. Viele Briefe wagten den Namen nicht zu nennen, sie wollten nur Zuruf sein und sich als Bürger jener unsichtbaren »Republik der freien Seelen« mitten zwischen den kämpfenden Nationen bekennen. Und Rolland nahm die unendliche Mühe auf sich, der Sammler und Verwalter all dieser Not und Klage zu sein, der Beichtiger aller Bekenntnisse, der Tröster einer Welt, die gegen sich selbst wütete. Wo nur irgendein Keim einer europäischen, einer allmenschlichen Regung sich in den Ländern rührte, hat er ihn zu erhalten gesucht; er war die Wegkreuzung, an der alle diese Straßen des Elends zusammenliefen. Gleichzeitig aber blieb er in ständiger Verbindung mit den großen Repräsentanten des europäischen Glaubens, den letzten Getreuen des freien Geistes in allen Ländern; er durchforschte alle Revuen und Zeitungen nach den Botschaften der Versöhnung: keiner Bemühung hat er sich versagt. Wo immer ein Mann oder ein Werk sich damals der Idee der europäischen Versöhnung widmete, ist Rollands tätige Hilfe ihm gewiß gewesen.

Diese Hunderte und Tausende von Briefen während der Kriegszeit bedeuten ein moralisches Werk, dem kein Dichter unserer Epoche ein gleiches zur Seite zu setzen hat. Unzählige Einsame haben sie beglückt, Unsichere befestigt, Verzweifelte erhoben: nie war die Mission eines Dichters reiner erfüllt. Aber auch künstlerisch scheinen mir diese Briefe, von denen manche inzwischen veröffentlicht worden sind, das Reinste, Reifste, was Rolland geschaffen, denn Tröstung ist ja der tiefste Sinn seiner Kunst, und hier, wo er von Mensch zu Menschen sprach, völlig hingegeben, hat er eine rhythmische Kraft, eine Glut der Menschenliebe auf manchen Blättern, die den schönsten Gedichten aller Zeiten sich ebenbürtig erweisen. Die zarte seelische Schüchternheit, die ihn oft im Gespräche hemmt, verwandelt sich in diesen Blättern zu aufgetanem Bekenntnis: immer spricht hier der innerste freie Mensch zu den Menschen, Güte erreicht in ihnen das Pathos einer Leidenschaft. Und was hier flüchtig verstreut ward an Fremde und Ferne, ist das Eigenste seines Wesens; wie sein Colas Breugnon kann er sagen: »Dies ist mein schönstes Werk: die Seelen, die ich gestaltet habe.«

Der Berater

In diesen Jahren kamen oft Menschen zu Rolland, meist junge Menschen, und erbaten seinen Rat in Fragen des Gewissens. Sie fragten, ob sie, da ihre Überzeugung gegen den Krieg sei, den Dienst verweigern sollten im Sinne Tolstois und der »*conscientious objectors*«, oder im biblischen Sinn das Böse dulden, ob sie öffentlich gegen manches Unrecht ihres Vaterlandes Stellung nehmen oder schweigen sollten. Andere begehrten geistige Entscheidungen in ihrer Gewissensnot: alle aber meinten sie, daß hier ein Mann eine Maxime, eine feste Norm des Verhaltens im Kriege besitze, ein moralisches Wunderelixier, das er den andern abtreten würde.

Rolland hatte auf alle diese Fragen immer nur eine Antwort: Handelt nach eurem Gewissen. Sucht eure eigene Wahrheit und verwirklicht sie. Es gibt keine fertige Wahrheit, keine starre Formel, die einer dem andern weitergeben kann: Wahrheit ist etwas, was jeder nur aus sich nach seinem Ebenbilde zu schaffen vermag und immer nur für sich allein. Es gibt keine moralische Verhaltungsmaßregel als diese letzte, sich zu erkennen und dieser eigenen Notwendigkeit – sei es auch gegen die ganze Welt – treu zu sein. Der die Waffe wegwirft und sich ins Gefängnis setzen läßt, hat recht, wenn er aus seinem Wesen heraus, nicht aus Eitelkeit oder Nachahmung, so handelt. Und der sie zum Schein nimmt und den Staat dann betrügt, der, um die Idee zu propagieren, seine Freiheit rettet, hat ebenso recht, wenn er bewußt aus seinem Wesen wirkt. Rolland hat jedem recht gegeben, der seinen eigenen Glauben glaubte, ebenso dem Patrioten, der für sein Vaterland sterben wollte, wie dem Anarchisten, der sich frei machte von jedem staatlichen Band: er hat keine andere Maxime als die des Glaubens an den eigenen Glauben. Unwahr, falsch handelt in seinem Sinne nur der, der sich von einer fremden Idee überwältigen läßt und vom Rausch der Masse hingerissen wider seine Natur tätig in Erscheinung tritt.

Es gibt nur eine Wahrheit, so sagt er allen, jene Wahrheit, die ein Mensch in sich als seine persönliche erkennt: außerhalb dieser Wahrheit ist jede andere Betrug an sich selbst. Und gerade dieser scheinbare Egoismus dient der Menschheit. »Wer nützlich für die andern sein will, muß vor allem frei bleiben. Selbst die Liebe zählt nicht, wenn sie die eines Sklaven ist.« Tod fürs Vaterland ist wertlos, wenn der sich Opfernde nicht an das Vaterland glaubt wie an einen Gott, Flucht vor dem Dienst eine Feigheit, wenn man nicht den Mut hat, sich als Vaterlandslosen zu bekennen. Es gibt keine wahren Ideen als die von innen erlebten, es gibt keine wertvollen Taten als die aus voller Verantwortung des Denkens gestalteten. Wer der Menschheit dienen will, darf nicht fremden Argumenten dienen: nichts zählt als moralischer Akt, was aus Nachahmung oder aus Zureden eines andern stammt, oder – wie in dieser Zeit fast alles – aus der Hypnose eines Massenwahns. »Die erste Pflicht ist, daß man sein eigenes Ich ist und bleibt bis zur Aufopferung und Hingabe seiner selbst.«

Freilich, Rolland verkennt nicht die Schwierigkeit, die Seltenheit solcher freien Taten und zitiert Emersons Wort: »*Nothing is more rare in any man, than an act of his own*«, »Nichts ist seltener in jedem Menschen als eine Tat aus sich selbst heraus.« Aber war nicht gerade das unfreie, unwahre Denken der Menschenmassen, die Trägheit ihres Gewissens alles Unheils Anbeginn? Hätte wahrhaft ein Bruderkrieg in Europa ausbrechen können, wenn jeder Bürger, jeder Bauer, jeder Künstler sein innerstes Herz befragt hätte, ob die Minen Marokkos und die Sümpfe Albaniens ein Wert für ihn seien, ob er tatsächlich den Bruder in England oder in Italien so verabscheue und hasse, wie es ihn die Zeitungen und gewerbsmäßigen Politiker glauben ließen? Nur die Herdennatur, das Nachsprechen fremder Argumente, die blinde Begeisterung für niemals wirklich gefühlte Gefühle konnten eine solche Katastrophe möglich machen: und nur die Freiheit möglichst vieler Menschen kann in Zukunft die Menschheit vor solcher Tragödie erretten, nur die Nichtsolidarität der Gewissen. Denn was jeder für sich als wahr und gut erkennt, ist wahr und gut für die Menschheit. »Freie Seelen, starke Charaktere, – das tut der Welt heute am meisten not, die zum Massenleben auf allen möglichen ausgetretenen Bahnen zurückkehrt: leichenhafte Unterwerfung unter die Kirche, intoleranter Traditionalismus der Vaterländer, despotischer Einheitswahn des Sozialismus ... Die Menschheit hat Menschen nötig; die zeigen, daß gerade die, die sie lieben, ihr Kampf ansagen, wenn es nötig ist.«

So lehnt Rolland ab, andern Menschen Autorität zu sein: er fordert von jedem, daß er einzig sein Gewissen als Autorität anerkenne. Wahrheit kann nicht erlernt, sie muß erlebt sein. Wer aber klar denkt und aus dieser Klarheit frei handelt, schafft Überzeugung, nicht durch Worte, sondern durch sein Wesen. Und nur dadurch, daß Rolland am lichten Tage, auf der Höhe seiner Einsamkeit zeigte, wie ein Mensch durch Treue für das einmal für wahr Erkannte eine Idee für alle Zeiten lebendig macht, hat er einer ganzen Generation geholfen. Sein wahrer Rat war nicht das Wort, sondern die Tat, die Reinheit und Sittlichkeit seiner vorbildlichen Existenz.

Einsamkeit

So ist dieses Leben mit der ganzen Welt verbunden und tausendfältig wirksam, Wärme ausstrahlend und verbreitend: aber wie einsam sind doch im Letzten diese fünf Jahre des freiwilligen Exils! In einem kleinen Hotelzimmer in Villeneuve am Genfersee wohnt Rolland in tragischer Absonderung: der schmale Raum ist irgendwie jenem in Paris ähnlich geworden, auch hier Bücher, Broschüren übereinandergehäuft, auch hier der kleine schlichte, hölzerne Tisch, auch hier ein kleines Pianino, an dem er in Tönen von der Arbeit ruht. Und an diesem Arbeitstisch vergeht sein Tag, oft auch die Nacht, selten ist ein Spaziergang, selten ein Besuch, denn seine Freunde sind von ihm abgeschlossen, selbst seine greisen Eltern, die geliebte Schwester, können nur einmal im Jahr über die verschlossene Grenze. Und das Furchtbarste dieser Einsamkeit: sie ist Einsamkeit im gläsernen Haus. Von allen Seiten wird der »große Heimatlose« bespäht und belauscht, »agents provocateurs« suchen ihn als Revolutionären und Gesinnungsgenossen auf. Jeder Brief wird gelesen, ehe er in seine Hände kommt, jedes Telephongespräch gemeldet, jeder Besuch überwacht: ein Gefangener unsichtbarer Mächte, wohnt Romain Rolland im gläsernen Kerker.

Wird man es heute noch glauben: in den letzten zwei Jahren des Krieges hat Rolland, auf dessen Wort eine Welt wartet, keine Zeitung, um mehr darin zu veröffentlichen als einige gelegentliche Revuen, keinen Verlag für seine Bücher. Die Heimat verleugnet ihn, er ist der »*Fuoruscito*« des Mittelalters, der aus den Mauern Verbannte, selbst der Schweiz – je radikaler sich seine geistige Unabhängigkeit bekundet – nicht mehr recht genehm: eine geheimnisvolle Acht scheint über ihm zu schweben. Allmählich weichen die lauten Angriffe einer neuen gefährlicheren Form der Gehässigkeit: ein finsteres Schweigen steht um seinen Namen, seine Werke. Immer mehr der alten Gefährten haben sich zurückgezogen, manche der neuen Freundschaften, besonders mit den Jüngeren, die ganz Politiker aus geistigen Naturen geworden sind, lockern sich: es wird stiller und stiller, je lauter draußen die Welt dröhnt. Keine Frau steht ihm helfend zur Seite, selbst seine besten Genossen, die Bücher, sind ihm unerreichbar ferne, denn er weiß: eine Stunde nur in Frankreich, und die Freiheit seines Wortes wäre dahin. Die Heimat ist eine Mauer, das Asyl ein gläsernes Haus! Und so wohnt er, der Heimatloseste der Heimatlosen, ganz »in der Luft«, wie sein geliebter Beethoven sagte, ganz in den Ideen, im unsichtbaren Europa, allem verbunden und wie keiner allein. Und nichts zeigt größer die Kraft seiner lebendigen Güte, als daß er statt verbittert durch die Erfahrungen, nur gläubiger in dieser schwersten Prüfung geworden ist. Denn gerade die tiefste Einsamkeit unter den Menschen ist die wahre Gemeinsamkeit mit der Menschheit.

Das Tagebuch

Ein einziger ist da, mit dem er täglich Zwiesprache hält: sein Gewissen. Tag für Tag, vom ersten des Krieges ab, schreibt Rolland seine Empfindungen, seine geheimsten Gedanken, die Botschaften aus der Ferne in ein Tagebuch: selbst sein Schweigen ist noch leidenschaftliche Gegenrede mit der Zeit. Band reiht sich in diesen Jahren an Band, siebenundzwanzig waren es schon zur Zeit des Kriegsendes, da er die Schweiz verlassen wollte und zögerte, dies wichtigste, dies vertrauteste Dokument seines Lebens über eine Grenze zu nehmen, wo die Zensoren das Recht hätten, das Geheimste seiner Empfindung zu lesen. Einzelnen Freunden hat er das eine oder das andere Blatt gezeigt, das Ganze aber ist Vermächtnis an eine spätere Zeit, die mit reinerem, mit leidenschaftsloserem Blick die Tragödie der unseren überschauen wird.

Was ihr damit gegeben sein wird, können wir heute nicht ahnen, aber unser Gefühl sagt uns, daß es eine Seelengeschichte der Epoche, eine Zeitgeschichte sein wird. Denn Rolland denkt am besten, am freiesten im Schreiben: seine inspiriertesten Augenblicke sind die persönlichen, und so wie vielleicht die Briefe in ihrer Gesamtheit künstlerisch den veröffentlichten Aufsätzen überlegen sind, wird hier sein historisches Lebensdokument zweifellos die reinste dichterische Kommentierung des Krieges sein. Nur diese spätere Zeit wird erkennen – was er selbst am Beispiele Beethovens und den anderen Helden so hinreißend gezeigt –, mit welchem Preis eigener Enttäuschung seine Botschaft der Zuversicht an die ganze Welt erkauft war, daß hier ein Idealismus, der Tausende erhob und den die Überklugen als einen leichtfertigen und banalen oft zu bespötteln beliebten, aus den dunkelsten Klüften des Leidens und der Seeleneinsamkeit nur durch den Heroismus eines ringenden Gewissens erhoben war. Wir kennen nur die Tat seines Glaubens: in diesen Büchern aber ist der Blutpreis beschlossen, mit denen sie erkauft und täglich und täglich an das immer wieder unerbittliche Leben bezahlt war.

»Précurseurs« und »Empedokles«

Fast gleichzeitig mit dem Kriege hatte Romain Rolland seinen Feldzug gegen den Haß eröffnet. Mehr als ein Jahr lang wirft er sein Wort gegen die gellenden Schreie der Wut aus allen Ländern. Vergebens. Der Strom schwillt, gleichsam genährt von immer neuem Blut der unschuldigen Opfer, gewaltiger an, weiter und weiter wütet er durch die neu ergriffenen Länder. Und in diesem immer lauteren Getümmel verstummt für eine Atempause die Stimme Rollands: er fühlt, daß es Wahnwitz wäre, solchen Wahnwitz zu überschreien.

Nach dem Erscheinen seines Buches *»Au-dessus de la Mêlée«* hat er sich von jeder öffentlichen Anteilnahme zurückgezogen. Sein Wort ist gesagt, er hat Wind gesät und Sturm geerntet. Er ist nicht müde zu wirken, nicht resigniert im Glauben, aber er fühlt die Unsinnigkeit, zu einer Welt zu sprechen, die nicht hören will. Ihm selber fehlt schon jener erhabene Wahn, der ihn anfangs beseelte, der Glaube, daß die Menschheit Vernunft wolle und die Wahrheit: seine klare Erkenntnis weiß nun, daß die Menschen nichts mehr fürchten als die Wahrheit selbst. So beginnt er, nach innen sich Rechenschaft zu geben in einem großen Roman, einem Satyrspiel, in anderen dichterischen Werken und der leidenschaftlichen Tätigkeit der Briefe. Schon ist er ganz außerhalb des Getümmels. Aber nach einem Jahre des Schweigens, da die blutige Flut immer höher anschwillt, die Lüge sich immer mehr überhitzt, fühlt er die Pflicht, von neuem wieder den Kampf zu eröffnen. »Man muß das Wahre immer wiederholen,« sagt Goethe zu Eckermann, »weil auch der Irrtum um uns her immer wieder gepredigt wird, und zwar nicht von den einzelnen, sondern von der Masse.« Es ist so viel Einsamkeit in der Welt, daß neue Bindung not tut. Zahlreicher sind die Zeichen des Unwillens und der Empörung in den einzelnen Ländern, zahlreicher auch die einzelnen mutigen Menschen, die sich auflehnen gegen ein aufgezwungenes Schicksal, und er fühlt die Pflicht, diese verstreuten Menschen zu unterstützen und sie im Kampf zu bestärken. In dem ersten Aufsatz *»La Route en lacets qui monte«* erklärt er sein Schweigen und seine neue Stellung. Er schreibt: »Wenn ich seit einem Jahre Schweigen bewahrt habe, geschah dies nicht aus dem Grunde, daß der Glaube, den ich in *»Au-dessus de la Mêlée«* bekannte, erschüttert war (im Gegenteil, er ist heute entschlossener als je), aber ich habe mich überzeugt von der Unsinnigkeit, zu jemandem zu sprechen, der nicht hören will. Einzig die Tatsachen werden jetzt mit ihrer tragischen Offenkundigkeit sprechen. Sie allein vermögen die dicken Mauern von Trotz, Hochmut und Lüge zu durchstoßen, mit denen sich der Geist umgürtet, um die Klarheit nicht zu sehen. Aber wir Brüder aller Nationen, Menschen, die ihre moralische Freiheit, ihre Vernunft, ihren Glauben an die menschliche Vernunft zu verteidigen wußten, wir Seelen, die nicht aufhörten inmitten des Schweigens, der Unterdrückung und des Schmerzes zu hoffen, wir müssen zu Ende dieses Jahres Worte der Zuneigung und des Trostes wechseln, wir müssen zeigen, daß in dieser blutigen Nacht das Licht noch leuchtet, daß es nie erloschen war und nie auslöschen wird. Im Antlitz des Abgrundes von Elend, in den Europa jetzt hinabstürzt, muß es die Sorge eines jeden Einzelnen, der eine Feder führt, sein, nie das Leiden der Welt um ein neues Leiden zu vermehren, keinen neuen Grund eines Hasses dem schon brennenden Strom noch hinzuzufügen. Zwei neue Aufgaben sind für die selteneren freien Geister möglich... die eine, zu versuchen, das eigene Volk über seine Irrtümer zu belehren... Diese Aufgabe ist aber nicht die meine, nicht diejenige, die ich mir gestellt habe. Meine Aufgabe ist, den feindlichen Brüdern Europas nicht das Böse, sondern das Gute, das sie haben, zu zeigen, das, was sie auf eine weisere und liebevollere Menschheit hoffen lassen kann.«

In den neuen Aufsätzen, die Rolland nun veröffentlicht – meist in kleinen Revuen, denn die großen Zeitungen haben sich ihm längst versagt – und die dann in den *»Précurseurs«* gesammelt sind, ist ein neuer Ton. Der Zorn ist einem großen Mitleid gewichen; wie den Soldaten aller Armeen im dritten Kriegsjahr ist Rolland etwas von dem fanatischen Elan der Leidenschaft gebrochen und durch ein stilleres, noch beharrlicheres Bewußtsein der Pflicht ersetzt. Er ist vielleicht noch vehementer, noch radikaler in seinen Anschauungen, aber menschlich milder in seinen Betrachtungen; was er schreibt, reicht nicht mehr in den Krieg hinein, sondern gleichsam über ihn hinaus. Er deutet in die Ferne, überfliegt die Jahrhunderte zu vergleichender Erkenntnis und sucht nun zum Trost einen Sinn in dem Sinnlosen. Für ihn ist die Menschheit ganz im Sinne der Goetheschen Idee in der ewigen Spirale des Aufstiegs, wo auf immer höherer Stufe zum alten Punkte die Stunde wiederkehrt, unablässige Entwicklung mit unablässigem Rückfall. So versucht er zu zeigen, daß selbst diese tragische Stunde vielleicht Vorbote einer neueren und schöneren ist.

Diese Aufsätze der »*Précurseurs*« kämpfen nicht mehr gegen Anschauungen und gegen den Krieg, sie zeigen nur die Kämpfer für das andere Ideal in allen Ländern, jene »Pfadfinder der europäischen Seele«, wie Nietzsche die Verkünder der geistigen Einheit nannte. Auf die Massen zu hoffen, ist zu spät. In dem Anruf an die »hingeschlachteten Völker« hat er nur Mitleid für die Millionen, die willenlos fremden Zwecken dienen und deren fromme Opfertat keinen anderen Sinn hat als die Schönheit des heroischen Opfers. Seine Hoffnung wendet sich einzig zu den Eliten, zu den seltenen freien Menschen, die die ganze Welt erlösen, in großen Bildern der Seele, in denen spiegelnd alle Wahrheit erscheint, unwirksam freilich für die Zeit, aber doch dauernd als Zeugnis ihrer Allgegenwart in allen Zeiten. Diese Menschen vereint er im Bild, und den meisterhaften Analysen fügen sich noch Schattenrisse vergangener Zeiten ein, ein Porträt Tolstois, des Ahnherrn der menschlichen Freiheit im Kriege, und seines alten Lieblings aus den Jugendjahren, des weisen Joniers Empedokles.

Der große Weise Griechenlands, dem er als Zwanzigjähriger sein erstes Drama gewidmet, tröstet nun den gereiften Mann. Rolland zeigt, daß vor dreitausend Jahren schon ein Dichter innerhalb einer blutrünstigen Zeit erkannt hat, daß die Welt »in einem ewigen Umschwung vom Haß zur Liebe und von der Liebe zum Haß« ist, daß es immer ein ganzes Zeitalter des Kampfes und des Hasses gibt und ebenso unabänderlich wie die Jahreszeiten dann neuen Aufschwung zu reineren Zeiten. Mit einer großen Geste zeigt er, daß vom Sänger der sizilianischen Musen bis zum heutigen Tage die Weisen immer um die menschliche Wahrheit wußten und doch ohnmächtig waren gegen den Wahn der Welt, daß aber die Wahrheit so von Hand zu Hand in unendlicher Kette durch die Zeiten gleitet und unverlierbar und unzerstörbar ist.

Und so leuchtet auch hier über der dunkelsten Resignation seiner Jahre noch ein mildes Licht von Hoffnung, sichtbar freilich nur den Erlesenen, die den Blick vom Zeitlichen ins Unendliche zu heben wissen.

»Liluli« und »Pierre et Luce«

Der Ethiker, der Menschenfreund, der Europäer hatte in diesen fünf Jahren zu den Völkern gesprochen, der Dichter war scheinbar verstummt. Und es mochte manchem vielleicht verwunderlich erscheinen, daß Rollands erstes dichterisches Werk, das er noch vor dem Kriegsende vollendete, eine sarkastische, witzige Komödie »Liluli« war. Aber gerade diese Heiterkeit entspringt den untersten Tiefen des Leidens: mit der Ironie hat Rolland – um einen Ausdruck der Psychoanalytiker zu übernehmen – den ohnmächtigen Schmerz über die eigene Wehrlosigkeit gegen den Wahnsinn der Welt, die Verzweiflung seiner zernichteten Seele gleichsam »abzureagieren« versucht. Vom Pol der gestauten Empörung springt der Funke über ins Gelächter: auch hier, wie in allen Werken Rollands, ist der eigentliche Wille, sich frei zu machen von einer Empfindung. Schmerz wird Gelächter, Gelächter wieder zu Bitterkeit aus einem kontrapunktischen Gefühl, das eigene Ich gegen die Schwere der Zeit in Schwebe zu halten. Wo der Zorn ohnmächtig ist, bleibt noch der Spott lebendig: wie ein brennender Pfeil fliegt er über die dunkle Welt.

»*Liluli*« ist das Satyrspiel einer ungeschriebenen Tragödie oder vielmehr jener Tragödie, die Rolland nicht zu schreiben brauchte, weil die Welt sie erlebte. Und es hat den Anschein, als ob sie im Schreiben bitterer, sarkastischer, fast zynischer geworden wäre als launiger Einfall beabsichtigte, daß die Zeit selbst sie gleichsam salziger, brennender, mitleidsloser gestaltet, als der Dichter sie gewollt. In ihrem Mittelpunkt stand jene (zuerst im Sommer 1917) geschriebene Szene der beiden Freunde, die, von *Liluli (L'illusion)*, der spitzbübischen Göttin des Wahns verführt, gegen ihren inneren Willen sich im Kampf vernichten. Das alte Symbol Oliviers und Johann Christofs war in diesen beiden Märchenprinzen gestaltet, und ergreifender Lyrismus schwang aus ihren brüderlichen Worten: Frankreich und Deutschland waren dies, die einander begegneten, beide blind hinter einem Wahn hereilend, zwei Völker vor dem Abgrund, über den sie längst die Brücke der Versöhnung gespannt hatten. Aber die Zeit erlaubte nicht diesen reinen Klang der lyrischen Trauer: immer schärfer, immer spitziger, immer grotesker konstruierte sich im Schaffen die Komödie. Alles, was Rolland vor sich sah, die Diplomatie, die Intellektuellen, die Kriegsdichter (die hier in der lächerlichen Form tanzender Derwische auftreten), die Wortpazifisten, die Idole der Brüderlichkeit, der Freiheit, der Herrgott selbst verzerren sich ihm durch die Tränen zu Fratzen und Karikaturen: mit scharfen Plakatfarben, in grimmigem Riß des Zornes zeichnet er die ganze wahnsinnige Welt. Alles ist gelöst, zersetzt in der bitteren Lauge des Spottes, und den Spott selbst, das lose Lachen, trifft schließlich der zornige Pritschenschlag. Denn Polichinell, der Räsonneur des Stückes, der Vernünftige im Narrenzuge, ist allzu vernünftig; sein Lachen ist feig, weil es die Tat versteckt. Wie er der Wahrheit begegnet – der einzigen Gestalt in diesem Werke, die in tragischer Schönheit, ernst und erschütternd, gestaltet ist –, der armen Gefesselten, wagt er nicht ihr, die er liebt, zur Seite zu stehen. Selbst der Wissende jener kläglichen Welt ist feige, und gegen ihn, den Erkennenden, der nicht bekennt, wendet sich in der stärksten Stelle der Komödie die innere Leidenschaft Rollands. »Du weißt zu lachen,« ruft die Wahrheit, »weißt zu spotten, aber hinter der Hand wie ein Schulbub. Wie deine Großväter, die großen Polichinelle, die Meister der freien Ironie und des Lachens, wie Erasmus und Voltaire bist du vorsichtig, höchst vorsichtig, dein großer Mund ist verschlossen über seinem Lächeln... Aber lacht nur, ihr Lacher! Zur Strafe könnt ihr wohl lachen über die Lüge, die sich in euren Netzen fängt, aber nie, nie werdet ihr die Wahrheit haben... Ihr werdet allein sein mit eurem Lachen im Leeren. Dann werdet ihr mich rufen, aber ich werde euch nicht antworten, ich werde geknebelt sein... Ah, wann kommt das große siegreiche Lachen, das mich mit seinem Dröhnen befreit.«

Von diesem großen, siegreichen, hinreißenden Lachen konnte Rolland in dieser Komödie nichts geben: aus zu viel Bitternis ist sie entstanden. Sie hat nur tragische Ironie, Notwehr gegen die eigene Ergriffenheit. Obwohl der Rhythmus des Colas Breugnon mit seinen lose schwingenden Reimen bewahrt ist und auch hier die »*raillerie*«, der kleine gutmütige Spott, sich versucht – wie anders doch klang das Werk aus der seligen Zeit der »*douce France*« gegen diese Tragikomödie des Chaos! Dort kam die Heiterkeit aus einer vollen, hier aus einer übervollen, einer gepreßten Brust, dort war sie gutmütig, die Jovialität eines breiten Lachens, hier ironisch, aus der Bitterkeit gereizter Empfindung, aus gewaltsamer Irreverenz gegen alles Seiende. Eine Welt, eine zerstörte, geschlagene, vernichtete Welt voll edler Träume und gütiger Visionen starrt zwischen dem alten Frankreich des Colas Breugnon und dem neuen der *Liluli*. Vergebens setzt die Farce an zu immer tolleren Kapriolen, vergebens springt und überspringt sich der Witz: immer fällt die Schwere des Gefühls wieder schmerzhaft zurück auf die blutige Erde. Und in keinem Werke, keinem pathetischen Aufruf, keiner tragischen Beschwörung aus jener Zeit fühle ich das persönliche Leiden Romain Rollands in jenen Jahren so stark, wie hier in seinem bitteren Selbstzwang zur Ironie, an dem spitzen und zersprungenen Lachen dieses Spieles.

Aber der Musiker in Romain Rolland läßt nie eine Empfindung in Disharmonie ausklingen: selbst das grellste Gefühl des Herzens löst er in lindere Harmonie. Und so stellt er, ein Jahr später, neben die bittere Farce des Zornes eine zarte Idylle der Liebe, gleichsam in Aquarellfarben zärtlich hingetuscht, seine entzückende Novelle *»Pierre et Luce«*. War in »Liluli« der Wahn gezeigt, der die Welt verwirrt, so offenbart Rolland hier einen andern, erhabeneren Wahn, der die Welt und die Wirklichkeit überwindet. Zwei Menschen, Kinder fast noch, spielen sorglos über dem Abgrund der Zeit: der Donner der Kanonen, der Sturz der Lufttorpedos, die Not des Vaterlandes, alles überhören diese zwei verliebten Träumer in ihrer Seligkeit. Raum und Zeit schwinden hin in ihrem trunkenen Gefühl, Liebe fühlt in einem Menschen die Welt und ahnt nichts von jener andern des Wahns und des Hasses: selbst der Tod wird ihnen ein Traum. Zu diesen beiden seligen Menschen, zu Pierre und Luce, dem Knaben und dem Mädchen, flüchtet der Künstler: und kaum hat je in einem seiner Werke der Dichter in Rolland sich so rein ausgelebt wie in dieser Novelle. Der Sarkasmus und die Bitterkeit sind von seinen Lippen gewichen, mit lindem Lächeln verklärt er diese jugendliche Welt: eine Strophe der Stille ist dieses Werk in seinem Kampfgedicht wider die Zeit, ganz die innere Reinheit seines Wesens spiegelnd und seinen Schmerz lindernd zu einem schönen Traum.

Clerambault

Ein Aufschrei, ein Stöhnen, ein schmerzhafter Spott war die Tragikomödie »*Liluli*« – ein heiter zärtlicher Traum über den Tag hinaus die Idylle »*Pierre et Luce*«, beides nur episodisches Gefühl, gelegentliche Aussprache und Gestaltung. Aber die ernste, stille, dauernde Auseinandersetzung des Dichters mit der Zeit ist sein Roman »*Clerambault*«, die »Geschichte eines freien Gewissens«, die er in vier Jahren langsam zur Vollendung gestaltet hat. Nicht eine Autobiographie, sondern eine Transkription seiner Ideen ist dieser Clerambault, wie Johann Christof eine imaginäre Biographie und ein umfassendes Zeitbild zugleich. Hier war innerlich gesammelt, was sich in Manifest und Brief zerstreute, hier die unterirdische, künstlerische Bindung seiner in viele Formen gestalteten Wirksamkeit. Durch vier Jahre, immer gehemmt durch die öffentliche Tätigkeit und äußere Lebensumstände, hat Rolland hier sein Werk aus der Tiefe des Schmerzes zur Höhe der Tröstung emporgeführt: erst nach dem Kriege, in Paris im Sommer 1920, ist es vollendet.

Auch »Clerambault« ist ebensowenig wie der Johann Christof, was man einen »Roman« nennt, er ist wie jener weniger und unendlich viel mehr. »Clerambault« ist ein Entwicklungsroman, aber nicht der eines Menschen, sondern einer Idee: der gleiche künstlerische Prozeß wie im Johann Christof gestaltet vor uns eine Weltanschauung nicht schon als etwas Fertiges, Abgeschlossenes und Gegebenes. Stufe um Stufe aus dem Irrtum und der Schwäche steigen wir mit einem Menschen zur Klarheit empor. In gewissem Sinne ist es ein religiöses Buch, die Geschichte einer Umkehr, einer Erleuchtung, die moderne Heiligenlegende eines sehr einfachen bürgerlichen Menschen, oder eigentlich, wie der Titel sagt, die Geschichte eines Gewissens. Auch hier ist Freiheit der letzte Sinn, die Einkehr in sich selbst, aber ins Heroische dadurch erhoben, daß Erkenntnis Tat wird. Und die Szene der Tragödie ist ganz innen in einem Menschen, im Unzugänglichsten seines Wesens, wo er allein ist mit der Wahrheit. Darum fehlt auch diesem Roman der Gegenspieler, der Olivier des Johann Christof, ja selbst der eigentliche Gegenspieler jenes Werkes: das äußere Leben. Der Gegenspieler Clerambaults, der Feind ist er selbst: der alte, der frühere, der schwache Clerambault, den der neue, der wissende, der wahre Mensch erst niederringen muß; sein Heroismus spielt nicht gegen die sichtbare Welt wie jener Johann Christofs, sondern im unsichtbaren Raum der Gedanken.

»*Roman méditation*« hatte darum Rolland ursprünglich den Roman genannt und ihm vorerst den Titel gegeben »*L'un contre tous*« – »Der Eine gegen Alle«, in bewußter Variation des Titels von La Boëtie »*Le Contr'un*«; doch Bedenken vor Mißverständnissen ließen ihn von der ursprünglichen Titelgebung abstehen. Im geistigen Charakter sollte die künstlerische Anlage an eine längst vergessene Tradition erinnern, die Meditationen der alten französischen Moralisten, der Stoiker des XVI. Jahrhunderts, die mitten im Kriegswahn, im belagerten Paris, die Klarheit ihrer Seele in platonischen Dialogen zu steigern suchten. Aber nicht der Krieg selbst war hier das Motiv – mit Elementen streitet der erhabene Geist nicht –, sondern das geistige Begleitphänomen dieses Krieges, das Rolland als ebenso tragisch empfindet wie den Untergang von Millionen Menschen: der Untergang der freien Einzelseele in der Sturzflut der Massenseele. Er wollte zeigen, welcher Anstrengung ein freies Gewissen bedarf, um sich aus der Hürde der Herdeninstinkte zu retten, er wollte die entsetzliche Knechtung der Einzelnen durch die rachsüchtige, eifersüchtig-herrische Mentalität der Masse schildern, die furchtbare, die tödliche Anstrengung, um der Aufsaugung in die Gemeinschaftslüge zu entgehen. Er wollte zeigen, daß gerade das scheinbar Einfachste in solchen Epochen überreizter Solidarität das Schwierigste ist: der zu bleiben, der man in Wahrheit ist, und nicht der zu werden, zu dem einen die Welt, das Vaterland oder andere künstliche Gemeinschaften zu nivellieren begehren.

Mit Absicht hat Romain Rolland seinem Helden nicht – wie etwa dem Johann Christof – heroisches Format gegeben. Agénor Clerambault ist ein Unscheinbarer, ein braver, stiller Mensch, ein braver, stiller Dichter, dessen literarisches Werk gerade noch eine dankbare Gegenwart durch seine Gefälligkeit zu erfreuen vermöchte und ohne Belang für die Ewigkeit ist. Er hat den konfusen Idealismus des Mittelmäßigen, besingt den ewigen Frieden und die Versöhnung der

Menschen, er glaubt aus seiner lauen Güte an eine gütige Natur, die der Menschheit wohlwill und sie mit sanfter Hand einer schöneren Zukunft entgegenführt. Das Leben quält ihn nicht mit Problemen, so rühmt er das Leben, und aus der stillen Behaglichkeit einer bourgeoisen Existenz, zärtlich umgeben von einer gütig-einfältigen Frau, einem Sohn und einer Tochter, besingt er, ein Theokrit mit der Ehrenlegion, die erfreuliche Gegenwart und die noch schönere Zukunft unseres alten Kosmos.

In dieses stille Vorstadthaus schlägt nun der zündende Blitz: die Kriegsnachricht. Clerambault fährt nach Paris: und kaum berührt ihn die heiße Welle des Enthusiasmus, so verdunsten schon alle Ideale der Völkerliebe und des ewigen Friedens. Als Fanatiker kehrt er zurück, glühend vor Haß, dampfend vor Phrase: unter dem ungeheuren Sturm beginnt seine Leier zu klingen, Theokrit wird zum Pindar, zum Kriegsdichter. Wunderbar schildert nun Rolland – wie haben wir alle dies erlebt –, wie Clerambault und alle mittelmäßigen Naturen mit ihm, ohne es sich einzugestehen, das Entsetzliche im Tiefsten als eine Wohltat empfinden. Er ist beschwingt, er ist verjüngt, die Begeisterung der Massen reißt ihm den längst eingesunkenen Enthusiasmus aus der Brust; er spürt sich erhoben von der nationalen Welle, begeistert, geschwellt vom Atem der Zeit. Und wie alle Mittelmäßigen feiert er in diesen Tagen seine größten literarischen Triumphe: seine Kriegslieder, gerade weil sie das Allgemeinempfinden so stark ausdrücken, werden nationales Eigentum, Ruhm und Beifall rauschen dem stillen Menschen zu, und er fühlt sich (in einer Zeit, wo Millionen zugrunde gehen) im tiefsten so wohl, so wahr, so lebendig wie nie.

Daß sein Sohn Maxime begeistert in den Kampf zog, erhöht nur seinen Stolz, steigert sein Lebensgefühl. Und das erste, als sein Sohn nach Monaten von der Front zurückkehrt, ist, daß er ihm seine Kriegsekstasen vorliest. Aber seltsam – der Sohn, die Augen noch heiß vom Gesehenen, wendet sich ab. Er verwirft nicht die Hymnen, um den Vater nicht zu kränken. Aber er schweigt. Und dieses Schweigen steht durch Tage zwischen ihnen: vergeblich will der Vater es enträtseln. Stumm fühlt er, daß sein Sohn ihm etwas verschweigt. Aber Scham bindet sie alle beide. Am letzten Tage des Urlaubs rafft sich der Sohn auf und fragt: »Vater, bist du auch sicher...?«, doch die Frage bleibt ihm in der Kehle stecken. Schweigend geht er zurück in die Wahrheit des Krieges.

Einige Tage später bricht eine neue Offensive los. Maxime wird »vermißt«. Und bald weiß sein Vater: er ist tot. Mit einemmal fühlt er seine letzten Worte hinter dem Schweigen, das Unausgesprochene beginnt ihn zu quälen. Er schließt sich ein in sein Zimmer: zum erstenmal ist er allein mit seinem Gewissen. Er beginnt sich zu fragen nach der Wahrheit und wandert die lange Nacht den langen Weg nach Damaskus mit seiner Seele. Stück für Stück reißt er die Hüllen der Lüge von sich los, mit denen er sich umgürtet, bis er nackt vor sich selber steht. Tief in die Haut haben sich die Vorurteile gefressen, blutend muß er sie losreißen, das Vorurteil des Vaterlands, der Gemeinsamkeit, bis er erkennt: nur eines ist wahr, nur eines ist heilig – das Leben. Ein Fieber des Suchens verzehrt ihn und der ganze alte Mensch verzehrt sich in ihm: im Morgengrauen ist er ein anderer. Er ist genesen.

Hier beginnt nun die eigentliche Tragödie, jener Kampf, den Rolland immer als den einzig wesentlichen des Lebens, ja als das Leben selbst empfindet: das Ringen eines Menschen um seine eigene, ihm persönlich zugehörige Wahrheit. Clerambault macht seine Seele frei von all dem, was durch den ungeheuren Druck der Zeit gewaltsam in sie eingeströmt war, aber nur die erste Stufe ist dies Wissen um die Wahrheit: wer um sie weiß und sie verschweigt, wird schuldiger als der Unbewußte in seinem Irrtum. Jede Erkenntnis bleibt wertlos, solange sie nicht in Bekenntnis verwandelt wird, es genügt nicht, wie Buddha, mit schweigender Lippe und starrem Auge wissend und doch kühl über den Wahn der Welt hinwegzusehen: in tiefer Stunde gedenkt Clerambault jenes anderen indischen Heiligen, des Bodhisatwa, der geschworen, erst dann ins Abseits zu gehen, wenn er die Welt und die Menschen von ihren Leiden erlöst habe. Und in dem Augenblicke, da er beginnt den Menschen helfen zu wollen, beginnt auch sein Kampf mit den Menschen.

Nun wird er plötzlich »*l'un contre tous*«, der Eine gegen Alle, aus den brüchigen, unsichern Menschen erwächst der Charakter, der heroische Mensch. Er ist einsam wie Johann Christof, einsamer sogar, denn jenen umrauscht noch Musik und in den Ekstasen der Schöpfung steigert sich dem Genie Wille und Kraft. Der ungeniale Clerambault hat niemand als sich selbst, seine Freunde verlassen ihn, seine Familie schämt sich seiner, die öffentliche Meinung fällt über ihn her, die ganze menschliche Masse stürzt sich gegen den Vorwitzigen, der sich ihr frei entwinden will und frei bleiben von ihrem Wahn. Das Werk, das er verteidigt, ist ein unsichtbares: seine Überzeugung. Je weiter er geht, umso kälter überfällt ihn Einsamkeit, desto heißer umstrickt ihn Haß, bis er schließlich, ein Märtyrer der Wahrheit, mit dem Leben seinen Glauben bezahlt.

Ein Roman aus der Zeit, eine Abrechnung mit dem Krieg scheint diese »Geschichte eines freien Gewissens« dem ersten Blick zu sein; aber wie der Johann Christof ist dies Lebensbild unendlich mehr: ein Kampf, nicht für oder wider ein Einzelnes des Lebens, sondern ein Kampf um das Ganze des Lebens, eine Abrechnung mit der Welt, wie sie nie ein Künstler restloser vollzogen hat. Nur ist von der naiven stürmischen Gläubigkeit Johann Christofs etwas dahin geschwunden, der lodernde Enthusiasmus des Schöpfers ist gedämpft zur tragischen Weisheit des Erkennenden. Johann Christof rief noch: »Das Leben ist eine Tragödie. Hurra!«, hier fehlt jenes rauschende aufspringende »Hurra«. Die Erkenntnis ist leidenschaftlicher geworden, aber reiner, klarer, logischer, sie hat sich vergeistigt und verklärt. Denn gerade im Kriege ist Rollands Glaube an die Menschheit als Masse tragisch erschüttert worden. Noch ist der Lebensglaube in ihm stark und aufrecht, aber er ist nicht mehr Menschheitsglaube. Rolland hat erkannt, daß die Menschheit betrogen sein will, daß sie Freiheit zu ersehen nur vorgibt, in Wirklichkeit aber glücklich ist, sich von jeder geistigen Verantwortung zu lösen und sich in die warme Knechtschaft eines Massenwahns zu flüchten. Er hat erkannt, daß eine Lüge, die sie begeistert, ihr teurer ist als eine Wahrheit, die sie ernüchtert; und Clerambault drückt sein ganzes Gefühl der Resignation und Hingabe aus, wenn er sagt: »Man kann den Menschen nicht helfen, man kann sie nur lieben.« Das Vertrauen für die Massen, die »leicht verführbaren«, ist einem tiefen Mitleid für die Menschheit gewichen, und wieder – zum wievielten Male! – wendet sich des ewig Gläubigen ganze Begeisterung zu den großen Einsamen, die für die Menschheit leben und an ihr zugrunde gehen, zu den Heroen jenseits der Zeiten und jenseits der Völker. Was Rolland einst im Beethoven gezeigt, im Michelangelo und später im Johann Christof, das erhebt nun die Gestalt seines Clerambault zu der schönsten tragischen Form: daß er für alle wirkt, aus der tiefsten Wahrheit seiner Natur, notwendigerweise der »*l'un contre tous*«, der Eine gegen Alle sein muß. Aber man braucht das Bildnis des wahren Menschen, um die Menschheit zu heben, man braucht den Helden, um daran glauben zu können, daß der Kampf um das Leben einen Sinn und eine Schönheit hat: nie hat ein Werk scheinbarer Resignation darum reiner dem ewigen Idealismus seines Schöpfers gedient.

So fügt Rolland an die Gestalten seiner irdischen Kämpfer noch die erhabenste, die irdisch-religiöse: die des Märtyrers seiner Überzeugung. Aus bürgerlicher Welt, aus dem Mittelmaß eines Menschen wächst diese Tragödie, und gerade dies ist die wunderbare moralische Größe, die von diesem Buche der Trauer ausgeht, die Tröstung, daß es jedem, und auch dem einfachsten Menschen, nicht bloß dem Genius gestattet sei, stärker zu sein als die Welt wider ihn, wenn er seinen Willen aufrecht hält, frei zu sein gegen alle und wahr gegen sich selbst. Freiheit und Gerechtigkeit, die beiden Urkräfte, die Rolland zum wirkenden Menschen seiner Zeit gemacht haben, erhebt er in dem Bildnis dieses Menschen zur höchsten Lebendigkeit, zur Lebendigkeit einer moralischen Tat, die weder die Welt noch der Tod zu zerstören vermag.

Die letzte Mahnung

Fünf Jahre lang hatte Romain Rolland im Kampf gegen den Wahnwitz der Zeit gestanden. Endlich bricht die feurige Kette um den gefolterten Leib Europas. Der Krieg ist zu Ende, der Waffenstillstand geschlossen. Die Menschen morden einander nicht mehr, aber ihre tragische Leidenschaft, der Haß, wütet weiter. Romain Rollands prophetische Erkenntnis feiert einen düstern Triumph: sein Mißtrauen gegen die Sieger, in Dichtung und Warnung immer wieder bekundet, wird noch übertroffen von einer rachsüchtigen Wirklichkeit: »Nichts widersteht dem Waffensieg schwerer als ein selbstloses Menschheitsideal, nichts ist schwieriger als im Triumph vornehm zu bleiben« – furchtbar bewährt sich dies sein Wort an der Zeit. Vergessen sind die schönen Worte vom »Sieg der Freiheit und des Rechts«, die Konferenz zu Versailles bereitet neue Vergewaltigung und neue Erniedrigung. Wo der einfältige Idealismus das Ende aller Kriege gesehen, erkennt der wahre Idealismus, der über die Menschen zu den Ideen blickt, neue Saat neuen Hasses und neuer Gewalttat.

Noch einmal in letzter Stunde erhebt Rolland die Stimme zu dem Menschen, der damals den Hoffenden als letzter Vertreter des Idealismus, als Anwalt einer absoluten Gerechtigkeit galt, zu Woodrow Wilson, der, umjauchzt von der Erwartung von Millionen, in Europa gelandet ist. Der Historiker weiß, »daß die Weltgeschichte eigentlich nichts ist als eine Kette von Beweisen, daß der Sieger jeweils übermütig wurde und damit den Keim zu neuen Kriegen legte«. Nie war, so fühlt er, moralische statt militärischer, aufbauende statt zerstörender Politik mehr vonnöten als nach dieser Weltkatastrophe, und der Weltbürger, der den Krieg schon zu erretten suchte von dem Stigma des Hasses, ringt jetzt um das Ethos des Friedens. Zu dem Amerikaner spricht der Europäer hinüber in beschwingtem Anruf: »Sie allein, Herr Präsident, von allen, denen die zweifelhafte Ehre zufiel, die Geschicke der Völker zu leiten, besitzen universelle moralische Macht. Alles bringt Ihnen Vertrauen entgegen; so erfüllen Sie diese pathetische Hoffnung! Fassen Sie die entgegengebreiteten Hände und vereinigen Sie sie... Fehlt dieser Vermittler, so werden die menschlichen Massen uneinig, ohne Gegengewicht unvermeidlich dem Exzeß anheimfallen, das Volk der blutigen Anarchie, die Parteien der Ordnung blutiger Reaktion... Erbe Washingtons und Abraham Lincolns, führen Sie in Ihrer Hand nicht die Sache eines Volkes, sondern aller Völker. Berufen Sie die Vertreter aller Völker zu einem Kongreß der Menschheit und leiten Sie ihn mit der ganzen Autorität, die Ihnen die hohe moralische Verantwortung und die mächtige Zukunft des gewaltigen Amerika verbürgt. Sprechen Sie, sprechen Sie zu allen! Die Welt dürstet nach einer Stimme, die die Grenzen der Nationen und Klassen überschwingt... Möge Sie die Zukunft mit dem Namen des Versöhners grüßen können.«

Prophetischer Anruf, aber wiederum verklungen in den Schreien der Rache. Der »Bismarckismus« triumphiert, Wort um Wort erfüllt sich die tragische Voraussage: unmenschlich wird der Friede, wie der Krieg unmenschlich gewesen. Die Humanität kann keine Heimstatt unter den Menschen finden. Wo geistige Erneuerung Europas hätte anheben können, wütet der alte verhängnisvolle Geist und: »es gibt keine Sieger, es gibt nur Besiegte«.

Das Manifest der Freiheit des Geistes

Immer wieder aber appelliert der Unerschütterliche, nach allen Enttäuschungen im Irdischen, an die letzte Instanz, an den Geist der Gemeinsamkeit. Am Tage der Unterzeichnung des Friedens veröffentlicht Romain Rolland ein Manifest in der *»Humanité«*. Er selbst hat es verfaßt, Gesinnungsfreunde aus allen Ländern setzen ihren Namen dazu: es will der erste Grundstein des unsichtbaren Tempels in einer stürzenden Welt werden, das Refugium aller Enttäuschten. Mit gewaltigem Griff faßt Rolland noch einmal die Vergangenheit zusammen und hebt sie der Zukunft warnend entgegen: laut und klar spricht das Wort:

»Uns, Kameraden in der Arbeit am Geiste, trennten seit fünf Jahren Armeen, Zensur, Vorschriften und der Haß kriegführender Völker. Aber heute, da die Schranken zu fallen und die Grenzen sich langsam wieder zu öffnen beginnen, wenden wir Einsamen der Welt uns mit dem bittenden Ruf an Euch, unsere einstige Genossenschaft wieder herzustellen – aber in neuer Form –, sicherer und widerstandsfähiger als früher.

Der Krieg hatte Verwirrung in unsere Reihen getragen. Fast alle Intellektuellen haben ihre Wissenschaft, ihre Kunst und ihr ganzes Denken in den Dienst der kriegführenden Obrigkeit gestellt. Wir klagen niemand an und wollen keinen Vorwurf erheben, zu gut kennen wir die Widerstandslosigkeit des Einzelnen gegenüber der elementaren Kraft von Massenvorstellungen: sie mußten alles hinwegschwemmen, da nichts vorhanden war, an dem man sich hätte halten können. Für die Zukunft jedoch könnten und sollten wir aus dem Geschehenen lernen.

Dazu aber ist es gut, sich an den Zusammenbruch zu erinnern, den die fast restlose Abdankung der Intelligenz in der ganzen Welt verschuldet hat. Die Denker und Dichter beugten sich knechtisch vor dem Götzen des Tages und fügten dadurch zu den Flammen, die Europa an Leib und Seele verbrannten, unauslöschlichen giftigen Haß. Aus den Rüstkammern ihres Wissens und ihrer Phantasie suchten sie alle die alten und auch viele neue Gründe zum Haß, Gründe der Geschichte und Gründe einer angeblichen Wissenschaft und Kunst. Mit Fleiß zerstörten sie diesen Zusammenhang und die Liebe unter den Menschen und machten dadurch auch die Welt der Ideen, deren lebendige Verkörperung sie sein sollten, häßlich, schmutzig und gemein und schufen damit aus ihr – vielleicht ohne es zu wollen – ein Werkzeug der Leidenschaft. Sie haben für selbstsüchtige, politische oder soziale Parteiinteressen gearbeitet, für einen Staat, für ein Vaterland oder für eine Klasse. Und jetzt, da alle Völker, die in diesem Barbarenkampfe gekämpft – Sieger sowohl als Besiegte – in Armut und tiefster uneingestandener Schande ob ihrer Wahnsinntat verzweifelt und erniedrigt dastehen – jetzt scheint mit den Denkern auch der in den Kampf gezerrte Gedanke zerschlagen.

Auf! Befreien wir den Geist von diesen unreinen Kompromissen, von diesen niederziehenden Ketten, von dieser heimlichen Knechtschaft! Der Geist darf niemandes Diener sein, wir aber müssen dem Geiste dienen, und keinen andern Herrn erkennen wir an. Seine Fackel zu tragen sind wir geboren, um sie wollen wir uns scharen, um sie die irrende Menschheit zu scharen versuchen. Unsere Aufgabe und unsere Pflicht ist es, das unverrückbare Fanal aufzupflanzen und in der stürmenden Nacht auf den ewig ruhenden Polarstern hinzuweisen. Inmitten dieser Orgie von Hochmut und gegenseitiger Verachtung wollen wir nicht wählen noch richten. Frei dienen wir der freien Wahrheit, die, in sich grenzenlos, auch keine äußeren Grenzen kennt, keine Vorurteile der Völker, keine Sonderrechte einer Klasse. Gewiß, wir haben Freude an der Menschheit und Liebe zu ihr! Für sie arbeiten wir, aber für sie als Ganzes. Wir kennen nicht einzelne Völker, sondern nur das Volk, das eine unmittelbare Volk, das leidet und kämpft, fällt und sich wieder erhebt und dabei doch immer vorwärts schreitet auf seinem schweren Wege in Blut und in Schweiß – dieses Volk aller Menschen, die alle, alle unsere Brüder sind. Nur bewußt werden müssen sich die Menschen dieser Bruderschaft; deshalb sollten wir Wissenden hoch über den blinden Kämpfern die Brücke bauen zum Zeichen eines neuen Bundes, im Namen des einen und doch mannigfaltigen ewigen und freien Geistes.«

Hunderte und Aberhunderte haben diese Worte seitdem zu den ihren gemacht, aus allen Ländern haben sich die Besten zu dieser Botschaft bekannt. Die unsichtbare europäische Republik des Geistes inmitten der Völker und Nationen ist errichtet: das Allvaterland. Ihre Grenzen sind jedem offen, der sie zu bewohnen begehrt, sie hat kein Gesetz als das der Brüderlichkeit, keinen anderen Feind als den Haß und den Hochmut der Nationen. Wer ihr unsichtbares Reich zur Heimat nimmt, ist Weltbürger geworden. Erbe, nicht eines einzelnen Volkes, sondern aller Völker, heimisch in allen Sprachen und Ländern, in aller Vergangenheit und aller Zukunft.

Ausklang

Geheimnisvoller Wellenschlag dieses Lebens, immer sich aufhebend in leidenschaftlicher Woge gegen die Zeit, immer niederstürzend in den Abgrund der Enttäuschung, um doch neu sich aufzuschwingen in vervielfachter Gläubigkeit! Wieder – zum wievielten Male! – ist Romain Rolland der große Besiegte der Umwelt. Keine seiner Ideen, keiner seiner Wünsche, seiner Träume hat sich verwirklicht: wieder hat Gewalt recht behalten gegen den Geist, die Menschen gegen die Menschheit.

Aber nie war sein Kampf größer gewesen, nie seine Existenz notwendiger, als in jenen Jahren, denn nur sein Apostolat hat das Evangelium des gekreuzigten Europa gerettet und mit diesem Glauben einen anderen noch: den an den Dichter als den geistigen Führer, den sittlichen Sprecher seiner Nation und aller Nationen. Dieser eine Dichter hat uns vor der unauslöschlichen Schmach bewahrt, daß in unseren Tagen keine einzige Stimme sich wider den Wahnwitz des Mords und des Hasses erhoben hätte: ihm danken wir, daß das heilige Licht der Brüderlichkeit im stärksten Sturme der Geschichte nicht erloschen ist. Die Welt des Geistes kennt nicht den trügerischen Begriff der Zahl, in ihren geheimnisvollen Maßen wiegt der eine gegen alle mehr, als die Vielzahl gegen den einen. Nie glüht eine Idee reiner als in dem einsamen Bekenner, und an dem großen Beispiel dieses Dichters haben wir wieder in dunkelster Stunde erkannt: ein einziger großer Mensch, der menschlich bleibt, rettet immer und für alle den Glauben an die Menschheit.

Nachlese

1919-1925

Nichts Erfreulicheres kann dem Biographen einer zeitgenössischen Persönlichkeit widerfahren, als wenn die geschilderte Gestalt das geschriebene Werk durch neue Verwandlung und Entfaltung überholt: denn ist es nicht besser, ein Bildnis veralte und erkalte als der schöpferische Mensch? So müßte auch diese Darstellung heute, sechs Jahre nach ihrem ersten Erscheinen, in einigen Belangen als überholt gelten, und die Verlockung läge nahe, sie anläßlich einer der Neuauflagen bis an die gegenwärtige Stunde heran umzuformen. Aber nicht Trägheit weigert sich in mir gegen diese Versuchung, sondern ich halte den gegenwärtigen Augenblick für eine neuerliche Abrundung noch für verfrüht. Jedes Leben hat eine innere Architektonik, deren verkleinerten Maßstab eine rechtschaffene Biographie in sich eingezeichnet tragen muß: aber der Schwerpunkt muß immer wieder neu gefunden werden, denn nur in bestimmten Zeitwenden, aus einer gewissen Distanz offenbart sich diese unablässig fortgebaute verborgene Form. Entfaltet sich nun ein künstlerisches Leben wie gerade jenes Rollands immer – ich versuchte es in diesem Buche zu zeigen – in weitausholenden zyklischen Kreisen, so erscheint es geboten, vorsorglich abzuwarten, bis diese Kreise ihren Raum erfüllt und ihren geistigen Kosmos zu Ende gestaltet haben.

Eben nun erlebt Romain Rolland einen solch weitausholenden, sich selbst überholenden Augenblick seiner Produktion, und man wäre an seinen gegenwärtigen Plänen, von denen nur Teile publiziert sind, ebenso voreilig verräterisch, als wenn man versucht hätte, seinerzeit nach dem dritten oder vierten Band des Johann Christof schon den Umfang und die Absicht dieses Weltbuches zu ermessen. Gerade weil die Fundamente bereits gefestigt und offen hegen, ziemt es, zu warten und nach alter Baumannsart den flatternden Kranz erst auf den vollendeten Dachfirst zu heften.

Darum bescheidet sich dieses Nachwort damit, einzig chronistisch zu ergänzen, was Rolland seit Abschluß dieser Biographie seinem damals gerundeten Werke noch beigefügt hat: wie altes Beginnen noch einmal unvermutete neue Förderung durch die Zeit erfuhr und die Zeit wiederum eine neue Deutung durch dies schöpferische Beginnen.

Der Krieg hatte wie für jeden Menschen, der im hegelschen oder unhegelschen Sinne unbewußt an eine wirkende Vernunft in geschichtlichen Geschehnissen glaubt, auch für Rolland mit einer schweren Enttäuschung geendet. Nicht nur Amerika in der Gestalt Wilsons, sondern auch Europa in den fragwürdigen Erscheinungen seiner Politiker und Intellektuellen hatte vollkommen versagt. Die russische Revolution, die wie eine Morgenröte besseren Willens für einen Augenblick von ferne geleuchtet hatte, war zu einem Feuerorkan geworden, und das zertretene Europa fand ein ermüdetes Geschlecht.

Aber ich nannte es ja das ewige Geheimnis Rollands, sich aus allen seinen Enttäuschungen immer wieder Gestalten zu schaffen oder hervorzurufen, aus deren Tat, deren Werk, aus deren Namen eine neue Kraft des Willens und der Hoffnung die Menschen überströmt. So hatte er seinerzeit in der schwersten Krise seines eigenen Lebens sich die Gestalt Beethovens beschworen, des göttlichen Dulders, der Göttliches gerade aus seinem Dulden schafft. So hatte er in den Zeiten der Zwietracht die Brüder aus zwei Nationen, Johann Christof und Olivier, in die Welt gesandt, – und nun stellt er in die moralische Enttäuschung, die physische Ermattung und seelische Niedergebrochenheit der Nachkriegswelt seinen Helden von einst, Beethoven, Michelangelo, Tolstoi, einen neuen Namen zur Seite, nun aber einen lebendigen, einen zeitgenössischen Menschen, den Zeitgenossen zum Trost: Mahatma Gandhi.

Diesen Namen hatte vor ihm niemand in Europa ausgesprochen, niemand den kleinen schmächtigen, indischen Advokaten gekannt, der allein und mutiger als alle Feldherren des Weltkriegs mit dem mächtigsten Reiche der Welt um eine welthistorische Entscheidung rang. Unsere europäischen Dichter und Politiker sind gleicherweise kurzsichtig: immer starren sie nur gerade bis an die nächsten Grenzen hin, das eigene individuelle Schicksal ihrer Nation mit dem europäischen, mit dem universellen eitel verwechselnd. Und es ist eine der Taten Rollands, als erster die ungeheure moralische Tat Mahatma Gandhis als zentrales und moralisches Problem auch unserer Welt aufgeworfen zu haben. Hier war endlich einmal in Wirklichkeit großartig und vorbildlich gestaltet, was er seit Jahren immer als höchste Form menschlichen Daseins erträumt hatte: der Kampf ohne Gewalt. Mit nichts wird ja Romain Rollands Wesen falscher, undeutlicher und verkehrter formuliert als (so häufig) mit dem verwaschenen Wort des »Pazifisten« im Sinne einer weichen, nachgeberischen, buddhistischen Friedfertigkeit, einer Gleichgültigkeit gegen den Druck und Drang aktiver impulsiver Mächte. Nichts schätzt Rolland im Gegenteil höher als die Initiative, die Kampflust um die als wahr und wesentlich erkannte Lebensidee: nur der Massenkrieg, die uniformierte Brutalität, die Anspannung auf Kommando, die Entpersönlichung des Ideals und der Tat will ihm das furchtbarste Verbrechen an der Freiheit erscheinen. In Mahatma Gandhi und seinen dreihundert Millionen offenbart sich ihm nun – ein Jahr nach der europäischen Metzelei von zwanzig Millionen Männern – eine neue Form des Widerstands, ebenso wirksam, ebenso solidarisch, aber ethisch unendlich reiner, persönlich unendlich gefährlicher als das Schießprügeltragen des Okzidents. Mahatma Gandhis Krieg entbehrt aller jener Elemente, die den Krieg für unsere Epoche so erniedrigt haben, er ist »ein Kampf ohne Blut, ein Kampf ohne Gewalt, vor allem ein Kampf ohne Lüge«. Seine Waffe ist einzig die *»Non-resistance«*, das Nicht-Widerstehen, die »heroische Passivität«, die Tolstoi gefordert, und die *»Non-cooperation«*, die Nicht-Teilnahme an allem Staatlichen und Solidarischen Englands, die Thoreau gepredigt. Nur mit dem Unterschiede, daß Tolstoi, indem er jeden einzelnen isoliert im Sinne des Urchristentums (im praktischen Sinne also zwecklos) sein Schicksal erleiden läßt, zum (meist sinnlosen) Märtyrertum verleitet, indes Gandhi die Passivität von dreihundert Millionen Menschen in einen Widerstand, also eine Tat, zusammenschweißt, wie sie noch niemals irgendeine Nation auf ihrem politischen Wege vorgefunden hat. Wie immer aber erwächst die Schwierigkeit eines Führers erst, wenn er seine Idee in Wirklichkeit verwandeln muß, und Rollands Buch ist der Heldengesang vom kampflosen Helden, der in den eigenen Reihen die trübe Truppe der Marodeure, die sich jedem Kriege, auch dem geistigsten, beimengen, niederhalten muß, der ohne Haß vehement, ohne Gewalt gegnerisch, ohne Lüge politisch sein muß, um dann selbst als erster im Gefängnis der geistige Blutzeuge seiner Ideen zu sein. So ist Gandhis Tat in der dichterischen (aber nie erdichteten) Darstellung Rollands die schönste Kriegsgeschichte unserer Zeit geworden, ein lebendiges Beispiel, der europäischen Zivilisation entgegengeschleudert, wie man auch ohne den mörderischen Kriegsapparat von Kanonen, verlogenen Zeitungen und bestialisch gesinnten Zwischentreibern einzig durch moralische Mittel eine Revolution praktisch verwirklichen könne. Zum erstenmal hat sich mit Rolland ein Repräsentant unserer Kultur vor einer Idee Asiens, vor einem unbekannten fremden Führer wie vor einem Überlegenen gebeugt. Und diese Geste war eine historische Tat.

Darum ist von allen heroischen Biographien diese späteste und letzte Rollands in ihrer Wirkung die entscheidendste gewesen. Geben die andern nur ein Beispiel für den einzelnen, für den Künstler, so gilt die Tat Gandhis vorbildlich für Nationen und Zivilisationen. Im Johann Christof hatte Rolland nur die notwendige Einheit Europas gefordert, sein »Gandhi« aber deutet noch weiter hinaus über die Sphäre des Abendlandes und zeigt statt trüber Theorien von Volksverständigung, daß immer nur ein Genius und ein Gläubiger Geschichte formt.

Auf seiner höchsten Stufe wird der Geist immer zu Religion, in seiner vollsten Form der Mensch immer zum Helden: als stärkstes Beispiel dieser noch nicht erloschenen Fähigkeit unserer Menschheit ruft Rolland aus dem Schatten des Orients einen Zeugen unserer Menschheit zum Trost. Und so wird Gegenwart zum Gedicht und eine heroische Legende uns zur Wirklichkeit.

Unvermutet war derart an eine alte, längst unterbrochene Reihe, an die »Heroischen Biographien« angeknüpft worden. Und unvermutet und gleichfalls mit dem vollen Auftrieb gesteigerter Kraft nimmt von dieser Höhe des Ausblicks Rolland seinen alten Plan des »Dramas der Revolution« wieder auf, jene Dekalogie des *»Théâtre de la révolution«*, die der Jüngling glühend begonnen, der Mann, enttäuscht von der Gleichgültigkeit der Zeit, entmutigt unterbrochen hatte.

Den eigentlichen Anstoß gab auch hier die Zeit. Zwanzig Jahre lang waren die Revolutionsdramen Rollands gleichsam verschüttet gewesen. Die französische Bühne kannte sie nicht. Einige auswärtige Bühnen versuchten sich an einzelnen, teils aus dem literarischen Ehrgeiz, den Dichter des Johann Christof dramatisch zur Szene zu führen, teils weil »Danton« dem Regisseur unerwartete Möglichkeiten bot. Aber das Wesentliche ihrer Problematik mußte einer Friedenszeit unverständlich bleiben. Moralische Auseinandersetzungen wie jene der »Wölfe«, was höher stehe, die Wahrheit oder das Vaterland, Diskussionen auf Tod und Leben wie jene des Danton mit Robespierre hatten keine Anwendung, keine Applikation auf die rein wirtschaftlich und artistisch bewegte Welt von 1913. Ihr waren sie historische Stücke, dialektische Gedankenspiele und blieben es so lange, bis ihre Zeit, ihre eigene Wirklichkeit kam und sie zur brennendsten Aktualität machte, ja sogar ein Prophetisches in ihren Formen entschleierte. Es mußte nur der Augenblick kommen, um die moralischen Probleme zwischen dem Einzelnen und der Nation neuerdings in Widerstreit zu bringen, und jedes Wort, jede Gestalt dieser Dramen war beziehungsvoll: hätten sie nicht längst gedruckt vorgelegen, so hätte man sie für Paraphrasen einer Wirklichkeit genommen, als Stichworte von Reden, die damals auf allen Straßen und Plätzen gingen, in Moskau und Wien und Berlin, überall wo die Revolte in Gärung kam. Denn wenn auch immer anderen Zielen zurollend und äußerlich in anderen Formen sich gewandend, so nehmen doch alle Revolutionen, alle Umwälzungen den gleichen Gang. Sie grollen langsam empor, reißen die Menschen, die sie zu führen glauben, durch die Vehemenz der Masse über sich selbst hinaus, schaffen Widerstreit zwischen der reinen Idee und der profanen Wirklichkeit. Immer aber ist der Urrhythmus der gleiche, weil er ein allmenschlicher ist und ein kosmischer beinahe mit dem dumpfen Groll, dem Aufstoß der Zerstörung und dem endlichen Einsturz der zu wild aufgeschossenen Flamme.

Dieserart die Wirkung der verschollenen Stücke erneuernd, wirkten aber die zeitgenössischen Ereignisse gleichzeitig auch auflockernd auf den ganzen schon als Torso vergrabenen Plan. In einer früheren Vorrede hatte Rolland die Revolution einem Elementarereignis, einem Sturm, einem Gewitter verglichen. Nun hatte er unvermuteterweise ein solches Gewitter selbst im Osten sich zusammenballen und mit elementarischer Wucht bis in unser geistiges Reich heranbrechen gesehen. Blut strömte und strömte bis hin in das Werk, die Zeit selbst lieferte ihm Analogien zu den dichterischen Situationen und historischen Gestalten, und so begann er, sich selber unerwartet, die vom Rückschein all dieser Flammen neu erhellte Zeichnung zu Ende zu führen. Das »Spiel von Tod und Liebe«, das erste Werk dieses neuen Beginnens, gehört rein dramatisch und künstlerisch zum Vollendetsten, was Rolland bisher gelungen In einem einzigen Akt, rasch ansteigend, in fortwährender Erregung drängen sich Schicksale zusammen, in denen der wissende Blick Historisches mit frei Erfundenem als sinnvoll vermengt erkennt. Jérôme de Courvoisier trägt Züge des genialen Chemikers Lavoisier und teilt zugleich die seelische Erhobenheit auch mit dem andern großen Opfer der Revolution, mit Condorcet. Seine Frau erinnert in einem an dessen Gattin und die heldenhafte Geliebte Louvets, Carnot wiederum ist streng historisch gestaltet, ebenso wie die Erzählung des geflüchteten Girondisten. Aber wahrhafter als alle Wahrheit darin ist die unmittelbare seelische Stimmung, das Grauen der geistigen, moralischen Menschen vor dem Blut, das ihre eigenen Ideen gefordert haben, das Grauen vor der niedrigen gemeinen Menschentierheit, die jede Revolution als Sturmläufer benötigt, und die dann immer, berauscht vom Blutdunst, das eigene Ideal hinmordet. Der Schauer unzähligen Gefühls ist darin, der ewige unsterbliche Schauer des jungen Lebens um das eigene Leben, die Unerträglichkeit eines Zustandes, wo der Seele das Wort nicht und kein Leib mehr dem einzelnen Menschen selbst gehört, sondern Leib und Seele dunklen, unsichtbaren Gewalten, – all dieses Dinge, die wir Millionen Menschen in Europa während sieben Jahren bis zur äußersten Erschütterung und Ohnmacht in der Seele gefühlt haben. Und über diesem zeitlichen wölbt sich dann noch groß der ewige Konflikt, der allen Zeiten gehört, der Gegensatz zwischen Liebe und Pflicht, zwischen Dienst und höherer Wahrhaftigkeit; wieder schweben, ebenso wie in den

»Wölfen« und im »Danton«, in homerischer Art die Ideen als unsichtbare Mächte anfeuernd und beschwörend über dem niedrigen mörderischen Kampf der Menschen.

Niemals war Rolland bisher präziser, intensiver als Dramatiker als in diesem Spiel. Hier ist alles auf engste, dichteste Formeln gebracht, ein weit vorbereitetes, scheinbar verwirrtes Geschehnis in den ununterbrochenen Ablauf einer heroischen Stunde gedrängt: manchmal wirkt es geradezu wie eine Ballade in seiner dichterischen Knappheit und dem reinen rhythmischen Ablauf einer tragischen Melodie. Auf der Bühne unmittelbar bewährt, wird es hoffentlich seinen und unsern Wunsch stärker geltend machen, nun das ganze große Fresko, das damit schon zur Hälfte vollendet ist, zu Ende zu führen. Seit einem Vierteljahrhundert liegen die Skizzen dazu fertig in des Meisters Hand Und nun, da die neue Zeit unverhofft ihre Farbe geliehen, dürfen wir erwarten, daß die nächsten Jahre diese weitesten und kühnsten seiner Kreise in den Horizont unserer Welt einrunden.

So sind zwei alte längst abgestockte Pläne, zwei seit Jahren unterbrochene Reihen innerhalb Rollands Werk wieder in Aufbau und Erneuerung begriffen. Aber der Unermüdliche, der in einer Arbeit immer nur von der andern ausruht, hat gleichzeitig ein Neues begonnen, den Romanzyklus »*L'âme enchantée*« (» Verzauberte Seele«), eine Art Pendant zum Johann Christof, um unmittelbar, ohne Kulisse und Ferne uns Sinn und Formen der Zeit zu deuten. Denn der deutsche Musikus Johann Christof ist, rein historisch gesprochen, vor dem Kriege gestorben, und alles, was zehn Jahre hinter uns hegt, gilt bei der ungeheuren Wandlungsfähigkeit unserer Zeit und der gegenwärtigen Generation charakterologisch schon als Vergangenheit. Um gegenwärtig zu wirken, wozu sich Rolland als der »Biologe der Zeit« (wie er sich am liebsten nennt) vor allem berufen fühlt, muß das Problem wie die Gestalt näher herangezogen werden, nicht der Vätergeneration entwachsen, sondern der unseren. Gleichzeitig aber schafft Rolland diesem neuen Zyklus eine neue Polarität durch Spannungen anderer Art. Im »Johann Christof« waren die Männer, Johann Christof und Olivier, die Kämpfenden gewesen, die Frauen nur die Leidenden, die Helfenden, die Verwirrenden, die Beschwichtigenden. Diesmal nun lockt es Rolland, den freien Menschen, der sein Ich, der seine Persönlichkeit, der seinen selbsterworbenen Glauben gegen die Welt, gegen die Zeit, gegen die Menschen mit unerschütterlicher Kraft aufrecht hält, einmal in der sieghaften Gestalt einer Frau darzustellen. Notwendigerweise muß aber der Kampf einer Frau um die Freiheit ein anderer sein als jener des Mannes. Der Mann hat sein Werk zu verteidigen oder seinen Glauben oder seine Überzeugung oder seine Idee; die Frau verteidigt sich selbst, ihr Leben, ihre Seele, ihr Gefühl und vielleicht noch ihr zweites Leben, ihr Kind, gegen unsichtbare zeitliche und seelische Mächte, gegen die Sinnlichkeit, gegen die Sitte, gegen das Gesetz und andererseits wieder gegen die Anarchie, gegen alle die unsichtbaren Schranken, die einer freien Entfaltung inneren Frauentums in der Zivilisation, in der moralischen, in der christlichen Welt gesetzt sind. So enthält das verwandelte Problem selbst wieder ungeahnte Verwandlungsmöglichkeiten, intimer zwar, aber nicht minder gewaltsam und großartig. Und Rolland hat seine innerste Leidenschaft aufgeboten, um hier den Kampf einer einfachen, namenlosen, anonymen Frau um ihre Persönlichkeit als nicht geringer erscheinen zu lassen als jenen des neuen Beethoven um sein Werk und seine Überzeugung.

Von diesem geplanten Werke stellt der erste Band, »*Annette und Sylvia*«, nur ein lyrisches Präludium dar, ein zärtliches Andante, das manchmal von einem leisen Scherzo unterbrochen wird. Aber schon gewittert in die letzten Szenen dieser breitangelegten Symphonie (wie alle Werke Rollands ist auch dieses nach musikalischen Gesetzen aufgebaut) eine passionierte Erregung herein. Annette, das gut bürgerliche und unberührte Mädchen, erfährt nach dem Tode ihres Vaters, daß er eine uneheliche Tochter Sylvia in kleinen Verhältnissen zurückgelassen hat. Mehr aus einem Instinkt der Neugier, aber doch schon aus der ihr eingeborenen Leidenschaft für Gerechtigkeit, beschließt sie, die Halbschwester aufzusuchen. Damit schon zerstört sie eine erste Schranke, ein unsichtbares Gesetz. In Sylvia lernt sie, die Wohlbehütete, zum erstenmal die Idee zur Freiheit kennen, nicht die edelste Form, aber doch die naturhafte, selbstverständliche der unteren Klassen, wo die Frau frei mit sich schaltet und ohne Hemmungen von außen und innen sich ihrem Geliebten hingibt. Und als sie dann ein junger Mann, den sie liebt, für die gutbürgerliche Ehe fordert, wehrt sich der so aufgereizte Instinkt ihrer Freiheit dagegen, mit dieser Ehe schon eine starre Form des Daseins anzunehmen und ganz in seinem Willen unterzugehen. »Der letzte Wunsch, das innerste Verlangen meines Lebens ist vielleicht nicht vollkommen auszudrücken,« sagt sie ihm, »weil er nicht ganz präzise und allzuweit ist.« Sie verlangt, daß irgendein letzter Teil ihres Daseins ihm nicht Untertan sein dürfe und sich nicht ganz in das Gemeinsame der Ehe lösen müsse. Unwillkürlich muß man bei dieser Forderung an das wundervolle Wort Goethes denken, das er einmal in einem Briefe schreibt: »Mein Herz ist eine offene Stadt, die jeder beschreiten kann, aber irgendwo darin ist eine verschlossene Zitadelle, in die niemand eindringen darf.« Diese Zitadelle, diesen letzten geheimnisvollen Schlupfwinkel will sie in sich bewahren, um der Liebe in einem höheren Sinne offen zu bleiben. Aber der Bräutigam, ganz im Bürgerlichen befangen, mißversteht dieses Verlangen und meint, sie liebe ihn nicht. So löst sich die Verlobung. Aber gerade nachdem sie gelöst ist, zeigt Annette in heroischer Art, daß sie zwar ihre Seele einem Manne, den sie liebt, nicht ganz hingeben kann, wohl aber ihren Körper. Sie gibt sich ihm hin und verläßt ihn dann, der ratlos bleibt, denn es ist die Tragik der Mittelmäßigen, das Große, das Heldische, das Einmalige nicht zu verstehen. Damit ist der kühnste Schritt getan, Annette hat die bürgerliche, die sicherumfriedete Welt verlassen und muß nun allein ihren Weg durchs Leben nehmen, oder vielmehr: noch mehr als allein, denn die Frucht jener Hingabe ist ein Kind, ein uneheliches Kind, mit dem zur Seite sie ihren Kampf aufzunehmen hat.

Von der Tragik dieses Kampfes sagt der nächste Band, » Der Sommer«, schon mehr. Annette ist ausgestoßen aus der Gesellschaft, sie hat ihr Vermögen verloren, sie muß in einem kläglichen aufreibenden Ringen alle Kräfte zusammenfassen, nur um das Kind sich zu bewahren, und jenes andere in sich, das ihr mit ihrem Kind das Teuerste ist: ihren Stolz, ihre Freiheit. Durch alle Formen der Prüfungen und Versuchungen wird hier die freie Frau geführt, und kaum daß der seelische Kampf mit dem Manne sich tragisch entspannt, so erwächst ihr schon die andere Not, nämlich ihr Kind, ihren rasch aufwachsenden, gleichfalls vom Instinkt der Freiheit geführten Sohn, sich innerlich zu erhalten und zu bewahren. Noch verrät selbst dieser zweite Band nicht deutlich, wohin die Linie dieses Lebens zielt, noch ist dieser Sommer im höchsten Sinne Präludium und Vorspiel der wachsenden Tragödie. Aber das Feuerzeichen am Ende des Buches, der ausbrechende Krieg, läßt schon ahnen, welche Höllen und Feuerkreise diese Seele wird durchwandern müssen, ehe ihr Läuterung und höchste Stufe entgegenleuchtet. Und erst das vollendete Werk wird gestatten, seinen Umfang, seine Form und die geistige Umfassung mit dem andern epischen Zyklus, dem Johann Christof, zu vergleichen.

Immer wieder, je öfter und je näher man das Leben Rollands betrachtet, um so mehr erstaunt es durch seine kaum faßliche Fülle. Ich habe nur andeutend hier die seit sechs Jahren erschienenen Werke des Unermüdlichen angeführt, die entstanden sind – man vergesse dies nicht – neben der aufopferndsten, hilfreichsten Tätigkeit, neben einer restlosen Selbstverschwendung in Briefen, Manifesten und Aufsätzen, neben einer unermüdlichen Selbstbereicherung in Studien, Lektüre, menschlicher Anteilnahme, Reisen und Musik. Aber selbst diese hier aufgezählten publizierten Werke umschließen (nebst seinem unablässig fortgeführten Tagebuche) noch immer nicht die ganze Summe seiner künstlerischen Unternehmung: während er sich ausstreut in gestaltenden Formen, sammelt er gleichzeitig sich selber die Frucht der Ideen zu einem Buche geistigen Selbstbekenntnisses, das »Voyage intérieur« heißt und vorläufig nicht zur Veröffentlichung bestimmt ist. Immer, in jeder Form, ist seine Tat größer als ihre äußere Manifestation. Immer und immer und je näher und näher man in das Geheimnis seiner Werkstatt einzudringen sucht, um so rätselhafter wird das Einmalige dieser hier wirkenden Kraft. Gerade heute, da das sechste Jahrzehnt ihm als ein wahrhaft erfülltes sich rundet, sehen wir ihn leidenschaftlicher gestaltend und unermüdlicher als alle Jugend: werkfreudig allem Neuen aufgetan, allem Irdischen beziehungshaft gesellt. Auch darin Beispiel und Vorbild wie in so vielen Formen und Manifestierungen seines groß gelebten Lebens, steht er ganz aufrecht noch Stirn an Stirn mit der ihm zugeteilten Aufgabe, als Führer im Geiste, als Bildner des Herzens, als Anwalt jeder leidenschaftlichen Gläubigkeit. Und keinen andern Wunsch wollen wir seinem sechzigsten Geburtstage aus immer wieder dankbarer Seele darbringen, als daß diese heroisch ringende und allzeit obsiegende Kraft ihm und uns unverstellt erhalten bleibe: der Jugend zum Beispiel, den Menschen zum Trost, ihm selber zur Vollendung.

Made in the USA
Columbia, SC
20 October 2023